NORBERT MAYER

Rechtsschutz im Rahmen staatlicher Tarifgenehmigungsverfahren unter besonderer Berücksichtigung des Verhältnisses zwischen Deutscher Bundesbahn und Bundesverkehrsminister

Schriften zum Öffentlichen Recht

Band 612

Rechtsschutz im Rahmen staatlicher Tarifgenehmigungsverfahren

unter besonderer Berücksichtigung des Verhältnisses zwischen Deutscher Bundesbahn und Bundesverkehrsminister

Von

Norbert Mayer

Duncker & Humblot · Berlin

Die Deutsche Bibliothek – CIP-Einheitsaufnahme

Mayer, Norbert
Rechtsschutz im Rahmen staatlicher Tarifgenehmigungsverfahren unter besonderer Berücksichtigung des Verhältnisses zwischen Deutscher Bundesbahn und Bundesverkehrsminister / von Norbert Mayer. – Berlin : Duncker und Humblot, 1992
(Schriften zum öffentlichen Recht ; Bd. 612)
Zugl.: Regensburg, Univ., Diss., 1991
ISBN 3-428-07356-8
NE: GT

Fotoprint: Werner Hildebrand, Berlin 65
Printed in Germany

ISSN 0582-0200
ISBN 3-428-07356-8

Vorwort

Die vorliegende Arbeit hat im Sommersemester 1991 der Juristischen Fakultät der Universität Regensburg als Dissertation vorgelegen. Rechtsprechung und Literatur sind bis Anfang 1991 berücksichtigt.

Mein herzlicher Dank gilt zu allererst meinem verehrten akademischen Lehrer, Herrn Professor Dr. Udo Steiner, der die Anregung zu dieser Arbeit gab und deren Fortgang stets durch wohlwollende Ratschläge gefördert hat. Herrn Prof. Dr. Rainer Arnold danke ich für die zügige Erstellung des Zweitgutachtens.

Schließlich möchte ich dem Verlag Duncker & Humblot, Berlin, für die Aufnahme der Arbeit in die "Schriften zum Öffentlichen Recht" danken.

Ich widme die Arbeit meinen Eltern.

München, im Oktober 1991

Norbert Mayer

Inhalt

Abkürzungsverzeichnis

Abs.	Absatz
AEG	Allgemeines Eisenbahngesetz
a.F.	alte Fassung
a.a.O.	am anderen Ort
a.E.	am Ende
ABl.	Amtsblatt
a.A.	anderer Ansicht
AöR	Archiv des öffentlichen Rechts
Art.	Artikel
BauGB	Baugesetzbuch
BayVBl	Bayerische Verwaltungsblätter
BayVGH	Bayerischer Verwaltungsgerichtshof
BayVerfGH	Bayerischer Verfassungsgerichtshof
BayEBG	Bayerisches Eisenbahngesetz
BB	Betriebsberater
bzw.	beziehungsweise
bzgl.	bezüglich
BSchVG	Binnenschiffahrtsverkehrsgesetz
BbG	Bundesbahngesetz
BBauG	Bundesbaugesetz
BGBl	Bundesgesetzblatt
BGH	Bundesgerichtshof
BT-Drucks.	Bundestag-Drucksache
BVerfG	Bundesverfassungsgericht
BVerwG	Bundesverwaltungsgericht
d.h.	das heißt
DB	Deutsche Bundesbahn
ders.	derselbe/dieselbe
DVBl	Deutsches Verwaltungsblatt
DÖV	Die öffentliche Verwaltung
EVO	Eisenbahnverkehrsordnung
EuGH	Europäischer Gerichtshof
EuR	Europarecht
f./ff.	folgende/fortfolgende
FN	Fußnote
GWB	Gesetz gegen Wettbewerbsbeschränkungen
GG	Grundgesetz
GüKG	Güterkraftverkehrsgesetz
Hrsg.	Herausgeber
h.M.	herrschende Meinung
JZ	Juristenzeitung
JuS	Juristische Schulung
LEG	Landeseisenbahngesetz
LuftVG	Luftverkehrsgesetz
m.w.N.	mit weiteren Nachweisen
NuR	Natur und Recht
n.F.	neue Fassung
NJW	Neue Juristische Wochenschrift
NVwZ	Neue Zeitschrift für Verwaltungsrecht
OVG	Oberverwaltungsgericht
PBefG	Personenbeförderungsgesetz
Rdnr.	Randnummer
RGBl	Reichsgesetzblatt
S.	Seite
sog.	sogenannte(r)
TranspR	Transportrecht
u.a.	und andere bzw. unter anderem
Urt.	Urteil
vgl.	vergleiche
VVDStRL	Veröffentlichungen der Vereinigung der deutschen Staatsrechtslehrer
VerwArch	Verwaltungsarchiv
VwGO	Verwaltungsgerichtsordnung

VwVfG	Verwaltungsverfahrensgesetz
v.a.	vor allem
WiR	Wirtschaftsrecht
WissR	Wissenschaftsrecht, Wissenschaftsverwaltung und Wissenschaftsförderung
ZBR	Zeitschrift für Beamtenrecht
ZfVerkWiss	Zeitschrift für Verkehrswissenschaft
zit.	zitiert
z.B.	zum Beispiel
z.T.	zum Teil

Einleitung

Man wird ohne Übertreibung behaupten können, daß der Stellenwert der Verkehrspolitik in der allgemeinen öffentlichen Diskussion in den Medien während der letzten Jahre zugenommen hat. Ein Schlaglicht auf diesen Bewußtseinswandel werfen etwa die apokalyptisch anmutenden Zukunftsprognosen für die Verkehrsentwicklung[1] in den nächsten Jahren. Im Mittelpunkt steht dabei die rapide Zunahme des Verkehrsaufkommens. Freilich ist diese Entwicklung nicht neu, sie ist vielmehr in einen seit langem zu beobachtenden Prozeß eingebunden. Die Ursachen hierfür sowie für den stattfindenden Strukturwandel innerhalb des Verkehrwesens sind vielfältig. Zu nennen sind etwa das Wachstum der Volkswirtschaft sowie die durch den freien Wettbewerb bedingte zunehmende Arbeitsteilung. Die zuletzt genannte Entwicklung ist durch den fortschreitenden Abbau von Handelsschranken in Europa und im Welthandel nicht auf das Inland beschränkt und wird sich ab 1992 durch den einheitlichen Binnenmarkt nochmals verstärken. Hinzu kommt die durch die Vereinigung Deutschlands sowie die Öffnung Osteuropas in Gang gesetzte Handelsausweitung. Betriebswirtschaftliche Optimierungskonzepte führen dazu, daß die einzelnen Unternehmen die - vergleichsweise teure - Lagerhaltung abzubauen und durch - billigere - "Just-in-time" - Konzepte zu ersetzen suchen. Schließlich führen die mit der Verkürzung der Wochenarbeitszeit einhergehende Erhöhung der Freizeit ebenso wie die Steigerung der allgemeinen Wohlfahrt zu einem verstärkten Streben nach mehr Mobilität, welche als ein Stück Lebensqualität empfunden wird.

Die genannten Faktoren führten in den letzten Jahren und Jahrzehnten nicht nur zu einer quantitativen Zunahme des Verkehrsaufkommens, sondern auch zu einem qualitativen Strukturwandel, den man in grober Annäherung an die Realität mit den Stichworten "Automobilisierung" und "Individualisierung des Verkehrs" umschreiben kann. Dabei wäre es eine unzulässige Vereinfachung, wollte man die eingetretenen radikalen Veränderungen in der Verkehrswirtschaft nur als das Ergebnis autonom ablaufender, quasi unabwend-

1 Vgl. statt vieler etwa den Artikel "Fahrt zur Hölle" in "Die Zeit" vom 26.10.90, S. 41

barer ökonomischer, technischer und gesellschaftlicher Prozesse ansehen - unabhängig davon, daß auch dann nach der Legitimität von bzw. dem Bedürfnis nach staatlichen Eingriffen zu fragen wäre. Vielmehr führt kein Weg an der Erkenntnis vorbei, daß diese Veränderungen, wegen der seit jeher gegebenen Regulierung der Verkehrsmärkte, von Anfang an wesentlich staatlich bedingt waren.

Das in jüngster Zeit (wieder-)erwachte Interesse an der Verkehrspolitik beruht zum einen darauf, daß die Prognosen für die Zukunft den Kollaps des gesamten Verkehrssystems prophezeien.[2] Danach stehe der Bundesrepublik die letzte Phase der "Auto-Mobilität"[3] bevor, gravierende Beeinträchtigungen der volkswirtschaftlichen Effizienz und damit der Wirtschaftskraft und der gesamtwirtschaftlichen Wohlfahrt seien die Folgen hiervon. Zum anderen setzte ein Umdenkungsprozeß ein, da die Phänomene der Individualisierung und der Automobilisierung auch die sozialen Kosten des Verkehrs - wie Personen-, Sach- und insbesondere Umweltschäden - verstärkt in das Bewußtsein der Öffentlichkeit treten ließen. Die Interdependenzen der Verkehrspolitik mit anderen Ressorts treten so offen zu Tage, die Akzeptanz des Verkehrs als Ganzem und die Präferenz gegenüber einzelnen Verkehrsmitteln werden zunehmend auch von Kriterien wie Umweltverträglichkeit und Sicherheit abhängig. So verwundert es nicht, daß es die Bundesregierung als Ziel ihrer Verkehrspolitik ansieht, trotz der zu erwartenden Zunahme des Verkehrs dessen Umweltbelastung abzubauen.[4] Das Heilmittel zur Lösung dieses Zielkonfliktes wird (unter anderem) in einer Stärkung der Wettbewerbsposition der Schiene gesehen.[5] Die Bahn als umweltfreundliches Verkehrsmittel wird so zum Hoffnungsträger für die zukünftige Verkehrspolitik.

Hiermit kontrastiert - jedenfalls prima facie - die andere an die Bahn gestellte Kardinalforderung, nämlich die Sanierung des wirtschaftlich kranken Unternehmens zu bewerkstelligen. Im Jahre 1990 erreichte das Bahndefizit die bisherige Rekordhöhe von 4,96 Milliarden DM.[6] Für das Jahr 1991 wird eine nochmalige Verschlechterung des Betriebsergebnisses prognostiziert. Für die nähere Zukunft wird erwartet, daß die Bahnverschuldung von derzeit rund

---

2 Vgl. "Die Zeit", a.a.O., S.41 f.

3 "Die Zeit", a.a.O., S. 41

4 Kohl,H., DB 90, 1158

5 Kohl,H., DB 90, 1158

6 Süddeutsche Zeitung vom 13.3.91, S. 33

43 Milliarden auf fast 72 Milliarden im Jahre 2000 ansteigt.[7] Zur Behebung dieser längerfristig als untragbar angesehenen Finanzmisere wird eine Vielzahl von Vorschlägen gemacht. Dabei darf es als opinio communis gelten, daß eine finanzielle Gesundung nur durch eine Stärkung der Bahnautonomie und damit eine Lockerung der politischen Bindungen realisiert werden kann. Dementsprechend schlagen radikale Reformvorschläge etwa vor, der Bahn - unter Änderung des Art. 87 Abs. 1 GG - eine der Rechtsstellung einer Aktiengesellschaft ähnliche Unternehmensverfassung zu geben.[8] Dabei wird sich eine Besserung der finanziellen Lage längerfristig nur über das laufende operative Geschäftsergebnis realisieren lassen. Von zentraler Bedeutung hierfür ist nun die Frage der Tarifgestaltung. Wie alle anderen Verkehrsträger unterliegt auch die Bahn einer hoheitlichen Tarifaufsicht in der Form einer Tarifgenehmigungspflicht. Die verwaltungsrechtliche Stellung der Bahn in diesem Tarifgenehmigungsverfahren wurde bislang nicht näher untersucht. Dies liegt offensichtlich daran, daß man aufgrund der Stellung der Bahn als nichtrechtsfähiges Sondervermögen des Bundes eine eigene Rechtsposition der Bahn, geschweige denn ein Klagerecht der Bahn von vornherein als abwegig ablehnt, obwohl die Klärung dieser Frage, angesichts der Diskrepanz zwischen den im Jahre 1961 anläßlich der Verkehrsnovellen geäußerten Hoffnungen auf eine Gesundung der Bahn und der hiermit diametral entgegengesetzten tatsächlichen Entwicklung der Bahn, durchaus nahegelegen hätte.

Die vorliegende Arbeit versucht, die verwaltungsrechtliche Stellung der Bahn im Tarifverfahren zu präzisieren. Der Gang der Untersuchung ergibt sich aus der Einbindung des Themas in den erwähnten Gesamtkomplex wie folgt.

Zunächst ist auf die Eigenarten der Tarifgenehmigung als zeitgenössisches Steuerungsinstrument des Wirtschaftsverwaltungsrechts einzugehen. Da neben der Bundesbahn auch alle anderen Verkehrsträger einer Tarifaufsicht unterliegen, sind diese Genehmigungsverfahren kurz darzustellen und zu vergleichen. Instruktiv ist diese "tour d'horizon", da die Problemstellungen in vielerlei Hinsicht parallel liegen und daher Rückschlüsse für die Beurteilung der Rechtslage bei der Bahn zulassen.

---

7 FAZ vom 6.12.89, S. 17

8 Vgl. die Nachweise zu den einzelnen Reformvorschlägen bei Timm,R., DB 90, 1154

Sodann ist die Einordnung der Tarifaufsicht in das verkehrspolitische Gesamtkonzept zu erläutern, insbesondere ist zu fragen, womit der marktwirtschaftliche "Fremdkörper" in volkswirtschaftlicher Hinsicht legitimiert werden kann.

Im Hauptteil der Arbeit wird die Stellung der Bahn im Tarifgenehmigungsverfahren untersucht. Vorab ist dabei auf die Beziehung zwischen der Eigenschaft der Bahn als nichtrechtsfähiges Sondervermögen des Bundes einerseits und der Existenz von Rechtsschutzmöglichkeiten andererseits einzugehen. Sodann werden die Regelungen über die Verselbständigung der Bahn im einzelnen analysiert und die rechtliche Struktur der Genehmigungsentscheidung durchleuchtet. Abschließend sollen offene Rechtsschutzfragen im Rahmen des § 28 a BbG thematisiert werden.

Negativ folgt aus der Zielsetzung der Arbeit, die Stellung der Bahn im Tarifverfahren zu klären, daß die zahlreichen Probleme allgemeiner verfassungs- wie verwaltungsrechtlicher Art, die mit Tarifgenehmigungen verknüpft sind, nur am Rande erwähnt werden können. Die vertiefte Erörterung dieser Fragen - zu denken wäre etwa an die verfassungsrechtlichen Grenzen der Preisadministration, die Rechtsschutzmöglichkeiten betroffener Konkurrenten bzw. Konsumenten etc. - würde den Rahmen dieser Arbeit sprengen, zumal diese Problemkreise in jüngster Zeit auch schon verstärkt wissenschaftliches Interesse gefunden haben.[9] Die Beschränkung auf die gegenwärtige Rechtslage ist nach der Intention der Arbeit selbstverständlich. Ausgeklammert bleibt ferner die spezifische Problematik, die aus der deutschen Wiedervereinigung und der damit anstehenden Fusion von Deutscher Bundesbahn und Deutscher Reichsbahn resultiert,[10] da sie die Problematik der Arbeit nicht unmittelbar tangiert. Gem. Art. 26 Abs. 1 des Einigungsvertrages wurde das Sondervermögen "Deutsche Reichsbahn" mit dem Beitritt der neuen Bundesländer Vermögen des Bundes. Die Deutsche Reichsbahn ist damit am 3.10.90 eine Bundeseisenbahn im Sinne des Art. 87 Abs. 1 GG geworden. Wenngleich zukünftig auch für das Sondervermögen Deutsche Reichsbahn das bisherige bundesdeutsche Recht im wesentlichen Geltung beansprucht und auch bereits jetzt gem. Art. 26 Abs. 3 des Einigungsvertrages eine Koordinierung beider Sondervermögen angestrebt ist, so ist doch entscheidend, daß eine

9 Vgl. aus jüngerer Zeit insbesondere Dörschuck,M., Typen- und Tarifgenehmigungen, passim.

10 Vgl. zusammenfassend hierzu Pätzold,F., DB 90, 1175

Fusion im eigentlichen Sinne erst längerfristig in Betracht kommt und daher beide Sondervermögen auf absehbare Zeit als getrennte Vermögen fortbestehen werden. Unabhängig davon wird die angestrebte Fusion die Kernproblematik keinesfalls bessern oder gar lösen, sondern diese vielmehr - angesichts des desolaten Zustandes der Eisenbahninfrastrukur in den neuen Bundesländern und der dadurch bedingten "Altlasten" - noch virulenter erscheinen lassen.

1. Teil

Tarifgenehmigungen im öffentlichen Verkehrsrecht

A. Tarifgenehmigungen - ihr Wesen und ihre Bedeutung im Wirtschaftsverwaltungsrecht

In einer marktwirtschaftlichen Ordnung kommt einer freien Preisbildung eine zentrale Bedeutung für die Effizienz der Volkswirtschaft zu. Die auf freien Märkten gebildeten Preise sind die bei weitem wichtigste Determinante für die Produktions- und Investitionsentscheidungen der Unternehmen als auch für die Konsum- und Sparentscheidungen der Haushalte. Die Preise bestimmen so die Zusammensetzung des Sozialprodukts und die Allokation der Ressourcen und können daher als das für eine Marktwirtschaft konstituierende Steuerungsinstrument angesehen werden.[1]

In jeder existierenden Marktwirtschaft wird jedoch in diese Marktmechanismen in einer Vielzahl von Fällen durch den Staat regulierend eingegriffen, sei es daß der Staat unmittelbar als Anbieter bzw. Nachfrager am Markt in Erscheinung tritt[2] und hierdurch den Marktpreis mittelbar beeinflußt,[3] sei es daß der Staat einen Vertragsschluß durch Dritte einer Prüfung der Vertrags-

---

1 Nur hingewiesen sei in diesem Zusammenhang darauf, daß die im Rahmen einer marktwirtschaftlichen Organisation erfolgende dezentrale, am Preis orientierte Koordination (die "unsichtbare Hand" im Sinne von A. Smith) neben dieser statisch-allokativen Effizienz auch noch hervorragende und nicht minder wichtige Eigenschaften für die dynamisch-evolutive Steuerungsfähigkeit einer Wirtschaft hat.

2 So beträgt die Staatsquote in der Bundesrepublik durchweg über 30 %.

3 In diesem Fall wird freilich die freie Preisbildung noch nicht außer Kraft gesetzt, da sich der Preis weiter nach Angebot und Nachfrage richtet. Da jedoch Angebot bzw. Nachfrage teilweise bzw. unter Umständen ausschließlich vom Staat herrühren, liegt auch hier eine mittelbare staatliche Beeinflußung vor. Negativ beurteilt wird diese Form der staatlichen "Preismanipulation" vor allem für Staatsinterventionen auf dem Geldmarkt. Es komme, so lautet die gängige (wenn auch nicht unstreitige) Argumentationslinie, damit zu einem Anstieg des Realzinsniveaus und hierdurch zu einem Verdrängen von privaten Investitionen durch den Staat, sog. Crowding-Out.

bedingungen (und hier insbesondere des Preises) in der Form einer sog. Tarifgenehmigung unterwirft.[4]

Solche Tarifgenehmigungen spielen im gegenwärtigen Wirtschaftsverwaltungsrecht eine große Rolle. Die steigende Bedeutung dieses Handlungsinstruments beruht dabei v.a. auf seiner Eignung zur Bewältigung größerer Regelungskomplexe. Während früher das Verwaltungshandeln primär durch eine Orientierung am punktuellen, d.h. dem in einem konkreten Fall und einem bestimmten Adressaten gegenüber erfolgenden Handlungsakt bestimmt wurde und insoweit "individualistischen"[5] Charakter hatte, setzte im Laufe der Zeit, bedingt durch den Wandel der der Verwaltung zugewiesenen Aufgaben, eine Entwicklung zur stärkeren Betonung der planenden, lenkenden Verwaltung ein.[6] Diese Verschiebung der Verwaltungsaufgaben von einer (primär) statisch-vollziehenden Funktion hin zu einer (auch) gestaltenden Funktion ging einher mit einer Änderung des verwaltungsrechtlichen Handlungsinstrumentariums.

Tarifgenehmigungen[7] sind zur Bewältigung solcher Lenkungsfunktionen prädestiniert, da sie darauf angelegt sind, in einer in der Regel unbestimmten Zahl von Fällen zu wirken. Dies gilt uneingeschränkt auch in den Konstellationen, in denen der Tarif nicht allgemein, sondern nur gegenüber einem bestimmten Tarifverwender genehmigt wird,[8] die Genehmigung jedoch materiell den Inhalt der vom Tarifverwender abgeschlossenen Folgeverträge betrifft. In diesen Fällen wird die Verbindlichkeit der Genehmigung für alle Folgeverträge und damit die intendierte *Breitenwirkung* zum einen durch die Ver-

---

4 Dabei versteht der Gesetzgeber unter "Tarif" z.T. nur den Preis bzw. das Entgelt - so z.B. in § 8 PBefG -, z.T. auch - wie im Falle der Eisenbahntarife nach §§ 5,6 EVO oder i.F.d. § 39 Abs.2 PBefG - die übrigen Vertragsbedingungen.

5 Brohm, W., Dogmatik, S. 255

6 vgl. zum Ganzen Brohm, W., Dogmatik, S. 253 ff.

7 Die nachfolgenden Ausführungen gelten in gleicher Weise auch für die sog. Typengenehmigungen, welche sowohl bzgl. ihrer juristischen Eigenarten als auch hinsichtlich ihrer ökonomischen Wirkungen weitgehend mit den Tarifgenehmigungen identisch sind, vgl. Dörschuck, M., Typen- und Tarifgenehmigungen, S. 1 ff..

8 So liegt der Fall z.B. bei der Deutschen Bundesbahn: Genehmigungsadressat ist formell nur die Deutsche Bundesbahn, die genehmigten Verträge sind dagegen die zwischen Deutscher Bundesbahn und ihren Kunden abgeschlossenen, d.h. mit anderen Worten die auf der nachgelagerten Ebene liegenden Verträge. Auch nach den übrigen Verkehrsgesetzen ist diese Konstellation der Regelfall, vgl. hierzu unten B.

pflichtung des Genehmigungsempfängers, nur die staatlich gebilligten Tarife zu verwenden, zum anderen durch die zivilrechtliche Sanktion des § 134 BGB,[9] wonach bei Vereinbarung höherer Entgelte nur die niedrigeren genehmigten Entgelte Vertragsbestandteil werden, sichergestellt. Die Vertragsfreiheit wird m.a.W. durch die Erhebung der Tarife zum zwingenden Recht eingeschränkt. Vertragliche Tarif-abweichungen sind nur dann verbindlich, wenn das den Tarifzwang statuierende Gesetz oder der Tarif selbst eine Öffnungsklausel enthält.[10]

Korrelierend mit der veränderten Aufgabenstellung verschoben sich auch die bei der Entscheidungsfindung zu berücksichtigenden Interessen. Der "klassische" Verwaltungsakt ergeht in dem bipolaren Verhältnis Verwaltung auf der einen und betroffener Bürger[11] auf der anderen Seite. Dementsprechend kann sich die Behörde mit der Beachtung und Abwägung der von dem betreffenden Individuum geltend gemachten Belange begnügen.

Dagegen ergehen die planenden Verwaltungsentscheidungen - unabhängig davon, in welcher Rechtsform sie im konkreten Fall getroffen werden - typischerweise in einem polygonalen Rechtsverhältnis.[12] Dies bedingt nicht nur eine quantitative Vergrößerung der Zahl der Betroffenen, sondern auch eine qualitative Veränderung der Ausgangslage, da es nun auch die divergierenden Interessen der Betroffenen untereinander zum Ausgleich zu bringen gilt. We-

---

9 Nach der in Rechtsprechung und Literatur ganz herrschenden Meinung ist § 134 BGB im Falle des Verstoßes gegen Preis- und Tarifvorschriften anwendbar, d.h. die Preis- bzw. Tarifvorschrift ist ein Verbotsgesetz in diesem Sinne, da Sinn und Zweck der Tarifvorschriften deren unbedingte Einhaltung und daher die Nichtigkeit der anderslautenden Preisvereinbarung erfordern. Gem. § 134, 2. HS BGB ist jedoch das Rechtsgeschäft nur insoweit nichtig, als es nötig ist, um die Intention des Verbotsgesetzes zur Geltung zu bringen. Der Vertrag ist somit mit dem zulässigen Preis aufrechtzuerhalten, § 139 BGB ist m.a.W. unanwendbar. Vgl. hierzu Beschluß des BGH vom 11.1.84 (BGHZ 89,319) sowie Münchner Kommentar/Mayer-Maly, 106 zu § 134; Staudinger/Dilcher, 20 ff. zu § 134, jeweils m.w.N..
Unabhängig von diesem Streit ist die Auffassung der h.M. zum Teil auch gesetzlich festgeschrieben, vgl. z.B. § 22 III GüKG.

10 Koller, I., Transportrecht, 3 zu § 22 GüKG

11 bzw. Behörde für den Fall, daß die Maßnahme gegenüber dieser als Verwaltungsakt zu qualifizieren ist.

12 Dies sowie die folgenden Ausführungen gelten ohne Einschränkungen auch für den Fall, daß die Entscheidung formal nur gegenüber einem Adressaten ergeht. Wegen der Bindungswirkung wird auch in diesem Fall die Breitenwirkung sichergestellt. Damit sind auch die Interessen der "Letztbetroffenen" bei der Entscheidung ins Kalkül zu ziehen.

gen dieser auftretenden Interessenpluralisierung und ihrer Eignung zur Bewältigung größerer Regelungskomplexe werden die Planungsentscheidungen daher zutreffend auch als "makroadministrative" Verwaltungsentscheidungen bezeichnet.[13] Dieser modifizierten Ausgangslage entsprechend beinhalten Planungsakte ein gewisses Maß an behördlicher Gestaltungsfreiheit.[14]

Der hohen Komplexität der Entscheidungsstruktur von Planungsakten wird regelmäßig durch einen adäquaten Verfahrensablauf Rechnung zu tragen versucht.[15]

Tarifgenehmigungen bilden ein plastisches Beispiel für die soeben beschriebenen Eigentümlichkeiten von Planungsentscheidungen. An die Stelle einer Genehmigung jedes Einzelvertrages tritt - nicht zuletzt aus Gründen der Verwaltungsvereinfachung und -entlastung - eine vorgezogene Genehmigung, welche für eine unbestimmte Vielzahl von Verträgen den staatlich gebilligten Preis verbindlich festlegt. Diese Charakteristika der "Vorgezogenheit"[16] und der umfassenden Wirkungen begründen die Effizienz der Tarifgenehmigung als Instrument der staatlichen Wirtschaftsaufsicht.

Durch die erwähnte globale Wirkung der Tarifgenehmigung ist letztere einer normativen Regelung durch Rechtssatz angenähert. Dementsprechend sehen einige Gesetze vor, daß die festgesetzten und genehmigten Tarife von den Genehmigungsbehörde als Rechtsverordnung erlassen werden.[17] Fehlt eine solche gesetzliche Qualifizierung, so bereitet die Einordnung der Tarifgenehmigung wegen ihrer eigentümlichen Wirkungen in das traditionelle Rechtsaktschema Probleme. Auf diese Problematik ist nach Vorstellung einiger Tarifgenehmigungen zurückzukommen, da die Rechtsnatur nur im konkreten Fall bestimmt werden kann.

---

13 Bullinger,N., NJW 74, 769,771; Dörschuck,M., Typen- und Tarifgenehmigungen, S. 108; Schmidt-Aßmann,E., Verwaltungsverantwortung, S. 227

14 Vgl. hierzu näher unten C V.

15 Beispiele hierfür sind die Planungsverfahren nach den einzelnen Fachgesetzen, z.B. §§ 2 ff. BauGB, §§ 72 ff. BVwVfG; für den Bereich der Tarifgenehmigungen ist hier die Bildung von Tarifkommissionen und Frachtenausschüssen zu nennen, vgl. hierzu unten B.I.2. und C II.

16 Dörschuck, M., Typen- und Tarifgenehmigungen, S. 3

17 Bsp.: §§ 20 a Abs.6, 84 f Abs.5 GüGK, 29 Abs.1 BSchVG

B. Die Tarifgenehmigungstatbestände nach den Verkehrsgesetzen

Der Katalog der nach geltendem Recht bestehenden Tarifgenehmigungen ist außerordentlich groß.[18] Inhaltlich umfaßt er so verschiedenartige Bereiche wie z.B. das Energierecht,[19] das Krankenhausrecht,[20] das soziale Mietrecht,[21] bedeutende Teile des Versicherungs- und Bankenrechts.[22] Daneben besteht ein umfassender Tarifzwang im Verkehrsgewerbe,[23] d.h. für alle Bereiche des gegebenen mehrgliedrigen Verkehrssystems (Straße, Schiene, Wasserstraße, Luftverkehr). Da diese Regelungen für die Konkurrenzsituation der Deutschen Bundesbahn von unmittelbarer Relevanz und die Genehmigungstatbestände und -verfahren im übrigen ähnlich ausgestaltet sind und somit auch Rückschlüsse auf die Rechtslage der Bahn ermöglichen, sollen sie im folgenden näher dargestellt werden.

I. Güterkraftverkehrsgesetz

1. Allgemeines

Das vordringliche gesetzgeberische Ziel bei dem Erlaß von Reglementierungen des Güterkraftverkehrs bestand seit jeher[24] in dem Schutz der Bahn.[25]

---

18 Vgl. hierzu etwa die (nicht abschließenden) Aufzählungen bei Dörschuck,M., Typen- und Tarifgenehmigungen, S. 9 ff., Bauer, M., Preisadministration, S. 26 ff.

19 Gem. § 7 Abs.1 EnWG werden die Preise und nach § 7 Abs.2 EnWG auch die übrigen Vertragsbedingungen der Energieversorgungsunternehmen durch den Bundesminister für Wirtschaft mittels Rechtsverordnung festgelegt

20 Genehmigungsbedürftigkeit der Krankenhauspflegesätze nach §§ 16 - 20 KHG

21 Genehmigungsbedürftigkeit der sog. Kostenmiete bei öffentlich geförderten Wohnungen nach § 72 Abs.2 WoBauG, §§ 8 ff.WoBindG bzw. Überlassung von Wohnungen durch als gemeinnützig anerkannten Wohnungsbauunternehmen nur zu den gem. § 7 Abs.2 WGG i.V.m. den hierzu ergangenen Durchführungsvorschriften ermittelten angemessenen Preisen

22 Genehmigungspflicht der Versicherungsbedingungen und Tarife nach §§ 5,8,13 VAG, §§ 4,8-11 PflVG, der allgemeinen Bedingungen der Bausparkassen nach §§ 8,9 BspKG

23 vgl. auch BVerwG, Urt. v. 28.3.69, BVerwGE 31, 367

24 Zu nennen sind hier etwa neben dem derzeit geltenden GüKG vom 13.10.52 (BGBl. I, S. 697) i.d.F. vom 10.3.83 (BGBl. I, S. 256) der "Reichskraftwagentarif" vom 30.3.36 (Reichsverkehrsblatt B, S.71) sowie das Güterfernverkehrsgesetz von 1935 (RGBl. I, S. 788)

Diese hatte durch die mit der Entwicklung des PKW bzw. LKW sowie dem Ausbau des Straßennetzes einsetzenden Eigendynamik ebenso wie durch die Wiederbelebung der Binnenschiffahrt und den Ausbau des Wasserstraßennetzes ihre - wenn auch nicht rechtlich abgesicherte, so doch faktisch bestehende - Monopolstellung verloren und war so zunehmend in die Defensive geraten. Galt es daher ursprünglich, den Verbraucher vor der Bahn zu schützen, so wurde diese Zielrichtung durch den Schutz der Bahn selbst vor anderen Verkehrsträgern abgelöst.[26]

Auch die gegenwärtige gesetzliche Differenzierung zwischen Güternah- und Güterfernverkehr[27] ist eine Konsequenz aus der unterschiedlichen Konkurrenzsituation mit der Deutschen Bundesbahn und den hieraus resultierenden unterschiedlichen verfassungsrechtlichen Anforderungen für die Zulässigkeit des Eingriffs in die wirtschaftliche Betätigung der Güterverkehrsunternehmer. So ist die für den Güterfernverkehr in § 9 GüKG vorgesehene Kontingentierung zwar eine objektive Zulassungsschranke i.S.d. Art. 12 Abs.1 GG.[28] Gleichwohl ist sie nach Auffassung des Bundesverfassungsgerichts[29] mit Art. 12 Abs.1 GG vereinbar, da das Gericht in der Erhaltung des Bestandes, der Funktionsfähigkeit und der Wirtschaftlichkeit der Deutschen Bundesbahn ein überragend wichtiges Gemeinschaftsgut erblickt.[30] Dementsprechend wurde die Kontingentierung wegen der hiermit bezweckten Sicherung des Anteils der Deutschen Bundesbahn am Güterfernverkehrsaufkommen als verfassungsmäßig angesehen.[31] Die somit weitreichende Gestaltungsbe-

---

25 Vgl. z.B. BVerfG, Beschl. v. 14.10.75, BVerfGE 40,196(218); BVerwG, Urt. v. 4.5.73, BVerwGE 42,169 ("Abwehr eines zur Vernichtung führenden Existenzkampfes zwischen Schiene und Straße") sowie Püttner, G., Wirtschaftsverwaltungsrecht, S. 194

26 Müller,J., Privatisierung, S. 310; Walcher,F.,Regulierung, S.91 f.

27 Vgl. zu den Begriffsbestimmungen §§ 2,3 GüKG

28 Bei der Aufstellung von Höchstzahlen handelt es sich nach ständiger Rechtsprechung um objektive Zulassungsschranken, vgl. z.B. BVerfG, Urt. v. 11.6.58, BVerfGE 7,377 (407)

29 BVerfG, Beschl. v. 14.10.75, BVerfGE 40,196 (218)

30 BVerfG, Beschl. v. 14.10.75, BVerfGE 40,196 (218)

31 De lege ferenda wird sich diese Rechtslage wohl im Hinblick auf das Urteil des EuGH vom 22.5.85 (EuR, 85, 393 ff.) ändern. Nach dieser Entscheidung hat es der Rat unter Verletzung des EWG-Vertrages unterlassen, die Dienstleistungsfreiheit auf dem Gebiet des internationalen Verkehrs sicherzustellen und die Bedingungen für die Zulassung von Verkehrsunternehmern zum Verkehr innerhalb eines Mitgliedstaates, in dem sie nicht ansässig sind, festzulegen. Nach im Schrifttum ganz einhelliger Meinung (vgl. etwa Steiner,U., Verkehr, Rdnr. 13; Fromm,G., NVwZ 86,892; Erdmenger, J., ZfVerkWiss 87,10) gilt daher die dargestellte

fugnis des Gesetzgebers findet ihre inhaltliche Grenze dort, wo die Kontingentierung ein zur Erreichung des verfolgten Zweckes, d.h. dem Schutz der Deutschen Bundesbahn ungeeignetes Mittel ist.[32]

In scharfem Kontrast hierzu stehen die Bestimmungen über den Güternahverkehr. Der mit den intensiven Eingriffen in den Güterfernverkehr verfolgte und die Eingriffe legitimierende Schutz der Deutschen Bundesbahn ist hier nicht einschlägig, da zwischen Güternahverkehr und Deutscher Bundesbahn kaum eine nennenswerte Konkurrenz besteht. Nach Auffassung des Bundesverwaltungsgerichts bildet der auf die Nahzone begrenzte Güterverkehr vielmehr eine "notwendige Ergänzung des an die Schiene gebundenen Verkehrs" und kann daher "nicht zu einer Vernichtungskonkurrenz für die Schiene werden".[33] Demzufolge kommt Art. 12 GG in weit größerem Umfang zur Geltung.

2. Tarifzwang

Trotz materiell erheblich divergierender Eingriffintensität im übrigen besteht für beide Fälle des Güterverkehrs ein sowohl inhaltlich wie auch verfahrensmäßig nahezu identischer Tarifzwang.[34] Der Begriff "Tarif" ist hier im umfassenden Sinne zu verstehen, d.h. er beinhaltet hier gem. §§ 20 Abs.1/ 84 Abs.1 GüKG sowohl alle zur Bestimmung des Entgelts notwendigen Angaben als auch alle anderen Bedingungen des Beförderungsvertrages. Relevant ist diese Differenzierung insoweit, als durch die Novellierung des GüKG im

---

Rechtslage nur noch für einen Übergangszeitraum bis zur Abschaffung der mengenmäßigen Beschränkungen beim Zugang zum Güterkraftverkehrsmarkt (Art. 8a EWG-Vertrag).
In Konsequenz dieses EuGH-Urteils erging ein Ratsbeschluß vom 30.6.86, wonach bis 1992 im Bereich des innergemeinschaftlichen Güterkraftverkehrs ein freier Markt *ohne* mengenmäßige Beschränkungen zu verwirklichen ist (zitiert nach Erdmenger, J., a.a.O.,S.7). Auch hierbei handelt es sich freilich - ebenso wie bei der seit 1987 regelmäßig erfolgenden Aufstockung des Gesamtkontingents innerhalb der Gemeinschaft - nur um eine Stufe eines schon länger zu verfolgenden Liberalisierungsprozesses, vgl. hierzu Erdmenger, J., ZfVerkWiss 1988, 188.

32 Dies wurde vom Bundesverfassungsgericht für die Kontingentierung des Umzugsfernverkehrs bejaht. Siehe BVerfG, Beschl. v. 14.10.75, BVerfGE 40,196 (224 ff).

33 BVerwG, Urt. v.4.5.73, BVerwGE 42, 169 ff.

34 Begründet wird dieser Tarifzwang i.F.d. Güternahverkehrs mit dem Interesse der Allgemeinheit an der Erhaltung eines leistungsfähigen Güter*nah*verkehrs. Vgl. BGH, Urt. vom 5.2.87, TranspR 87,332.

Jahre 1961 das Recht zur Festsetzung der Frachtsätze und aller anderen zur Bestimmung des Beförderungsentgelts notwendigen Angaben den neu errichteten Tarifkommissionen übertragen wurde.[35] Leitbild[36] für die Errichtung dieser Tarifkommissionen waren die nach dem BSchVG[37] bestehenden Frachtenausschüsse.[38] Dagegen bleibt der Bundesverkehrsminister nach wie vor zuständig für die Festsetzung aller übrigen für den Beförderungsvertrag maßgebenden Beförderungsbedingungen (§§ 20 a Abs.5/ 84 f Abs.4 GüKG).

Auch soweit demnach die Tarifkommission zur Festsetzung berechtigt ist, bedürfen die festgesetzten Tarife der Genehmigung des Bundesverkehrsministers, welcher im Einvernehmen mit dem Bundeswirtschaftsminister entscheidet und die genehmigten Tarife durch Rechtsverordnung erläßt (§§ 20 a Abs.2,6/ 84 f Abs.1,5 GüKG). Erst diese Rechtsverordnung wirkt privatrechtsgestaltend.[39]

Die Tarifkommissionen[40] setzen sich aus unabhängigen, ehrenamtlich tätigen Tarifsachverständigen der beteiligten Zweige des Güterverkehrs (§ 21 Abs.2 GüKG) und im Falle des Güternahverkehrs auch aus Vertretern der Verlader als Vertragspartner der Unternehmer zusammen (§ 84 c Abs.1 GüKG). Hierin wird das Bestreben deutlich, die divergierenden Interessen durch ein entsprechendes Verfahren zum Ausgleich zu bringen.[41]

Für die Frage, welche Kriterien im Rahmen der Genehmigung zu beachten sind und welchem Verfahrensbeteiligten deren Geltendmachung obliegt, gilt folgendes:

---

35 Vgl. §§ 20 a Abs.1/ 84 a Abs.1 GüKG. Bis 1961 lag die Festsetzung der Güterkraftverkehrstarife ausschließlich in den Händen des Bundesverkehrsministers, der die Verbände des Verkehrsgewerbes nur anzuhören hatte.

36 BVerwG, Urt. vom 28.3.1969, BVerwGE 31,359 (362)

37 Gesetz über den gewerblichen Binnenschiffsverkehr i.d.F. vom 8.1.69 (BGBl.I,S.65)

38 In der gewerblichen Binnenschiffahrt geht die Einrichtung von Frachtenausschüssen zurück auf das Jahr 1931, vgl. die Nachweise bei BVerwG, Urt. v. 28.3.69, BVerwGE 31,359 (361)

39 Allg. Meinung, vgl. z.B. Koller,I., Transportrecht, 1 zu § 20 a GüKG.

40 Für die in diesem Zusammenhang unwichtigen Fragen der Organisation vgl. im einzelnen §§ 21 ff./ 84 ff. GüKG.

41 Vgl. insoweit auch die Regelung in § 84 e GüKG für den Fall, daß keine Einigung zustandekommt.

Für den Güterfernverkehr schreibt § 22 Abs.1,S.1 GüKG vor, den "wirtschaftlichen Verhältnissen der beteiligten Unternehmer ..." Rechnung zu tragen. Es leuchtet ohne weiteres ein, daß dieses ureigene Interesse der Unternehmer primär[42] durch die Tarifkommissionen verfolgt wird. Auch historisch betrachtet diente die Verlagerung der Tariffestsetzungskompetenz auf die Tarifkommissionen gerade dazu, die dem Bundesverkehrsminister bzgl. der Kostenstruktur fehlende Sachkunde in das Genehmigungsverfahren einfließen zu lassen und durch eine "verstärkte Selbstregulierung"[43] eine Annäherung an marktwirtschafltiche Verhältnisse zu erreichen.

Problematisch erscheint die Zuständigkeitsfrage für das in § 22 Abs.1,S.2 GüKG genannte Genehmigungskriterium, nämlich "unbillige Benachteiligungen landwirtschaftlicher und mittelständischer Wirtschaftskreise sowie wirtschaftlich schwacher und verkehrsungünstig gelegener Gebiete zu verhindern". Der Sache nach handelt es sich hierbei um eine nicht-ökonomische, politische Zielvorstellung. Gleichwohl wird man auch dieses Kriterium zu dem in eigener Verantwortung wahrzunehmenden Aufgabenkreis der Tarifkommission zu zählen haben. Für diese Auffassung sprechen Wortlaut,[44] systematischer Zusammenhang mit § 20 a Abs.1,2 GüKG[45] sowie die Entscheidung des Bundesverwaltungsgerichts zu § 21 BSchVG,[46] deren Grundsätze wegen der Anlehnung der Tarifkommissionen an die Institution der Frachtenausschüsse auf § 22 GüKG übertragbar sind.

Aus dem Gesagten folgt umgekehrt, daß für den Bundesverkehrsminister aus § 22 Abs.1 S.2 GüKG keine Kompetenz zur Wahrung der dort genannten Belange herleitbar ist. Jedoch ergibt sich aus dem Wesen der Genehmigung als präventiver staatlicher Aufsichtsmaßnahme, daß dem Bundesverkehrsmini-

---

42 freilich nicht ausschließlich, vgl. nachfolgend im Text und unten II 2.a) (zu § 39 Abs.2 PBefG)

43 Tettinger, P.J., Selbstverwaltung, S. 819

44 Der Begriff der "Festsetzung" impliziert nach Auffassung des BVerwG eine eigene Verantwortung des betreffenden Gremiums und nicht nur eine unverbindliche Beratungstätigkeit, vgl. Urt. vom 28.3.69, BVerwGE 31,359 ff. (ergangen zu § 21 BSchVG).

45 Nach der Systematik erfolgt die Festsetzung durch die Tarifkommission, dem Bundesverkehrsminister obliegt demgegenüber nur die Genehmigung.

46 Urt. v. 28.3.69, BVerwGE 31, 359 ff. In dieser Entscheidung geht das BVerwG offensichtlich davon aus, daß die Wahrung dieses Kriteriums (auch) in die genuine Zuständigkeit des Frachtenausschusses fällt.

ster eine Prüfung (jedenfalls) der Rechtmäßigkeit[47] der vorgelegten Tarife obliegt. Insoweit hat er daher sowohl zu prüfen, ob den in § 22 Abs.1 S.2 GüKG genannten Belangen als auch, ob den "wirtschaftlichen Verhältnissen der Unternehmer" i.S.d. § 22 Abs.1 S.1 GüKG ausreichend Rechnung getragen wurde. Materielles Genehmigungskriterium ist daneben das allgemeine Wohl. Dies folgt aus § 20 a Abs.6 GüKG, wonach der Bundesverkehrsminister aus diesem Grunde einseitig Tarife festsetzen kann und daher nach dem argumentum a maiore ad minus auch das Recht haben muß, die Genehmigung aus diesem Grund zu versagen.[48] Für das Verhältnis der Genehmigungskriterien gilt die zu § 45 PBefG ergangene Rechtsprechung entsprechend.[49]

Schließlich verpflichtet die allgemeine "Wettbewerbsklausel" des § 7 GüKG den Bundesverkehrsminister bzw. die Bundesregierung zur Verfolgung der dort genannten Ziele.

Letzteres gilt aufgrund der systematischen Stellung des § 7 GüKG im ersten Abschnitt des GüKG in gleicher Weise auch für die Genehmigung im Güternahverkehr. Jedoch ist hier die Tarifkommission nicht zur Beachtung der in § 22 Abs.1 S.2 GüKG genannten Belange verpflichtet.[50] Für diese Auffassung sprechen der Wortlaut des § 84 Abs.1 S.3 GüKG, welcher nur auf § 22 Abs.1 S.1, nicht dagegen auf S.2 GüKG verweist sowie § 84 a GüKG, wonach die Kommission marktgerechte Entgelte zu bilden hat, also die nichtökonomischen Aspekte des § 22 Abs.1 S.2 GüKG gerade außer Betracht zu lassen hat. Schließlich wird diese Auffassung durch § 84 c Abs.5 GüKG gestützt, wonach die von der Kommission beschlossenen Entgelte als marktgerecht gelten. Diese eigenartige,[51] nach dem Wortlaut unwiderlegbare Fiktion hat zum einen zur Folge, daß die Genehmigung des Bundesverkehrsministers nicht mehr mit der Begründung versagt werden kann, der beschlossene Tarife sei nicht marktgerecht.[52] Bzgl. der Marktgerechtheit liegt m.a.W. ein Beur-

---

47 Zur Problematik, ob auch eine Zweckmäßigkeitsprüfung stattfindet, sowie zur Eigenart der Genehmigung vgl. unten C V.

48 Hein,G., u.a., GüKG, 8 zu § 20 a

49 Vgl. hierzu unten II.

50 Die Frage ist streitig. A.A. z.B. Hein,G., u.a., GüKG, 3 zu § 84 a GüKG. Danach sind die Tarifkommissionen auch zur Berücksichtigung der in § 7 und § 22 GüKG genannten Gesichtspunkte verpflichtet.

51 Eine vergleichbare Vorschrift findet sich im Bereich des Verkehrsrechts nur noch in § 27 c BSchVG, vgl. unten III.

52 Vgl. Hein, G., u.a., GüKG, 3 zu § 84 a, 3 zu § 84 f GüKG.

teilungs- und Entscheidungsmonopol der Kommission vor. Die Vorschrift belegt damit auch die Auffassung des Gesetzgebers, daß durch die verfahrensmäßige und paritätische[53] Partizipation von Vertretern beider Vertragsparteien ein gerechter Ausgleich der konfligierenden Partikularinteressen gewährleistet wird. Dementsprechend fehlt für den Güterfernverkehr, bei dem die Vertreter der Verlader nicht Mitglieder der Tarifkommission sind, sondern nur beratende Funktion haben (§ 21 a GüKG), eine vergleichbare Vorschrift.

Schließlich kann der Bundesverkehrsminister - für Güternah- und Güterfernverkehr - auch ohne Bindung an die Tarifkommission Tarife festsetzen bzw. aufheben, wenn es "das allgemeine Wohl erfordert".[54]

II. Personenbeförderungsgesetz

1. Allgemeines

Ähnlich wie im Bereich des GüKG findet sich auch im Rahmen des PBefG eine sorgfältige Abstufung bzgl. der die einzelnen Verkehrsarten[55] regulierenden Bestimmungen. Bedingt wird diese Differenzierung wiederum durch die gem. Art. 12 GG eingeschränkte Regelungskompetenz des Gesetzgebers und die unterschiedliche Schutzbedürftigkeit der Deutschen Bundesbahn.

Demgemäß hält das PBefG für jede der in ihm geregelten Formen der gewerblichen Personenbeförderung ein Regelungsinstrumentarium bereit, das unter größtmöglicher Wahrung der individuellen Freiheit des Unternehmers die Einschränkungen beinhaltet, die für die betreffende Verkehrsart im Hinblick auf die Verkehrskoordinierung, den Verkehrsorganismus als Ganzes und das Gemeinwohl unerläßlich sind.

---

53 Da jede Gruppe nur eine Stimme bei der Abstimmung hat - vgl. §§ 84 d S.2 GüKG, 27 a BSchVG -, besteht Einigungszwang. Für den Fall der Nichteinigung vgl. § 84 e GüKG bzw. § 27 b BSchVG.

54 Vgl. §§ 20 a Abs.4,5/ 84 f Abs.3,5 GüKG

55 Diese Rechtslage geht zurück auf die Rechtsprechung des Bundesverfassungsgerichts (Beschl. v. 8.6.60, BVerfGE 11,168). Danach kann die Reichweite der aus Art. 12 GG folgenden Regelungskompetenz nur für jede verschiedene Art der Personenbeförderung getrennt beurteilt, d.h. nicht unter Berufung auf die "Einheit des Verkehrs" für alle Verkehrsarten einheitlich bestimmt werden.

Unmittelbare Konsequenz aus dem Gesagten ist z.B. die grundlegende Differenzierung zwischen Linien- und Gelegenheitsverkehr. Da zum einen weite Teile der Bevölkerung auf Bestehen und verläßliches Funktionieren des Linienverkehrs angewiesen sind und letzterer zum anderen in Konkurrenz mit dem Schienenverkehr tritt (und somit unmittelbaren Einfluß auf die Wettbewerbslage der Deutschen Bundesbahn hat), unterliegt der Linienverkehr einem weit größeren Regelungsvorbehalt als der - bezogen auf das gesamte Verkehrssystem nur eine untergeordnete Rolle spielende - Gelegenheitsverkehr.[56]

2. Tarifgenehmigungspflicht

Diese unterschiedliche Regelungsintensität setzt sich im Rahmen der Tarifgenehmigungen fort.

a) Linienverkehr

Für sämtliche[57] Arten des Linienverkehrs gilt § 39 PBefG. Danach hat der Unternehmer bzgl. seiner Entgelte zwar ein Vorschlagsrecht.[58] Allgemein verbindlich werden diese aber erst mit der Zustimmung[59] der Genehmigungsbehörde.[60]

---

56 BVerfG, Beschl. v. 8.6.60, BVerfGE 11,168,184 ff. In dieser Entscheidung erkennt freilich auch das Bundesverfassungsgericht an, daß in einer hochzivilisierten Gesellschaft auch individuellen Verkehrsbedürfnissen Rechnung getragen werden muß.

57 Unmittelbar regelt § 39 nur die Entgelte von Straßenbahnen. Gem. der Verweisung in §§ 41 Abs.3/45 Abs.3 gilt er jedoch auch für den Linienverkehr mit Obussen bzw. Kraftfahrzeugen.

58 Aus § 39 Abs.1 PBefG folgt, daß der einzelne Unternehmer selbst zuständig ist, vgl. Bidinger, H., PBefG, 2 zu § 39.

59 Eine Besonderheit besteht hier gem. § 45 Abs.4 PBefG. Danach kann die Genehmigungsbehörde bei den in § 43 PBefG genannten Sonderformen des Linienverkehrs auf die Genehmigungspflicht der Entgelte "verzichten", der Unternehmer kann dann seine Entgelte frei vereinbaren, vgl. Bidinger, H., PBefG, 10 zu § 45.

60 Genehmigungsbehörde ist die nach § 11 PBefG i.V.m Landesrecht bestimmte Behörde. Hinzuweisen ist in diesem Zusammenhang darauf, daß diese Regelung über die Genehmigungsbehörde auch für den Bahnbusverkehr gilt. Zwar ordnet § 45 Abs.2 PBefG (materiell dem § 16 Abs.1 BBG entsprechend) dem Bundesverkehrsminister die Funktion der Genehmigungsbehörde bzgl. der Bahnbustarife zu. § 45 Abs.2 gilt jedoch nach ganz h.M. nicht für handelsrechtlich

An materiellen Genehmigungsvoraussetzungen nennt § 39 Abs.2 PBefG zwei große Komplexe: Die wirtschaftliche Lage des Unternehmers , eine ausreichende Verzinsung und Tilgung des Anlagekapitals , die notwendigen technischen Entwicklungen, d.h. mit anderen Worten die eigenwirtschaftlichen Interessen des Unternehmers einerseits und das "Gemeinwohl" sowie die "öffentlichen Verkehrsinteressen" andererseits. Gem. § 8 Abs.2,4 ist die Genehmigungsbehörde daneben zur Koordinierung der Entgelte oder zur Herstellung eines Verbundes sowie zur Beachtung der Ziele der Landesplanung verpflichtet. Schließlich enthält § 8 Abs.1 PBefG eine gegenüber §§ 8 AEG/ 7 GüKG geringfügig modifizierte allgemeine Wettbewerbsklausel.[61]

Was die Zuständigkeit zur Artikulation der genannten Belange betrifft, so ist wie folgt zu differenzieren. Die Übertragung des Tarifantragsrechts an den Unternehmer dient zunächst dazu, dessen individuelle Kalkulation in das Genehmigungsverfahren einfließen zu lassen. Dieser wird schon aufgrund seiner Gewinnerzielungsabsicht zumindest kostendeckende Entgelte veranschlagen. Hierzu hat er aufgrund einer Kosten-Erlösrechnung[62] darzulegen, welche Entgelte für die betreffende Linie geboten sind. Die "Angemessenheit" dieser Entgelte ist sodann von der Genehmigungsbehörde zu prüfen.[63] Hiermit soll der Verkehrsbenutzer vor der Ausnutzung einer evtl. Monopolstellung des Unternehmers geschützt werden. Die "Grenze nach oben" wird also von der Genehmigungsbehörde überwacht, wohingegen die Beachtung der "Grenze

---

selbständige Tochterunternehmen der Deutschen Bundesbahn. Durch die 1989 erfolgte bundesweite Umwandlung des Bahnbusverkehrsdienstes in Gesellschaften mit beschränkter Haftung ist die Tarifhoheit daher auch insoweit auf die Länder übergegangen. § 45 Abs.2 PBefG läuft insoweit "ins Leere".(Vgl. hierzu Bidinger, H., PBefG, 2 zu § 39, 2 zu § 45.)

61 Ob noch weitere Genehmigungskriterien zu beachten sind, wie dies der Wortlaut des § 39 Abs.2 PBefG nahezulegen scheint (vgl. "insbesondere"), ist streitig. Evtl. weitere Kriterien lassen sich problemlos auch unter das ohnehin nahezu grenzenlose "Gemeinwohl"-Kriterium subsumieren.

62 Hierzu hat der Bundesverkehrsminister "Richtlinien für die Kostenermittlung bei Anträgen auf Änderung der Beförderungspreise ..." bekanntgegeben (Schreiben f. 26.6.61 - StV 5 Nr.4088 Va61), an denen sich der Unternehmer orientieren soll.

63 Diese Verpflichtung zur "Angemessenheitsprüfung" impliziert inhaltlich strengere Maßstäbe als eine Mißbrauchsaufsicht nach Wettbewerbsrecht und ist daher - ihrem Wortlaut entsprechend - nicht auf eine solche zu reduzieren.(So aber Greif, R., PBefG, 2 zu § 39; Immenga,U., Wettbewebsbeschränkungen, S. 94; wie hier dagegen Bidinger,H., PBefG, 3a zu § 39)

nach unten" primär, aber nicht ausschließlich[64] dem Unternehmer anvertraut wird.

Die so ermittelten, angemessenen eigenwirtschaftlichen Interessen des Unternehmers sind sodann mit den öffentlichen Verkehrsinteressen und dem Gemeinwohl abzuwägen. Als hierzu berufen hat man wohl ausschließlich die Genehmigungsbehörde anzusehen.[65] Für diese Auffassung sprechen der Wortlaut der Vorschrift, ihr Sinn und Zweck sowie der systematische Zusammenhang mit § 8 PBefG. Danach wird die "politische Komponente" des Preises von der staatlichen Behörde festgelegt. Verkehrspolitik zu betreiben ist dagegen nicht Sache des einzelnen (!) Unternehmers; dies schon deshalb nicht, da damit die Realisierung eines einheitlichen politischen Konzepts illusorisch wäre. Diese Auslegung steht mit dem zu §§ 22 Abs.1 GüKG/21 Abs.2 S.2 BSchVG[66] gefundenen Ergebnis nur scheinbar in Widerspruch, da die dort tätig werdenden Tarifkommissionen bzw. Frachtenausschüsse auf überbetrieblicher Ebene und grundsätzlich[67] auch unter Beteiligung der Vertragspartner agieren und ihnen daher die Wahrnehmung (auch) politisch-gesamtwirtschaftlicher Ziele eher anvertraut werden kann als dem im ureigenen Interesse handelnden Unternehmer im Falle des § 39 Abs.2 PBefG.

Von zentraler Bedeutung ist nun, welchem der in § 39 Abs.2 PBefG genannten Kriterien im Konfliktfall - und dies ist der Regelfall - der Vorrang einzuräumen ist. Das Bundesverfassungsgericht[68] und die h.M. im Schrifttum[69] sind der Meinung, daß die gemeinwirtschaftliche Komponente nur bei

---

64 Vgl. nachfolgend im Text

65 Str., a.A. z.B. Bidinger, H., PBefG, 3 zu § 39: "Obwohl sich Abs.2 an die Genehmigungsbehörde wendet, hat der Unternehmer die Vorschriften im Grundsatz bei der Gestaltung der Beförderungsentgelte mit zu berücksichtigen."

66 Vgl. insoweit oben I. bzw. unten III.

67 Dies gilt nicht im Falle des Güter*fern*verkehrs, da die Vertreter der Verlader hier gem. § 21 a GüKG nur dem beratenden Ausschuß angehören.

68 Beschl. v. 25.5.76, BVerfGE 42,191 ff.(= DVBl 77,820 ff.)

69 Vgl. z.B. Bidinger, H., PBefG, 7,9 zu § 39; Fielitz, K.H., u.a., PBefG, 7 zu § 39. Die Mindermeinung (vgl. z.B. Lange,K., Verkehr, S.99 m.w.N.), welche eine Gleichrangigkeit der Kriterien bejaht und daher im Einzelfall auch ein Zurücktreten der Eigenwirtschaftlichkeit hinter das Gemeinwohl für geboten hält, dürfte mit dem Urteil des Bundesverfassungsgerichts wohl obsolet sein. Gleiches gilt für die Auffassung (Storsberg,G., Verkehrsreform,S. 75), wonach der Forderung nach Wahrung der wirtschaftlichen Verhältnisse der Unternehmen nur Ausnahmecharakter zukomme.

strikter Observanz der Eigenwirtschaftlichkeit des Unternehmens zum Tragen kommt und somit in letztere eingebunden ist. Ziel des PBefG, so das Bundesverfassungsgericht, ist es, "das wirtschaftliche Interesse des Beförderungsunternehmers und das auf Gewährleistung sicherer und ausreichender Personenbeförderungsmöglichkeiten gerichtete Interesse der Allgemeinheit soweit wie möglich in einen Ausgleich zu bringen."[70] Dabei gehe das PBefG davon aus, daß die Wirtschaftlichkeit des Beförderungsvorganges am besten geeignet sei, die Betriebssicherheit der Beförderung sowie die allgemeinen öffentlichen Interessen zu gewährleisten. Dementsprechend gebietet § 39 Abs.2 PBefG nicht nur die Festsetzung kostendeckender Entgelte, sondern auch - zur Erhaltung der Leistungsfähigkeit und -willigkeit der Beförderer,welche vom Gesetz im öffentlichen Interesse verfolgt wird - die Veranschlagung von angemessenen Gewinnspannen (sowie von Aufwendungen für technische Entwicklungen). Erst auf dieser Ebene und somit unter strikter Wahrung der Eigenwirtschaftlichkeit hat sodann die Abstimmung mit den öffentlichen Verkehrsinteressen und dem Gemeinwohl hinzuzutreten. Klargestellt ist damit ferner, daß auch die Genehmigungsbehörde zur Wahrung der "Grenze nach unten" verpflichtet ist.

Die Auffassung der Rechtsprechung ist nicht zuletzt vor dem Hintergrund des Art. 14 Abs.1 GG zu sehen. Eine aufoktroyierte Tarifgestaltung, welche bei den betroffenen Unternehmen[71] zu einer Kostenunterdeckung führen würde, verstieße gegen den Verfassungsgrundsatz des Übermaßverbots und würde damit keine zulässige Inhaltsbestimmung i.S.d. Art. 14 Abs.1 S.2 GG mehr darstellen.[72] Freilich läge in einem solchen Fall noch keine Enteignung

---

70 BVerfG, Beschl. v. 25.5.76, DVBl 77,820

71 Vgl. dazu, daß die Gesamtheit der betroffenen Unternehmen maßgeblich ist BGH, Urt. v. 25.10.67, BGHZ 48, 385 (395).

72 ständige Rechtsprechung, vgl. etwa BGH, Urt. v. 25.10.67, BGHZ 48,385 (395); BVerwG, Urt. v. 23.3.84, BVerwGE 69,104(107).

Auch Lange,K., Verkehr, S.209 ff. nimmt in dem genannten Fall einen Verstoß gegen Art. 14 GG an, obwohl er nicht von einem generellen Vorrang der Eigenwirtschaftlichkeit ausgeht. Der von ihm beschriebene Ausnahmefall (i.e. Kostenunterdeckung durch Preise, wenn Preise hergestellt werden, die auch auf einem von staatlicher Regulierung freien Markt zustandekämen) ist dagegen m.E. illusorisch, da eben der *gesamte* Verkehrsbereich staatlich reglementiert ist und damit wegen der Substituierbarkeit zwischen den Verkehrsträgern die Ermittlung eines staatsfreien Preises schlechterdings reine Fiktion wäre; vgl. auch noch Lange,K., DVBl 71, 775 (778).

im Sinne des Art. 14 Abs. 3 GG vor. Nach der neueren Rechtsprechung des BVerfG und der hierin entwickelten Begriffstrias handelte es sich vielmehr um den Fall einer verfassungswidrigen Inhaltsbestimmung.[73]

Eine verfassungsrechtliche Grenze für die Preisadministration bildet daneben auch noch Art. 12 Abs.1 GG. Eine Kostenunterdeckung ist danach nur insoweit zulässig, als der Verhältnismäßigkeitsgrundsatz gewahrt bleibt.[74] Art. 12 GG ist v.a. dann verletzt, wenn durch die Entgeltfestsetzung langfristig - auch durch betriebswirtschaftliche Rationalisierungsmaßnahmen nicht kompensierbare - Substanzverluste eintreten.[75] Dabei ist bezüglich der Kosten- und Erlöslage nicht auf das einzelne Unternehmen abzustellen. Nötig ist nach Auffassung des BVerfG vielmehr, daß die betroffenen Berufsangehörigen in aller Regel und nicht nur in Ausnahmefällen wirtschaftlich nicht mehr in der Lage sind, den gewählten Beruf ganz oder teilweise zur Grundlage ihrer Lebensführung oder - bei juristischen Personen - ihrer unternehmerischen Erwerbstätigkeit zu machen.[76] Geboten ist mit anderen Worten - wie auch bei Art. 14 GG[77]- eine generelle Betrachtungsweise.[78]

Die dargestellte Rechtslage wurde vom Bundesverwaltungsgericht mittlerweile in zweifacher Hinsicht konkretisiert. So gebietet die Rücksichtnahme auf das Gemeinwohl und damit die sozialen Belange der Verkehrsbenutzer - innerhalb der Grenzen der wirtschaftlichen Lage des Unternehmens - eine Staffelung der Tarife nach Regel-, Sozial- und Ermäßigungstarifen.[79] Eine geringfügige Modifikation des obigen Grundsatzes bringt das Urteil vom 23.3.84.[80] Danach kann aufgrund der in § 39 Abs.2 PBefG zum Ausdruck kommenden Sozialbindung des Unternehmers für *einzelne* Verkehrsleistungen auch die Erhebung eines nicht kostendeckenden Tarifs vom Unternehmer

---

73 Vgl. BVerfG, Beschl. vom 15.7.81, BVerfGE 58, 300 (317 ff., 322 ff.) - Naßauskiesung.

74 Std. Rechtsprechung, vgl. z.B. BVerfG, Beschl. v. 1.3.78, BVerfGE 47,285 (325); Beschl. v. 2.10.73, BVerfGE 36,47 (59)

75 Bauer, M., Preisadministration, S. 117

76 BVerfG, Beschl. v. 16.3.71, BVerfGE 30, 292 (314)

77 BGH, Urt. v. 25.10.67, BGHZ 48, 385 (395)

78 BVerfG, Beschl. v. 16.3.71, BVerfGE 30, 292 (317)

79 BVerwG, Urt. v. 19.1.79 in Buchholz 442.01 § 39 PBefG Nr.1

80 BVerwGE 69,104 ff.

verlangt werden.[81] Hiervon unberührt bleibt aber der Anspruch des Unternehmers auf wirtschaftliche Angemessenheit der Tarife. Der Grundsatz der Eigenwirtschaftlichkeit des Unternehmens gilt mit anderen Worten nicht für jede einzelne Verkehrsleistung, sondern er gewährleistet nur für das Gesamtergebnis eine kostendeckende Tarifgestaltung.[82] Der aus Gemeinwohlgründen auferlegten Rentabilitätsminderung bei einzelnen Tarifen hat der Unternehmer durch "interne Subventionierung", d.h. durch Erhöhung anderer Tarife zu begegnen.[83]

Weiterreichende Befugnisse als nach § 39 Abs.1,2 PBefG hat die Genehmigungsbehörde schließlich nach § 39 Abs.4 PBefG. Danach kann sie bei wesentlicher Änderung der für die Bildung der Entgelte maßgebenden Umstände die erteilte Zustimmung widerrufen und die Entgelte selbst anderweitig festsetzen. Der Unternehmer ist nur anzuhören.

Einen Ausgleichsanspruch für hoheitliche Tarifeingriffe statuiert seit dem 1.1.1977 § 45 a PBefG,[84] wonach der Unternehmer bei Erledigung des Ausbildungsverkehrs einen evtl. entstehenden Verlust zur Hälfte[85] von dem betreffenden Bundesland ersetzt erhält. Der Sache nach hat der Gesetzgeber damit anerkannt, daß die preisgünstige Erledigung des Ausbildungsverkehrs eine dem Unternehmer vom Staat auferlegte gemeinwirtschaftliche Aufgabe darstellt und der Unternehmer daher vom Staat als dem Veranlasser für diese

---

81 Im konkreten Fall, in dem es um die Ermäßigung von Schülerzeitkarten ging, wurde vom Bundesverwaltungsgericht auch § 45 a PBefG zur Begründung herangezogen. In dieser Ausgleichsregelung komme der Wille des Gesetzgebers zum Ausdruck, eine aus sozial- und bildungspolitischen Gründen erwünschte preisgünstige Erbringung des Ausbildungsverkehrs zu gewährleisten, vgl. BVerwG, a.a.O., S. 106.

82 Die Problematik, ob die Preisbeeinflussung auch zu einem negativen Gesamtergebnis führen darf, stellt sich nur bei Verkehrsunternehmen der öffentlichen Hand, insbesondere kommunalen Unternehmen, da insoweit eine Berufung auf Art. 14 GG ausscheidet. Zu diesem Problemkreis vgl. etwa Dengler, F., Tarifgestaltung, VerwArch 1982, 292 (294) m.w.N.

83 BVerwG, Urt. v. 23.3.84, BVerwGE 69,104 (107). Mit dieser Entscheidung sind die von Lange,K. (Verkehr, S. 156) mit Blick auf Art. 3 Abs.1 GG geäußerten verfassungsrechtlichen Bedenken gegen die interne Subventionierung wohl obsolet.
Ebenso erledigt hat sich die Streitfrage, ob insoweit - auch ohne eine gesetzliche Grundlage - eine Ausgelichspflicht besteht, vgl. hierzu Fromm,G., DVBl 71, 161 ff.; ders. DVBl 71, 780 f. einerseits sowie Lange,K., DVBl 71, 775 ff. andererseits.

84 Eine gleichlautende Regelung enthält § 6 a AEG.

85 Für die Berechnung vgl. die Formel bei Bidinger, H., PBefG, 8 ff. zu § 45 a

Leistung ein Entgelt zu erhalten hat.[86] Weitergehende Ausgleichspflichten sieht das Gesetz nicht vor.[87]

b) Gelegenheitsverkehr

Für die Arten des Gelegenheitsverkehrs ergibt sich bzgl. der Tariffestsetzung eine im Vergleich zum Linienverkehr wesentlich liberalere Rechtslage.

Für den Verkehr mit *Taxen* (§§ 46 Abs.2 Nr.1/47 PBefG) sind grundsätzlich die Landesregierungen berechtigt, die Entgelte durch Rechtsverordnung festzusetzen. Diese haben jedoch von der Möglichkeit (vgl. § 51 Abs.1 S.2 PBefG) Gebrauch gemacht, die Verordnungsermächtigung zu übertragen. Demnach sind bundesweit für die Taxentarife die Landkreise bzw. kreisfreien Städte (jeweils für ihren räumlichen Bereich) zuständig[88] und können die Tarife durch Rechtsverordnung[89] festsetzen.[90] In diesem Fall gelten gem. § 51 Abs.1 S.3 PBefG dann auch § 39 Abs.2,3 PBefG und die hierzu entwickelten Grundsätze.[91] Für *Ausflugsfahrten* und *Ferienzielreisen* (§§ 46 Abs.2 Nr.2/48 PBefG) besteht völlige Tariffreiheit.[92] Gleiches gilt für den Gelegenheitsverkehr mit *Mietwagen* (§§ 46 Abs.2 Nr.3/ 49 Abs.4 PBefG). Dagegen ist für den Verkehr mit *Mietomnibussen* i.S.d. §§ 46 Abs.2 Nr.3/49 Abs.1 PBefG)

---

86 Da es sich in der Sache um einen Eingriff in grundgesetzlich geschützte Sphären handelt, liegt es nahe, die Ausgleichszahlung als Entschädigung zu bezeichnen. Vgl. zu dieser str. Frage Fromm,G., Ausgleichsanspruch, DVBl 71,162.

87 Die zunächst geplante Ausgleichsregelung für Zeitfahrausweise der Berufstätigen ist aus Finanzierungsgründen zurückgestellt worden. Da § 45 a PBefG somit nur einen Teil der gemeinwirtschaftlichen Leistungen abdeckt, wird sie trotz grundsätzlich zustimmender Haltung in der Literatur als bloße "Teillösung" kritisiert, vgl. etwa Fromm,G., BB 1977,170.

88 Vgl. Bidinger, H., PBefG, 4 zu § 51

89 Der Erlaß als Rechtsverordnung stellt sicher, daß für alle Unternehmen die gleichen Tarife gelten.

90 § 58 Abs.1 Nr.3 PBefG begründet keine vorrangige Zuständigkeit des Bundesverkehrsministers zum Erlaß der Verordnung, da er nur die Allg. Geschäftsbedingungen, nicht dagegen Tarife betrifft.

91 Vgl. oben a)

92 Die Ermächtigung für den Bundesverkehrsminister zum Erlaß von Verordnungen in § 58 Abs.2 Nr.3 PBefG betrifft nur Allg. Geschäftsbedingungen, nicht dagegen Entgelte.

gem. § 51 Abs.7 PBefG die Landesregierung zur Festsetzung von Beförderungsentgelten berechtigt, aber nicht verpflichtet.[93]

Im Vergleich zum Linienverkehr ist zunächst auf den grundlegenden systematischen Unterschied hinzuweisen. Zwar geht auch § 39 PBefG davon aus, daß die Entgeltfestsetzung grundsätzlich Sache des Unternehmers ist. Jedoch statuiert § 39 Abs.1 PBefG eine Zustimmungspflicht und damit eine präventive staatliche Aufsicht. Demgegenüber herrscht im Gelegenheitsverkehr grundsätzlich Vertragsfreiheit. Nur für bestimmte Fälle sieht das Gesetz ein Recht (aber keine Pflicht) staatlicher Behörden zur Tariffestsetzung vor.

III. Binnenschiffahrtsverkehrsgesetz

1. Tarifgenehmigungspflicht

Für die gewerbliche Güterbeförderung[94] durch die Binnenschiffahrtsunternehmen sieht § 21 Abs.1 BSchVG die Entgeltfestsetzung durch sog. Frachtenausschüsse vor, welche paritätisch aus zwei Gruppen von Vertretern der Schiffahrt und der Verlader bestehen.[95] Die Einrichtung von Frachtenausschüssen als Selbstverwaltungseinrichtung in der gewerblichen Binnenschiffahrt läßt sich bis in die dreißiger Jahre zurückverfolgen und hatte Leitbildfunktion für die Institutionalisierung der Tarifkommissionen im GüKG im Jahre 1961.[96] Die Beschlüsse der Frachtenausschüsse über Entgelte für Verkehrsleistungen bedürfen sodann der Genehmigung des Bundesverkehrsministers, welcher die genehmigten Beschlüsse anschließend als Rechtsverordnung erläßt (vgl. §§ 28 Abs.1/29 Abs.1 BSchVG).

Kriterien bei der Entgeltfestsetzung sind gem. § 21 Abs.2 BSchVG die Marktgerechtheit sowie die Wahrung der wirtschaftlichen Verhältnisse der

93 Der Bundesverkehrsminister ist zwar nach § 58 Abs.1 Nr.4 PBefG ebenfalls zum Erlaß einer Verordnung über Beförderungsentgelte berechtigt. Da eine solche Verordnung aber nicht vorliegt, verbleibt es bei der Zuständigkeit der Landesregierung nach § 51 Abs.7 PBefG.

94 Für die gewerbliche *Personen*schiffahrt gibt es keine Tarifpflicht, da diese überwiegend dem Vergnügungs- und Ausflugsverkehr dient und daher kein Regelungsbedürfnis besteht. Vgl. Püttner, G., Wirtschaftsverwaltungsrecht, S. 201.

95 Vgl. § 25 Abs.1 BSchVG. Für Errichtung und weitere organisatorische Detailfragen vgl. i.ü. §§ 22 ff. BSchVG.

96 Vgl. hierzu die Nachweise bei BVerwG, Urt. v. 28.3.69, BVerwGE 31,359 (361 f.)

beteiligten Unternehmer. Hierfür gilt grundsätzlich das zu §§ 39 Abs.2 PBefG/ 22, 84 a GüKG Gesagte entsprechend.[97] Bzgl. der Marktgerechtheit fingiert § 27 c BSchVG die vom Frachtenausschuß beschlossenen Entgelte als marktgerecht. Für die Interpretation dieser Vorschrift kann auf das zu der entsprechenden Vorschrift des § 84 e Abs.5 GüKG Gesagte verwiesen werden.[98] Ebenso gebietet die Wahrung der wirtschaftlichen Verhältnisse der beteiligten Unternehmer die Veranschlagung einer angemessenen Gewinnspanne sowie von Aufwendungen für notwendige technische Entwicklungen.[99] Zur Beachtung von politischen Zielvorstellungen, nämlich der Vermeidung von "unbilligen Benachteiligungen landwirtschaftlicher und mittelständischer Wirtschaftskreise sowie wirtschaftlich schwacher und verkehrsungünstig gelegener Gebiete" ist der Frachtenausschuß nach § 21 Abs.2 S.2 BSchVG nur bei der Festsetzung von *Margen*tarifen verpflichtet.[100] Wie i.F.d. §§ 22 GüKG/39 Abs.2 PBefG kann dieses Ziel nur unter strikter Wahrung der Eigenwirtschaftlichkeit verfolgt werden.[101] Korrelierend mit der erweiterten Stellung des Ausschusses ist der Bundesverkehrsminister bei der Genehmigung von Margentarifen auch zur Prüfung verpflichtet, ob diese evtl. die erwähnten unbilligen Benachteiligungen usw. mit sich bringen. Diese Pflicht ergibt sich zum einen daraus, daß dem Bundesverkehrsminister die Prüfung der vorgelegten Tarife auf ihre Rechtmäßigkeit hin obliegt und zum anderen daraus, daß es sich hierbei um in die Kompetenz des Bundesverkehrsministers fallende politische Belange handelt.

Unabhängig von der Tarifart ist der Bundesverkehrsminister aus der allgemeinen Wettbewerbsklausel des § 33 Abs.2 BSchVG zur Entgeltkoordinierung insoweit verpflichtet, "als es die Verhinderung eines unbilligen Wettbewerbs erfordert". Schließlich kann nach § 29 Abs.2 BSchVG i.V.m. dem argumentum a maiore ad minus das allgemeine Wohl nicht nur Anlaß für eine einseitige Festetzung der Tarife sein, es ist vielmehr durch den Verkehrsminister auch im Rahmen des Genehmigungsverfahrens zu beachten.

---

97 Vgl. oben I.1. und I.2.

98 Vgl. oben 1.2. und II.2.a)

99 Vgl. insoweit die Ausführungen zu § 39 Abs.2 PBefG oben II.2.a)

100 Abweichend hiervon sind diese Ziele i.F.d. § 22 Abs.1 S.2 GüKG auch bei der Festsetzung von *Fest*tarifen zu beachten. Ob es sich hierbei um eine bewußte Abweichung handelt oder nur um ein "Redaktionsversehen", ist unklar.

101 Vgl. oben I.2. sowie II.1.

Neben dem soeben erwähnten Fall kann der Bundesverkehrsminister nur dann Tarife einseitig festsetzen, wenn der Frachtenausschuß einen Tarif nicht beschließt.[102]

2. Rechtsschutz gegen Genehmigungsversagung

Mit Urteil vom 28.3.69 hat das Bundesverwaltungsgericht[103] das Recht der Frachtenausschüsse (nicht aber des einzelnen Unternehmers) anerkannt, gegen die Versagung der Genehmigung durch den Bundesverkehrsminister Anfechtungsklage zu erheben. Zur Begründung hat das Gericht ausgeführt, daß den Frachtenausschüssen nicht nur eine unverbindliche Beratungstätigkeit obliege, sondern ihnen vielmehr ein in eigener Verantwortung wahrzunehmender Aufgabenkreis bei der Frachtenbildung übertragen sei. Dies folge aus dem Wortlaut,[104] der gesamten Ausgestaltung des Verfahrens[105] sowie dem Zweck der Frachtenausschüsse.[106] Der Ausschuß stelle somit eine Selbstverwaltungseinrichtung der Wirtschaft dar, weshalb die Genehmigung als staatliche Aufsichtsmaßnahme Außenwirkung habe und daher als Verwaltungsakt zu qualifizieren sei.

Der Charakterisierung der Frachtenausschüsse als Selbstverwaltungseinrichtung stehen weder die fehlende Autonomie[107] noch die Tatsache, daß es sich bei den Ausschüssen nicht um juristische Personen des öffentlichen

---

102 Vgl. § 30 BSchVG. Im Falle des § 29 Abs.2 BSchVG hat der Bundesverkehrsminister auch noch das Einvernehmen mit dem Bundeswirtschaftsminister herzustellen.

103 BVerwGE 31,359 ff.

104 Vgl. die gesetzliche Differenzierung zwischen "Festsetzung" und "Vorschlagen" in §§ 21/27 Abs.2,3/30 BSchVG.

105 Bei einem bloßen Vorschlagsrecht, so die Argumentation, bedürfe es keiner "Genehmigung" der Beschlüsse. Auch wäre § 29 Abs.1 BSchVG unverständlich, wonach die genehmigten Beschlüsse als Rechtsverordnung erlassen werden.

106 Die Frachtenausschüsse übernehmen die Aufgabe, die vertragliche Gegenleistung zu vereinbaren und damit eine genuine Aufgabe des Unternehmers. Trotz des staatlichen Eingriffs in dieses Recht sollen die Entgelte - wenn auch durch den Frachtenausschuß und damit auf überbetrieblicher Ebene sowie unter Beteiligung der Vertragspartner - doch mittelbar durch den Unternehmer selbst bestimmt werden.

107 Die Satzungsautonomie ist zwar häufig mit der Selbstverwaltung verbunden, jedoch nicht ipso jure in ihr enthalten. Sie bedarf vielmehr ausdrücklicher Verleihung. Vgl. BVerwG, Urt. v. 28.3.69, BVerwGE 31,359 (364)

Rechts handelt, entgegen. Trotz der Annahme einer Selbstverwaltungseinrichtung gesteht das Bundesverwaltungsgericht dem Bundesverkehrsminister jedoch eine Zweckmäßigkeitsaufsicht zu.[108] Dementsprechend stellt die Entscheidung über die Erteilung der Tarifgenehmigung eine Ermessensentscheidung dar. Die Aufsicht über die Frachtenausschüsse findet ihre Grenze dort, "wo von einem eigenständigen Raum für die Ausschüsse nichts mehr übrigbleibt",[109] d.h. dort, wo letztere "ausgehöhlt" würde.[110] Unter sinngemäßer Anwendung der Rechtsprechung des Bundesverfassungsgerichts zu § 39 Abs.2 PBefG[111] wird man diese Grenze konkret jedenfalls dann als überschritten anzusehen haben, wenn die Eigenwirtschaftlichkeit des Unternehmers tangiert wird. Oberhalb dieser Grenze sind dagegen die Interessen des Unternehmers nur ein abwägungserheblicher Belang im Rahmen der Ermessensausübung.

IV. Luftverkehrsgesetz

Ähnlich wie das PBefG differenziert das LuftVG zwischen Gelegenheitsverkehr und Linienverkehr. Für den letzteren statuiert § 21 LuftVG eine - neben die gem. § 20 LuftVG nötige, allgemeine Zulassung des Unternehmens tretende - Genehmigungspflicht hinsichtlich jeder einzelnen Linie.[112] Diese Genehmigung umfaßt gem. § 21 Abs.1 S.2,4 LuftVG auch die Tarife bzw. deren Änderungen.

---

[108] Zur Begründung werden die Befugnisse gem. §§ 29 Abs.2/30/33 Abs.2 BSchVG genannt, BVerwG, a.a.O., S. 365.

[109] BVerwG, a.a.O., S. 366

[110] Damit reicht die hier gegebene Einflußmöglichkeit weiter als die sonst bei Selbstverwaltungseinrichtungen typischerweise gegebene Staatsaufsicht. Charakteristische Merkmale der Selbstverwaltung sind eine auf die Rechtsaufsicht beschränkte Kontrolle und damit die fehlende Nachprüfbarkeit der Entscheidungen auf ihre Zweckmäßigkeit. Vgl. BVerwG, Beschl. v. 17.1.61, DVBl 61, 449; Wolff/Bachof, Verwaltungsrecht II, § 77 II c 2.

[111] BVerfG, Beschl. v. 25.5.76, BVerfGE 42,191 ff.

[112] Für die Rechtslage bzgl. des grenzüberschreitenden Verkehrs ist zu beachten, daß für deutsche Unternehmen auch insoweit der Grundsatz der Liniengenehmigung nach § 21 LuftVG gilt. Für ausländische Unternehmen dagegen schreibt § 21 a LuftVG die Erteilung einer Betriebsgenehmigung vor. Vgl. hierzu im einzelnen Giemulla, E., u.a., LuftVG, 4 ff. zu § 21; Püttner,G., Wirtschaftsverwaltungsrecht, S. 203.

Die Tarifbildung obliegt dem betreffenden Unternehmen selbst. Für die Genehmigungserteilung ist der Bundesverkehrsminister zuständig. Bei der Tarifbildung sind zwei Interessenkomplexe entscheidend.[113] Den einen Maßstab liefert wiederum die Eigenwirtschaftlichkeit des Unternehmens. Danach sind Tarife festzusetzen, welche nicht nur kostendeckend sind, sondern auch einen angemessenen Gewinnanteil enthalten. Dieses betriebswirtschaftliche Individualinteresse deckt sich insoweit mit dem öffentlichen Interesse i.S.d. § 21 Abs.1 S.6 LuftVG, als das öffentliche Interesse an der Erhaltung eines zuverlässigen und leistungsfähigen Linienverkehrs wirtschaftlich "gesunde" Unternehmen zur unabdingbaren Voraussetzung hat. Als weitere Konkretisierungen des "öffentlichen Interesses" können der Schutz der Verkehrsbenutzer vor überhöhten Monopolpreisen,[114] die verkehrswirtschaftlich sinnvolle Aufgabenteilung mit den anderen Verkehrsträgern etc.[115] angeführt werden.[116]

Für das Verhältnis der beiden Kriterien hat die zu § 39 Abs.2 PBefG ergangene Rechtsprechung[117] entsprechend zu gelten. Dies gilt auch, wenn und soweit der Staat an Luftverkehrsunternehmen Beteiligungen hält. Bei solchen gemischtwirtschaftlichen Unternehmen verlangt Art. 14 Abs.1 GG nach der in der Literatur herrschenden Meinung[118] Beachtung, soweit es um

---

113 Vgl. zum nachfolgenden Schwenk, W., Handbuch, S. 381 ff.

114 Das insoweit bestehende weitgehende Monopol der Lufthansa für den inländischen Verkehr ist jedoch rein faktischer Natur und nicht rechtlich abgesichert.

115 Vgl. die Kriterien bei Schwenk, W., Handbuch, S. 383 ff.; Giemulla, E., LuftVG, 10 zu § 21.

116 Dagegen kommen die Ablehnungskriterien des § 20 LuftVG, welche gem. § 21 Abs.1 S.5 LuftVG auch für § 21 LuftVG gelten, für die Tarifgenehmigung nicht in Betracht.

117 Vgl. oben II.2.

118 Vgl. zur Problematik des Grundrechtsschutzes gemischtwirtschaftlicher Unternehmen zuletzt Schmidt-Aßmann,E., BB 1990, Beilage 34 zu Heft 27 und Koppensteiner,H.G., NJW 90,3105. Nach der h.M. genießen gemischtwirtschafltiche Unternehmen grundsätzlich im gleichen Umfang Grundrechtsschutz wie Privatunternehmen, vgl. etwa (neben den schon Genannten) von Mutius,A., Bonner Kommentar, 147 zu Art. 19 Abs.3 GG; Bleckmann,A., Staatsrecht II, S.100 f.; Jarass,H.D., Wirtschaftsverwaltungsrecht, § 16 Rdnr. 18.
A.A. ist freilich neuerdings das BVerfG (Beschl. v. 16.5.90, NJW 90, 1783). Danach hängt die Befugnis einer juristischen Person des Privatrechts zur Erhebung einer Verfassungsbeschwerde von der Funktion ab, in der sie von dem beanstandeten Akt der öffentlichen Gewalt betroffen ist. Besteht diese Funktion in der Wahrnehmung gesetzlich zugewiesener und geregelter öffentlicher Aufgaben der Daseinsvorsorge, so ist die juristische Person insoweit nicht grundrechtsfähig

den Schutz der privaten Anleger geht mit der Folge, daß das Gemeinwohl nur bei Sicherstellung des individuell-betriebswirtschaftlichen Gewinns verfolgt werden darf.[119]

Ein "eigenmächtiges" Handeln schließlich ist dem Bundesverkehrsminister nach dem LuftVG nicht möglich. Er ist stets an die Tarifinitiative des Luftverkehrsunternehmens gebunden.

V. Tarifgenehmigung nach dem Allgemeinen Eisenbahngesetz

Für den Bereich des AEG liegt die Tarifhoheit und damit die Genehmigungszuständigkeit für die (vom betreffenden Eisenbahnunternehmen selbst vorgeschlagenen) Tarife gem. § 6 Abs.3,4 AEG grundsätzlich bei den Ländern.[120] Bei der Genehmigung sind gem. § 6 Abs.1 AEG "unter Wahrung der wirtschaftlichen Verhältnisse der beteiligten Eisenbahnen gleichmäßige Tarife zu schaffen ..." und die Tarife "den Bedürfnissen des allgemeinen Wohls, insbesondere der wirtschaftlich schwachen und verkehrsungünstig gelegenen Gebiete, anzupassen". Für den Fall von Margentarifen sind weiterhin gem. § 6 Abs. 2 EVO unbillige Benachteiligungen landwirtschaftlicher und mittelständischer Wirtschaftskreise zu vermeiden. Für das Verhältnis der Kriterien hat das zu § 39 Abs.2 PBefG Gesagte analog zu gelten, wobei hinzukommt, daß auch § 4 Abs.1 AEG die Aufgabenerfüllung nur unter "Wahrung wirtschaftlicher Grundsätze" vorschreibt.

Zu diesen Tarifbildungskriterien tritt der allgemeine Wettbewerbsparagraph des § 8 AEG hinzu, welcher sich in Absatz 1 an die Bundesregierung wendet und in Absatz 2 den Bundesverkehrsmininster zur Entgeltkoordinierung ver-

---

(BVerfG, a.a.O., S.1783). Zur Kritik an diesem Beschluß vgl. Kühne,G., JZ 90, 335 sowie Koppensteiner,H.G., NJW 90, 3105.

119 Eigentlich problematisch ist dagegen auch hier der Fall, daß das Unternehmen *ausschließlich* dem Staat gehört. Für diese Fälle sind jedenfalls dann gewinnbringende Tarife festzusetzen, wenn das staatliche Unternehmen in Konkurrenz zu anderen, privaten Unternehmen tritt, da andernfalls das Gebot der Wettbewerbsneutralität verletzt wäre, vgl. Beschl. des BVerfG v. 25.5.76, BVerfGE 42,191 ff..Im übrigen ist die Rechtslage unklar, die Frage jedoch praktisch irrelevant, da rein staatliche Luftverkehrsunternehmen mit Monopolstellung nicht bestehen. Virulent wird das Problem dagegen im kommunalen Nahverkehr. Vgl. hierzu Dengler, F., VerwArch 1982, S. 292,294 m.w.N..

120 Zur Abgrenzung der Zuständigkeit vgl. im einzelnen Finger, H.-J., BbG, 4 zu § 6 AEG

pflichtet. Letzterer kann dieser Aufgabe freilich wegen der regelmäßigen Zuständigkeit der Länder nur in Zusammenarbeit mit diesen bzw. über den Erlaß von Richtlinien nach § 8 Abs.3 AEG nachkommen.

Finanzielle Ausgleichspflichten sieht das Gesetz in den §§ 6 a,b AEG vor. § 6 a AEG stimmt mit § 45 a PBefG überein. Das insoweit Gesagte gilt daher entsprechend.[121] § 6 b AEG ist in Zusammenhang mit der Verordnung Nr. 1192/69 des Rates der Europäischen Gemeinschaften zu sehen. Diese Verordnung[122] sieht zum Ausgleich von Wettbewerbsverzerrungen Ausgleichszahlungen an die staatseigenen Bahnen vor. Da die Verordnung somit nur auf die Deutsche Bundesbahn Anwendung findet, soll mit § 6 b AEG auch den übrigen Eisenbahnbetrieben ein Ausgleich gewährt werden für die spezifischen Nachteile, die den übrigen Verkehrsträgern nicht erwachsen.[123]

Eine eigenmächtige Tariffestsetzung, d.h. ohne einen Tarifantrag des Eisenbahnunternehmens, ist nach dem AEG nicht möglich.

Eine Besonderheit im Eisenbahnwesen stellt die - gesetzlich nicht vorgesehene - ständige Tarifkommission dar, welche der Fortentwicklung der Tarife dient.[124]

VI. Tarifgenehmigung nach dem Bundesbahngesetz

Die Tarife der Deutschen Bundesbahn bedürfen nach § 16 Abs.1 BbG der Genehmigung des Bundesverkehrsministers. Die materiellen Genehmigungskriterien ergeben sich, da § 16 BbG insoweit keine Vorgaben enthält, aus §§ 6,8 AEG.[125] In Ergänzung hierzu gebietet § 46 BbG, den Verkehrsbedürfnis-

---

121 Vgl. oben II.2.

122 ABl. der EG Nr. L 156 S. 8 vom 28.6.1969

123 Finger, H.-J., BbG, 7 c zu § 28 a BbG, 1 zu § 6 b AEG

124 Sie setzt sich aus Vertretern der Deutschen Bundesbahn und einem Vertreter der nichtbundeseigenen Bahnen zusammen. Angeschlossen ist ein Ausschuß der Verkehrsinteressenten (aus Handel, Industrie und Land- und Forstwirtschaft). Daneben nehmen Vertreter der Binnenschiffahrt und des Kraftverkehrsgewerbes an den Beratungen teil. Dem Bundesverkehrsminister steht eine Beteiligung ebenfalls offen. Vgl. zum Ganzen Finger, H.-J., BbG, 3 d zu § 6 AEG; Goltermann, E., EVO, § 6 EVO, I 1c,bb

125 Zum problematischen Verhältnis der beiden Kriterien vgl. unten 2. Teil, 2.Kapitel B.

sen der Länder, namentlich auf dem Gebiet der Rohstoffversorgung, Rechnung zu tragen.

Wird der Deutschen Bundesbahn die Genehmigung für eine tarifliche Maßnahme versagt, so schreibt § 28 a Abs.1 BbG die Übernahme der hieraus resultierenden Mehraufwendungen bzw. Mindereinnahmen sowie evtl. Investitionsausgaben durch den Bund vor. Die Entscheidung über den Ausgleich trifft der Bundesverkehrsminister im Einvernehmen mit dem Bundesfinanzminister, bei Streitigkeiten über den Ausgleich entscheidet gem. § 28 a Abs.2 BbG die dort vorgesehene, paritätisch besetzte[126] Einigungsstelle "endgültig mit Stimmenmehrheit".

Neben dieses "ordentliche" Genehmigungsverfahren tritt die Möglichkeit des § 16 Abs.4 BbG, wonach der Bundesverkehrsminister von der Deutschen Bundesbahn eine Änderung von Tarifen verlangen kann, "wenn dies aus Gründen des öffentlichen Wohles erforderlich ist". Diese begehrten Änderungen dürfen jedoch gem. § 16 Abs.5 BbG nicht der wesentlichen Beeinträchtigung der Wettbewerber auf den Verkehrsmärkten dienen. Unberührt hiervon bleibt die Pflicht des Bundes zum finanziellen Ausgleich nach § 28 a BbG.

Auf die Besonderheit der ständigen Tarifkommission im Eisenbahnbereich wurde schon hingewiesen.[127]

C. Vergleich der Tarifgenehmigungstatbestände nach den Verkehrsgesetzen

Im synoptischen Vergleich lassen sich die unterschiedlichen Regelungen wie folgt darstellen.

I. Erforderlichkeit der Tarifgenehmigung

Auf dem Hintergrund des Art. 12 Abs.1 GG findet sich in den Verkehrsgesetzen ein sorgfältig differenziertes System an staatlichen Reglementierungen

---

126 Das Gremium setzt sich aus je einem Vertreter der Bundesverkehrsmininsters und des Bundesfinanzministers, zwei Vertretern der Deutschen Bundesbahn sowie einem unabhängigen Sachverständigen (Wirtschaftsprüfer) zusammen.

127 Vgl. oben V.

der prinzipiell freien unternehmerischen Betätigung. Für den Bereich der Preisgestaltung durch die Unternehmen besteht jedoch - trotz der im übrigen erheblich divergierenden Eingriffsintensität - in weitem Umfang eine Tarifgenehmigungspflicht.[128]

II. Tarifinitiativrecht und Genehmigungsvorbehalt

Vom Ausnahmefall der §§ 51 Abs.1/47 PBefG - wonach die beteiligten Unternehmer nur anzuhören sind - abgesehen, ist das Tarifinitiativrecht in allen Fällen der Genehmigungspflicht einer von der Genehmigungsbehörde getrennten und von ihr mehr oder weniger unabhängigen Instanz übertragen.[129] Mit diesem Tarifantragsrecht sollen zum einen die für die Entgeltkalkulation unabdingbaren betriebswirtschaftlichen Kenntnisse des Unternehmens der staatlichen Behörde zur Verfügung gestellt und für die Entscheidung nutzbar gemacht werden. Zum anderen wird hiermit eine Verstärkung der marktwirt-

128 Zu den Ausnahmen vgl. unten IV. Vgl. zur Frage, inwieweit den Unternehmen ein "tariffreier Raum" verblieben ist auch Storsberg, G., Verkehrsreform, S. 31 ff.

129 Z.T. wird schon diese bloße Trennung von Tarifinitiative und Genehmigungszuständigkeit als Einräumung einer begrenzten Tarifautonomie bezeichnet, so z.B. Immenga, U., Wettbewerbsbeschränkungen, S. 6. Dies ist indes aus zwei Gründen verfehlt.
Zum einen besagt die Tatsache, daß zwei verschiedene Instanzen mit der Tarifbildung betraut sind, nichts darüber aus, inwieweit sich die antragstellende Instanz gegenüber der Genehmigungsbehörde auch "durchsetzen" kann, d.h. welches Gewicht ihren Belangen bei der Entscheidung über den Tarif zukommt. Nur in diesem materiellen Sinne könnte man aber sinnvollerweise von "Autonomie" sprechen.
Zum anderen stellt der Begriff der Tarifautonomie - soweit private Unternehmer betroffen sind (und dies ist der Regelfall) - die Dinge insoweit auf den Kopf, als der Eindruck suggeriert wird, den Unternehmen müsse dieses Recht erst vom Staat verliehen werden. In der marktwirtschaftlichen, durch Art. 2, 12, 14 GG determinierten Ordnung des Grundgesetzes ist dies aber - unbeschadet der wirtschaftspolitischen Neutralität des Grundgesetzes - ein originäres Recht der Unternehmen.
Sinn hat die Frage nach der Tarifautonomie dagegen bei ursprünglich staatlichen oder jedenfalls staatsnahen Unternehmen wie der Deutschen Bundesbahn. Insoweit ist problematisch, ob mit der Verleihung des Tarifantragsrechts als Kompetenz auch eine materiellrechtliche Position transferiert wurde, vgl. hierzu unten 2. Teil.

schaftlichen Komponente im Sinne einer zunehmenden Deregulierung durch Gewährung marktgerechter Entgelte verfolgt.[130]

Die antragstellende Instanz ist im Grundsatz der Unternehmer selbst, der die betreffenden Tarife verwenden will. Durchbrochen wird dieser Grundsatz durch die im BSchVG bzw. GüKG vorgesehenen Frachtenausschüsse bzw. Tarifkommissionen. Diese auf überbetrieblicher Ebene operierenden, grundsätzlich[131] paritätisch aus Vertretern beider Vertragsparteien zusammengesetzten Gremien setzen die Tarife für eine Vielzahl von Unternehmen fest.[132] Ein wesentliches, auch gesetzlich verankertes Ziel dieser Gremien[133] besteht in der Bildung "marktgerechter Entgelte". Die an ihre Beschlüsse geknüpfte Fiktion der Marktgerechtheit führt insoweit zu einer Bindung der Genehmigungsbehörde und damit zu einem partiellen Ausschluß ihrer Prüfungskompetenz. Diese Regelungen belegen die Auffassung des Gesetzgebers, daß mit diesen Verfahrensgestaltungen ein "gerechter" Ausgleich divergierender Partikularinteressen gewährleistet wird.

In den Verkehrsgesetzen finden sich somit alle drei möglichen Verfahrenstypen[134] im Rahmen staatlicher Tarifgenehmigungen, nämlich das Verfahren einseitiger Festsetzung sowie die Festsetzung von Vorschlägen der betroffenen Unternehmen bzw. von Kommissionen.

Zur Erteilung der Genehmigung zuständig ist nach dem GüKG, BSchVG, LuftVG, BbG der Bundesverkehrsminister, welcher z.T. im Einvernehmen mit dem Bundeswirtschaftsminister handelt, nach dem PBefG und dem AEG dagegen die Länder bzw. die von diesen bestimmte Instanz.

---

130 Vgl. insoweit die allgemeinen Wettbewerbsparagraphen §§ 7 GüKG, 33 BSchVG, 8 AEG, in denen diese Zielsetzung explizit für die Bundesregierung genannt wird sowie Tettinger, P.J., Selbstverwaltung, S. 819.

131 Eine Ausnahme bildet der Güterfernverkehr, vgl. oben B.I.2.

132 In volkswirtschaftlicher Hinsicht hat dies die gewichtige Konsequenz, daß ein Wettbewerb zwischen den einzelnen Unternehmen nur noch möglich ist, soweit Margentarife festgesetzt werden. Bei den dem einzelnen Unternehmen erteilten Genehmigungen bleibt dagegen der Wettbewerb zwischen ersteren erhalten.

133 Nachfolgendes gilt wiederum nicht für den Güterfernverkehr. Zur Begründung vgl. oben B.I.2.

134 Zu den Verfahrenstypen vgl. Bauer, M., Preisadministration, S. 21 ff.

III. Tarifbildungskriterien und ihr Verhältnis zueinander

Die Tarifbildungskriterien nach den Verkehrsgesetzen lassen sich zwei großen Komplexen zuordnen, nämlich der Eigenwirtschaftlichkeit und der Gemeinwirtschaftlichkeit. Hierin kommt der seit jeher bestehende Zielkonflikt zwischen dem Verkehrsunternehmen als Mittel zur Verfolgung erwerbswirtschaftlicher Ziele und der hoheitlichen "Indienstnahme" dieser Verkehrsunternehmen zur politischen Aufgabenerfüllung sinnfällig zum Ausdruck. Dementsprechend fällt die Verfolgung dieser Ziele in zwei voneinander getrennte Verantwortungsbereiche, was man als *Prinzip der dualistischen Interessenartikulation* bezeichnen kann.

Die Sicherstellung der betriebswirtschaftlichen Rentabilität obliegt den antragstellenden Unternehmen[135] als deren originäre Handlungsmaxime. Dem Wesen und dem Sinn der Tarifaufsicht als präventiver staatlicher Kontrolle entsprechend haben die Behörden insoweit das Recht und die Pflicht zur Rechtmäßigkeitsprüfung.[136] Dies beinhaltet grundsätzlich - auch wenn hierbei i.d.R. keine Konflikte zu erwarten sind - die Prüfung der Grenze "nach unten", d.h. die Frage, ob eine ausreichende Höhe der Entgelte gewährleistet ist, da die Wahrung der Eigenwirtschaftlichkeit Rechtmäßigkeitsvoraussetzung für die Genehmigung ist. Auf die Frage, inwieweit dies auch für die Deutsche Bundesbahn gilt, ist später zurückzukommen.

Die Prüfungspflicht erstreckt sich des weiteren - wenngleich die "Angemessenheit" nur in § 39 Abs.2 PBefG explizit als Kriterium genannt ist - auch auf die Grenze "nach oben". Dies folgt aus dem mit der Tarifaufsicht verfolgten Schutz der Verbraucher vor Monopolgewinnen, dem in der Wettbewerbsklausel enthaltenen Gebot, auf einen verstärkten Wettbewerb hinzuwirken sowie schließlich aus der gebotenen Abwägung mit dem zweiten Interessenkom-

---

[135] Im einzelnen ist hierbei zu differenzieren:
Stellt das einzelne Unternehmen den Tarifantrag, so ist nur auf dessen wirtschaftliche Lage abzustellen. Dagegen ist im Falle der Frachtenausschüsse bzw. Tarifkommissionen die durchschnittliche wirtschaftliche Lage der Unternehmen entscheidend. Für die Eisenbahnen ist die Frage streitig. Zwar spricht der Wortlaut des § 6 AEG dafür, die wirtschaftlichen Verhältnisse aller beteiligten Eisenbahnen einzubeziehen. Da jedoch i.d.R. keine konkurrierenden Eisenbahnunternehmen vorhanden sind, erscheint diese Auffassung als wenig realitätsnah, vgl. Lange, K., Verkehr, S. 205 f.

[136] Partiell eingeschränkt ist diese Prüfungsbefugnis nur dann, wenn eine Fiktion der Marktgerechtheit vorliegt, vgl. hierzu oben B I.1 und I.2. sowie B III.1.

plex, nämlich dem Gemeinwohl,[137] welches tendenziell die Erbringung von Verkehrsleistungen zu einem niedrigen Preis erfordert.

Der andere zu beachtende Interessenkomplex besteht aus einem ganzen Bündel von öffentlichen Interessen. Auch die gesetzlichen Bestimmungen[138] haben insoweit einen geringfügig differierenden Wortlaut, wobei mitunter neben dem als unbestimmten Rechtsbegriff ohnehin weit auslegbaren Begriff des "Gemeinwohls" noch andere Ziele - wie etwa die Gleichmäßigkeit der Tarife, die Bedürfnisse wirtschaftsschwacher und verkehrsungünstig gelegener Gebiete bzw. landwirtschaftlicher und mittelständischer Wirtschaftskreise - explizit aufgeführt werden. All diese Belange seien hier als "Gemeinwohl" (also nicht im technischen, engeren Sinne z.B. des § 39 Abs.2 PBefG) bezeichnet. Auch wenn die hier unter dem Begriff "Gemeinwohl" subsumierten Tarifbildungskriterien ihrerseits - vor allem was ihre Eigenschaft als verbraucherschützende Vorschrift sowie den Kreis der durch sie geschützten Konsumenten betrifft - durchaus heterogene Inhalte haben,[139] so ist ihre Zusammenfassung unter dem Begriff Gemeinwohl und damit die Bejahung eines dualistischen Modells legitim, da sie allesamt nicht den originären Unternehmensinteressen entsprechen , sondern diesen vielmehr regelmäßig gegenläufig sind (und damit im Falle von privaten Unternehmen auch den Schutzbereich der Art. 12. 14 GG tangieren). Diese Gemeinsamkeit wiegt für die geltende Verkehrsordnung, welche durch die hoheitliche Indienstnahme von (regelmäßig) privaten Unternehmen charakterisiert ist, schwerer als die eher marginalen Inhaltsunterschiede der einzelnen Kriterien. Hinzu kommt, daß das dualistische Modell der gesetzlich erfolgten Kompetenzverteilung zur Geltendmachung der einzelnen Belange entspricht.

Festzuhalten bleibt weiter, daß die Funktion des Gemeinwohlkriteriums in den Verkehrsgesetzen darin besteht, - entsprechend der Eigenschaft der Verkehrspolitik als Medium allgemeiner Politikimplementierung[140] - die aus die-

---

137 Zum Begriff vgl. nachfolgend im Text.

138 Wie Lange,K., Verkehr, S. 148 (Fußnote 31) zu Recht feststellt, ist es auch in den Fällen, in denen eine explizite Herausstellung des Gemeinwohlkriteriums nicht erfolgt ist, eine Selbstverständlichkeit, daß die Genehmigungsbehörde zur Beachtung der Gemeinwohlbelange und der öffentlichen Verkehrsinteressen verpflichtet ist. Grundlagen dieser Pflicht sind sowohl der Wettbewerbsparagraph als auch die Formulierung der Voraussetzungen für das einseitige Festsetzungsverfahren.

139 Vgl. hierzu etwa Lange, K., Verkehr, S. 148 ff.

140 Vgl. hierzu unten E.

sen Interdependenzen resultierenden Konsequenzen in den Tarifen zum Ausdruck zu bringen. Unabhängig von der Frage, ob der Gemeinwohlgrundsatz als Staatsmaxime mit Verfassungsrang gilt - aus diesem universellen Gemeinwohlvorbehalt können inhaltlich nur sehr unbestimmte Konsequenzen wie etwa ein Verbot nur partikulare Interessen berücksichtigenden Staatshandelns gezogen werden - kommt dem in den Verkehrsgesetzen enthaltenen Gemeinwohlgebot eine eigenständige Bedeutung zu, da es hier aus dem jeweiligen Sachkontext und in der Auseinandersetzung mit den individuellen Rechtspositionen der Unternehmen etc. konkretisierungsfähig ist.[141]

Die Realisierung dieser Gemeinwohlkomponente hat grundsätzlich[142] durch die staatliche Behörde zu erfolgen. Ausnahmen hiervon sind nach der hier vertretenen Auffassung nur in den zwei Fällen des § 22 GüKG und des § 21 Abs.2 S.2 BSchVG anzuerkennen. Bezeichnend für beide Fälle ist, daß mit den Tarifkommissionen bzw. Frachtenausschüssen ein überbetriebliches, pluralistisches Gremium tätig wird und es jeweils um die Festsetzung von Margentarifen geht.[143] Zur Begründung dieser Regelung ist darauf hinzuweisen, daß den genannten Gremien gerade aufgrund ihrer Zusammensetzung eine Wahrnehmung der betreffenden politischen Ziele anvertraut werden kann und weiterhin bei der Festsetzung von Margentarifen den einzelnen Unternehmen tendenziell ein größerer Handlungsspielraum verbleibt und daher eine Vorkehrung zu treffen war, um einen Mißbrauch dieser Handlungsmöglichkeit mit der Folge einer Benachteiligung der genannten Wirtschaftskreise bzw. Regionen zu vermeiden.

Bezogen auf den gesamten Verkehrsbereich handelt es sich bei diesen Regelungen somit um eng begrenzte Ausnahmefälle, welche letzlich das dargestellte Prinzip der dualistischen Interessenartikulation eher bestätigen.[144]

---

141 Lange,K., Verkehr, S. 148 f.; ders., Systemgerechtigkeit, S. 261 f. m.w.N.

142 Dazu, daß dem Staat - auch außerhalb des Verkehrsbereichs - hinsichtlich des Gemeinwohlauftrags kein Monopol zukommt vgl. statt aller Häberle,P., Öffentliches Interesse, S. 48 ff.,52 mit ausführlicher Gesetzesanalyse.

143 Im Falle des § 22 GüKG gilt letzteres freilich nicht uneingeschränkt, da die Verpflichtung zur Beachtung des Gemeinwohlaspekts generell bei der Festsetzung der Tarife gilt. Letztere sind aber i.d.R. Margentarife, vgl. § 22 Abs.1 S.1 a.E. GüKG.

144 Die Frage, ob das dargestellte Prinzip sinnvoll ist, ist eine Frage politisch-wertender Beurteilung. Ein Eingehen auf diese kontroverse Problematik unterbleibt daher an dieser Stelle. Zur Diskussion vgl. etwa Lange, K., Verkehr, S. 251 ff.(255) für die Rechtslage nach dem BbG.

Unter das "Gemeinwohl" im hier verwendeten Sinne fällt schließlich auch der Wettbewerbsparagraph, welcher - mit z.T. leicht unterschiedlichen Formulierungen - in allen Verkehrsgesetzen enthalten ist. Hiernach obliegt dem Bundesverkehrsminister bzw. der Genehmigungsbehörde die Koordinierung der Entgelte, womit der jedenfalls partiell gegebenen Substituierbarkeit der einzelnen Verkehrsleistungen und damit den Interdependenzen zwischen den einzelnen Verkehrsmärkten Rechnung getragen wird. Dabei darf jedoch nach den drei gleichlautenden Wettbewerbsparagraphen (§§ 8 AEG / 7 GüKG / 33 BSchVG) die Abstimmung nur insoweit erfolgen, als es für die Verhinderung eines unbilligen Wettbewerbs erforderlich ist. Bei § 8 PBefG fehlt diese einschränkende Voraussetzung.[145] Schließlich wird - über die Abstimmung im Tarifbereich hinaus - die Bundesregierung zur Angleichung der Wettbewerbsbedingungen der Verkehrsträger im übrigen verpflichtet - ein Beleg dafür, daß es sich bei der Tarifgenehmigungspflicht nur um einen Teil eines umfassenden Regelungsinstrumentariums im Verkehrsbereich handelt.[146]

Der Wettbewerbsparagraph illustriert die gleichermaßen heroisch wie paradox anmutende Intention des Gesetzgebers, einerseits die Diskrepanz der Wettbewerbsbedingungen, welche auf freien Märkten zum Ausscheiden einzelner Anbieter führen würde, abbauen zu wollen, um so einen Wettbewerb zustandezubringen und andererseits die staatliche Regulierung durch Kreierung eines - wegen der staatlichen Festlegung der Parameter - künstlichen Wettbewerbs in ihren Auswirkungen so gering als möglich halten zu wollen. Wegen der Gegenläufigkeit der Ziele sowie der praktischen Ergebnisse, welche diese Politik in den letzten Jahrzehnten zeitigte,[147] kann dieses Unterfangen wohl nur mit der Quadratur des Kreises verglichen werden.[148]

Was das Verhältnis Eigenwirtschaftlichkeit - Gemeinwohl und damit den Ausgleich zwischen diesen beiden konfligierenden Zielen betrifft, so kann die zu § 39 Abs.2 PBefG ergangene Rechtsprechung des Bundesverfassungsgerichts mit den durch das Bundesverwaltungsgericht vorgenommenen Konkre-

---

145 Vgl. näher zum Wettbewerbskonzept unten 2.Teil 2.Kapitel B VIII.

146 Vgl. hierzu unten D.

147 Walcher, F., Regulierung, S. 121 stellt hierzu im Blick auf die Eisenbahnen resümierend fest: " Trotz der laufenden Verfeinerung dieses Eingriffssystems (d.h. der staatlichen Verkehrsregulierungen - Anm. d. Verf.) gelang es nicht, der Eisenbahn eine ihrem Qualitätsprofil adäquate und ausreichende Verkehrsnachfrage zu sichern".

148 Vgl. näher zum Wettbewerbskonzept unten 2.Teil 2.Kapitel B VIII..

tisierungen auf alle anderen Genehmigungstatbestände, letztlich auf das gesamte Preisrecht[149] übertragen werden, wenn und soweit private Unternehmen betroffen sind und daher Art. 14 Abs.1/ 12 Abs.1 GG die Wahrung der betriebswirtschaftlichen Rentabilität gebieten. Der Aspekt der Wettbewerbsneutralität verlangt darüber hinaus die Einhaltung dieser Grundsätze auch dann, wenn die Verkehrsleistungen zwar von öffentlichen oder gemeinnützigen Unternehmen erbracht werden, diese aber mit privatnützigen Unternehmen in Konkurrenz treten.[150] Die Grenzen staatlicher Preisadministration werden somit wesentlich durch verfassungsrechtliche Aspekte bestimmt.

Als Quintessenz der Regelungen in den Verkehrsgesetzen kann der Versuch angesehen werden, zu einer ausgewogenen Synthese zwischen (i.d.R.) privatunternehmerischem, ökonomisch-rationalem Kalkül und nichtmonetären, ordnungspolitischen Zielvorgaben zu gelangen. Abzulehnen ist daher die Auffassung von Badura,[151] welcher es als dem Wesen des modernen Staates entsprechend erachtet, "die tragenden Verkehrsanstalten dem privatkapitalistischem Betriebsmodus zu entziehen, um ihre vollkommene Unterwerfung unter die Anforderungen des Gemeinwohls zu ermöglichen". Man kann diese Abkehr von privatkapitalistischen Strukturen entweder auf die Organisationsform der Verkehrsträger bzw. der Verkehrsunternehmen oder aber inhaltlich auf deren Geschäftsgebaren beziehen. Bezieht man sie auf die Organisationsform, so ist die These unzutreffend, da sie - wie in anderem Zusammenhang noch darzulegen sein wird[152] - den Zusammenhang zwischen der verfassungsrechtlichen Vorgabe des Art. 12 GG und der Organisationsform der Verkehrsunternehmen außer acht läßt. Die These Baduras entspricht insoweit, d.h. was die Organisationsform betrifft, weder der Realität noch wäre ihre Umsetzung verfassungsrechtlich zulässig. Auch wenn man die von Badura propagierte These nicht auf die Organisationsform, sondern inhaltlich auf das Geschäftsgebaren bezieht, erweist sie sich als unzutreffend. Für die Bahn genüge an dieser Stelle der Hinweis auf § 28 Abs.1 BbG als Beleg dafür, daß (auch) die Bahn jedenfalls nicht ohne Berücksichtigung privatwirtschaftlicher Grundsätze geführt werden soll. Für private Unternehmen schließlich findet die Realisierung des staatlichen Gemeinwohlauftrags nach der Rechtsprechung des

149 So auch Fromm, G., in seiner Anmerkung zum genannten Beschluß, DVBl 77,823

150 BVerfG, Beschluß v. 25.5.76, DVBl 77, 821

151 Badura, P., Verwaltungsmonopol, S. 215

152 Vgl. unten D V.

BVerfG ihre verfassungsrechtliche Grenze an der gebotenen Wahrung der Eigenwirtschaftlichkeit.

Abzulehnen ist andererseits aber auch die andere extreme Auffassung, welche dem Gemeinwohlkriterium jegliche inhaltliche Bedeutung abspricht und so einseitig die Eigenwirtschaftlichkeit in den Vordergrund stellt und deren Dominanz propagiert.[153] Diese Ansicht läuft auf eine verkürzte Sicht der Dinge hinaus, da die eigenständige Bedeutung des Gemeinwohls als Tarifbildungskriterium und damit als materielles Korrektiv der Eigenwirtschaftlichkeit negiert wird. Den Verkehrsgesetzen liegt nicht ein grobschlächtiges und starres "Entweder - Oder"-, sondern vielmehr ein elastisches "Sowohl - Als auch"-Konzept zugrunde. Zwischen den beiden widerstreitenden Komplexen soll ein angemessener Interesssenausgleich auf höherer Ebene erreicht werden.

Eine Sonderstellung hinsichtlich der vorzunehmenden Interessenabwägung nimmt die Deutsche Bundesbahn ein. Da Art. 14/12 GG nicht zu ihren Gunsten wirken,[154] kann man den Interessenausgleich insoweit nicht als durch die Rechtsprechung des Bundesverfassungsgerichts präjudiziert ansehen. Auf diese Problematik ist später zurückzukommen.[155]

IV. Eigenes Tariffestsetzungsrecht der Genehmigungsbehörde

Abweichungen von dem dargestellten Verfahren der Koppelung des Tariffestsetzungsrechts mit einem staatlichen Genehmigungsvorbehalt ergeben sich in zweierlei Hinsicht.

Z.T. kann die Genehmigungsbehörde auf ihre Kompetenz zur Genehmigungserteilung verzichten. Dieser Verzicht auf die präventive staatliche Aufsicht wird legitimiert durch die volkswirtschaftlich untergeordnete Bedeutung, die den genannten Fällen zukommt.

---

153 Durchgängig in diesem Sinne etwa Bauer,M., Preisadministration, v.a. S. 133 ff.

154 Mit Beschluß vom 8.7.82 hat das BVerfG klargestellt, daß Art. 14 GG nicht das Privateigentum, sondern das Eigentum Privater schützt, mithin öffentlichrechtliche Gebilde sich auch bei der Erfüllung von privaten Zwecken nicht auf Art. 14 Abs.1 GG berufen können (BVerfGE 61, 82, 109 - Sasbach).

155 Vgl. unten 2.Teil

Von größerer Bedeutung sind die Fälle, in denen die Genehmigungsbehörde ein eigenes, von einem Tarifantrag unabhängiges Tariffestsetzungsrecht hat. Diese Loslösung vom Tarifantrag setzt durchweg voraus, daß Gründe des allgemeinen Wohls bzw. im Falle des § 39 Abs.4 PBefG eine wesentliche Änderung der für die Bildung der Entgelte maßgeblichen Umstände vorliegen.[156] Die Vorschriften illustrieren, daß die Tarifgenehmigung im materiellen Spannungsfeld Allgemeinwohl versus Unternehmensinteressen ergehen und geben daher - bei einer relevanten Änderung der Konfliktlage - der Behörde die Möglichkeit, dem von ihr repräsentierten Gemeinwohl durch eine entsprechende Korrektur der Tarife Geltung zu verschaffen. Die Genehmigung ergeht sozusagen unter der clausula rebus sic stantibus. Legitimiert werden die Regelungen letztlich durch den dynamischen Charakter des Tarifbildungskriteriums "Allgemeinwohl", dessen Elemente einem ständigen Wandel unterworfen sind. Die Vorschriften belegen damit aber auch, daß entsprechend dem Prinzip der dualistischen Interessenartikulation der Behörde die Beachtung des Allgemeinwohles und damit die Realisierung des staatlichen Gemeinwohlauftrages anvertraut sind. Unzutreffend ist daher die Auffassung,[157] welche dem Kriterium des allgemeinen Wohles nur eine vorrangig kompetentielle, verfahrensrechtliche Bedeutung zuerkennt und dessen inhaltliche Bedeutung für die Tarifkorrektur verneint. Richtig ist zwar, daß die Tariffestsetzung in diesen Fällen losgelöst von einem Antrag des Unternehmens erfolgen kann. Beweggrund für die Schaffung dieser "Genehmigungsvariante" ist indes die Änderung der materiellen Ausgangslage, ihr Ziel ist die Anpassung der Tarife an die modifizierte Interessenkonstellation.

Für die Fälle eines eigenen behördlichen Tariffestsetzungsrechts ist weiter charakteristisch, daß an Stelle des Antragsrechts der betroffenen Unternehmen eine andere verfahrensmäßige "Sicherung" vorgesehen ist. So ist nach § 39 Abs.2 PBefG der Unternehmer (wenigstens) anzuhören, im übrigen erfordern die einschlägigen Bestimmungen die Herstellung des Einvernehmens mit dem Bundeswirtschaftsminister.

---

156 Eine Erweiterung der behördlichen Befugnis liegt dabei nur insoweit vor, als auch bei wesentlicher Änderung der eigenwirtschaftlichen Ausgangslage ein Widerruf der Zustimmung und eine selbständige behördliche Tariffestsetzung in Frage kommt - ein praktisch kaum vorstellbarer Fall. Der andere durch § 39 Abs.4 PBefG in Bezug genommene Umstand ist das Gemeinwohl bzw. die öffentlichen Verkehrsinteressen und stimmt daher mit dem Maßstab der übrigen Bestimmungen überein.

157 Bauer,M., Preisadministration, S. 135

Zusammenfassend kommt das Verfahren der einseitigen, d.h. von einem Tarifantrag losgelösten behördlichen Tariffestsetzung nur unter engen Voraussetzungen in Betracht, was als Beleg für die Bedeutung, die der Gesetzgeber dem "ordentlichen" Verfahren beimißt, zu würdigen ist. Ausschließlich zulässig ist das "ordentliche" Verfahren schließlich nach dem LuftVG und dem AEG. Klarzustellen ist, daß für den Inhalt der materiellen Genehmigungskriterien und deren Verhältnis zueinander nichts anderes zu gelten hat als wie im Regelfall des "ordentlichen" Verfahrens.[158]

V. Rechtsschutzmöglichkeiten

1. Allgemeines

Für das Verfahren nach dem BSchVG ist die Rechtslage durch das Urteil des BVerwG vom 28.3.69 geklärt.[159] Die hierin entwickelten Grundsätze zur Rechtsstellung der Frachtenausschüsse können, da die Frachtkommissionen nach dem GüKG den Frachtenausschüssen nachgebildet wurden und somit hinsichtlich der Stellung im Verfahren und der von ihnen materiell zu wahrenden Interessen eine weithin identische Rolle innehaben, auf die Rechtsschutzfragen im Verfahren nach dem GüKG übertragen werden. Gegen die Versagung der Tarifgenehmigung klagebefugt ist daher nur die Tarifkommission, nicht dagegen das einzelne Unternehmen.

Für die Verfahren nach dem PBefG, dem LuftVG und dem AEG werden Form und inhaltliche Reichweite des Rechtsschutzes primär durch die Rechtsnatur der Genehmigung determiniert. Aufgrund der dargelegten,[160] eigentümlichen und jedenfalls normähnlichen Breitenwirkung der Tarifgenehmigung ist deren Rechtsnatur umstritten. Gleichwohl ist eine Einordnung in das klassische Handlungsformenschema wünschenswert, da sich das nach dem geltenden Verwaltungsprozeßrecht gegebene Klageschema an der Rechtsnatur der angegriffenen Maßnahme orientiert. Die ganz h.M.[161] sieht die Tarif-

158 Vgl. oben III.

159 BVerwGE 31, 359 ff.

160 Vgl. oben A.

161 Lange,K., Verkehr, S. 165; Bidinger, H., PBefG, 2 zu § 39; Greif, W., PBefG, 2 zu § 39; Fielitz,K.H., u.a., PBefG, 2 zu § 39 ; Schwenk, W., LuftVG; zur Diskussion vgl. aus neuerer Zeit Dörschuck,M., Typen- und Tarifgenehmigungen, S. 35 ff.,40,44 f.

genehmigung - jedenfalls im Verhältnis zur antragstellenden Instanz - als Verwaltungsakt im Sinne des § 35 VwVfG[162] an und gewährt dementsprechend die Anfechtungsklage gegen die Genehmigungsversagung.

Einen Sonderfall bildet wiederum die Deutsche Bundesbahn. Wegen ihrer Eigenschaft als Sondervermögen des Bundes und ihrer damit verbundenen Staatsnähe ist schon die Annahme einer "Außenwirkung" im Sinne des § 35 VwVfG fraglich.

2. Die Struktur der Entscheidung

Das Ausmaß der Rechtsschutzintensität wird maßgeblich geprägt durch die Struktur der Tarifgenehmigungsentscheidung. Zu problematisieren ist insoweit, ob eine uneingeschränkte verwaltungsgerichtliche Prüfungskompetenz besteht. In Rede stehen somit die Rechtsschutzvarianten Ermessen versus gebundene Entscheidung sowie unbestimmter Rechtsbegriff versus unbestimmter Rechtsbegriff mit Beurteilungsspielraum versus Ermessen.

a) Unbestimmter Rechtsbegriff versus unbestimmter Rechtsbegriff mit Beurteilungsspielraum versus Ermessen

Was die zuletzt angesprochene Begriffstrias angeht, so entspricht diese Trichotomie und insbesondere die Differenzierung zwischen dem auf der Rechtsfolgenseite stehenden Ermessen und dem auf der Tatbestandsseite einzuordnenden Beurteilungsspielraum der klassischen Lehre sowie der in der

162 Problematisch ist insoweit v.a. das Merkmal des Einzelfalls. Insoweit läßt sich für die h.M. anführen, daß der Tarifantragsteller (und damit ein individueller Adressat) gegenüber den Verkehrsnutzern, welche erst auf der zweiten Ebene betroffen werden, schon eine verfahrensmäßig herausausgehobene Stellung besitzt und daher als vorrangiger Adressat anzusehen ist. Auch hätte die Annahme einer Adressatenstellung der Verkehrsnutzer mannigfache verwaltungsrechtliche Konsequenzen, welche diesen nach der Gesetzeskonzeption offensichtlich nicht zustehen sollen (Vgl. hierzu Dörschuck,M., a.a.O., S. 36). Auch der geregelte Sachverhalt ist insofern konkret, als die Prüfung der Rechtmäßigkeit der vorgelegten (abstrakten) Tarifordnung gerade im Hinblick auf die Lage des konkreten Unternehmens zu erfolgen hat. So sieht das BVerwG als Regelungsgegenstand der Tarifgenehmigung nur diese Tarifordnung an, nicht dagegen die von dem Unternehmen nachfolgend abgeschlossenen Verträge (BVerwG, Urt. v. 25.11.86, NJW 87,1837 ff.).

Rechtsprechung wohl auch heute noch vorherrschenden Auffassung.[163] Demgegenüber findet sich in der neueren Literatur eine unübersehbare Vielzahl von dogmatischen Neuansätzen,[164] deren Darstellung im einzelnen den Rahmen dieser Arbeit sprengen würde.[165] Als zentrale Einwände seien jedoch die nachfolgenden erwähnt.

Was bereits den Begriff des Ermessens angeht, so wird das Ermessen gemeinhin als im prinzipiellen Gegensatz zu Rechtsanwendung stehend verstanden.[166] Die Ermessensausübung erfolgt daher - anders als die Ermesseneinräumung - in einem rechtsfreien, metajuristischen Raum. Diese traditionelle Begriffsvorstellung kann indes heute nur noch für die Fälle gelten, in denen die Verwaltung tatsächlich nicht gesetzesvollziehend tätig wird und daher insoweit eine Bindung an das Gesetz ausscheidet.[167] Dagegen kommt ein solches Ermessen für den weiten Bereich, in dem die Verwaltung dem Gesetzgeber subordiniert gegenübersteht und damit letzlich für das gesamte Gebiet der Eingriffsverwaltung, nicht in Betracht.[168] Soell[169] hat für diesen Bereich dargelegt, daß alle für die traditionelle Ermessensdoktrin ins Feld geführten Argumente - d.h. das Zweckmäßigkeits-, das Handlungs-, das Eindeutigkeits-, das Interpretations- und das Kontrollargument - an zwei prinzipiellen Fehlern leiden. Zu nennen sind hier zum einen Gedankengänge formell-rechtsstaatlicher Natur, wonach das Gesetzmäßigkeitsprinzip nur als Grundsatz *formaler* Gesetzesbezogenheit administrativer Tätigkeit erscheint, zum anderen ein überholtes rechtstheoretisch-methodisches Verständnis der Rechtsverwirkli-

---

163 Vgl. etwa aus jüngerer Zeit das Urteil des BVerwG vom 25.7.85, BVerwGE 72,38 (53)

164 Charakteristisch dafür, wie wenig dieser Komplex in der wissenschaftlichen Diskussion geklärt ist, ist, daß Bachof schon im Jahre 1955 das Verhältnis von Ermessen und unbestimmten Rechtsbegriff als das meistbehandelte Thema des deutschen Verwaltungsrechts und die Flut hierzu ergangener Äußerungen als unübersehbar bezeichnete (Bachof,O., JZ 55,97) und Maurer diesen Befund im Jahre 1990 wiederholt (Maurer,H., Verwaltungsrecht, § 7,24). Dementsprechend prophezeit Ossenbühl,F., daß das Verwaltungsermessen zu den ewigen Problemen des Verwaltungsrechts gehören wird (Verwaltungsvorschriften und Grundgesetz, S. 312).

165 Vgl. etwa die Darstellung (m.w.N.) bei Tettinger,P.J., Rechtsanwendung, § 7

166 Vgl. etwa Jellinek,W., Verwaltungsrecht, S. 30, ders. Gesetz, S. 119; weitere Nachweise bei Soell,H., Ermessen, S. 63.

167 Soell,H., Ermessen, S. 64. Soell nennt als Beispiele für eine derart freie, autonome Tätigkeit der Verwaltung die Fälle der gestaltenden und der fiskalischen Verwaltung (a.a.O., Fußnote 8).

168 Soell,H., Ermessen, S. 64

169 Soell,H., Ermessen, S. 63 ff.

chung, demzufolge sich Rechtsfindung auf ein begriffliches Deduzieren, eine formallogische Subsumtion, einen rein kognitiven Vorgang beschränkt. Stattdessen entspricht es der höchstrichterlichen Rechtsprechung und der h.M.,[170] daß aus verfassungsrechtlichen Gründen, insbesondere dem Rechtsstaatsprinzip, das Gesetzmäßigkeitsprinzip materiell zu interpretieren ist.[171] Jede Art von (eingreifender) administrativer Tätigkeit muß daher durch Gesetz inhaltlich normiert sein. Auch der ehemals rechtsfreie Raum des Ermessens ist mithin rechtlich strukturiert, insbesondere durch die Ziele und Maximen der jeweiligen Gesetze und der Verfassung.[172] Die Unterscheidung von Rechtmäßigkeit und (rechtsfreier) Zweckmäßigkeit läßt sich dann nicht mehr halten.[173]

Ein weiterer Kritikpunkt an der tradierten Auffassung ist deren Unterscheidung zwischen dem Ermessen auf der Rechtsfolgenseite und dem auf der Tatbestandsseite lokalisierten unbestimmten Rechtsbegriff mit Beurteilungsspielraum - eine Unterscheidung, die wohl auch heute noch überwiegend getroffen wird. Als Einwände werden v.a. aufgeführt, daß diese Differenzierung eine eindeutige und rechtspolitisch sinnvolle Separierung nicht liefern könne, da unbestimmte Rechtsbegriffe auch auf der Rechtsfolgenseite zu finden seien,[174] daß durch die Existenz sog. Koppelungsvorschriften[175] und sog. Mischtatbestände[176] neue Abgrenzungsprobleme auftauchten[177] und daß die Begriffe Ermessen und Beurteilungsspielraum bzgl. ihrer Funktion und damit ihrer gesetzestechnischen Verwendung austauschbar seien.

---

170 Vgl. statt aller Soell,H., Ermessen, S. 107 ff. mit zahlreichen Nachweisen aus Literatur und Rechtsprechung.

171 Vgl. eingehend hierzu Soell,H., Ermessen, S. 107 ff.

172 Vgl. etwa BVerwG, Urt. v. 8.10.76, BVerwGE 51, 166 ff. (Danach müssen Ermessensentscheidungen ihre Rechtfertigung in dem Zweck des Gesetzes und in der vom Gesetzgeber gewollten Ordnung der Rechtsmaterie finden). Für die Beachtlichkeit von verfassungsrechtlichen Wertentscheidungen, v.a. der Grundrechte vgl. BVerfG, Beschl. v. 6.7.82, BVerfGE 61, 35 ff. Vgl. im übrigen Kopp,F., VwGO, 9, 39 ff zu § 114 m.w.N. aus der Judikatur.

173 Soell,H., Ermessen, S. 371

174 Menger,C.F., Rechtsschutz, S. 127 (Fußnote 8)

175 Vgl. hierzu etwa Maurer, H., Verwaltungsrecht, § 7, Rdnr. 25

176 Hierunter werden solche Normen verstanden, die sowohl einen unbestimmten Rechtsbegriff als auch eine Ermessensermächtigung enthalten.

177 Redeker/v. Oertzen, VwGO, Rdnr. 6 zu § 114

Was den Bereich des Planungsrechts angeht, so kann man auch insoweit nicht von einer rechtsfreien Exklave autonomer Verwaltungstätigkeit sprechen. Soweit die einzelnen Fachgesetze Abwägungsklauseln enthalten, ergibt sich schon hieraus die gesetzlich fixierte Rechtsbindung der Verwaltung - auch wenn im Rahmen der mit der Abwägung notwendig verbundenen planerischen Gestaltungsfreiheit ein Raum originärer Verwaltungskompetenz besteht. Auch ohne explizite Verankerung einer Abwägungsklausel folgt das Abwägungsgebot (und damit die Bindung der Verwaltung) als ein im Rechtsstaatsprinzip verankerter Grundsatz schon aus dem Wesen der jeweiligen Entscheidung als Planungsentscheidung.[178] Für die Problematik Ermessen und Beurteilungsspielraum ist im Hinblick auf das Planungsrecht wesentlich, daß die planungsrechtlichen Normen regelmäßig final determiniert sind. Die Vorschriften sind darauf angelegt, die Implementierung der gesetzlichen Ziele bzw. des Zielkomplexes in die Realität sicherzustellen. Für derartige final konzipierte Normen sei daher, so lautet ein letzter, gravierender Einwand gegen die traditionelle Begriffsbildung, die Unterscheidung Tatbestand - Rechtsfolge nicht nachvollziehbar.[179] In dem Maße, in dem der Gesetzgeber dazu überging, der Verwaltung auch planerische Aufgaben zu übertragen,[180] mußte die implizite Prämisse der klassischen Doktrin, nämlich die Vorstellung von der Verwaltung als gesetzlich programmierter Vollzugsfunktion, und damit letztlich auch die Doktrin als solche relativiert werden.[181] Dementsprechend gehen die meisten Neuansätze von einem einheitlichen Begriff des Ermessens aus, welcher - unter Aufgabe der Lehre vom Beurteilungsspielraum - in Tatbestands-, Rechtsfolgen- und Gestaltungsermessen zu untergliedern sei.[182] Die Separierung des Beurteilungsspielraums vom Rechtsfolgenermessen sei demnach mißverständlich, da sie die Gemeinsamkeiten der Institute verdecke, ihr komme daher nur entwicklungsgeschichtlicher Stellenwert zu.[183]

---

178 Vgl. BVerwG, Urteil vom 23.1.81, BVerwGE 61, 295 (301); BVerwG, Urteil vom 11.12.81, BVerwGE 64, 270 (271 f.).

179 Schenke,W.R., Bonner Kommentar, 308 zu Art. 19 Abs.4

180 Vgl. oben A.

181 Scholz,R., Verwaltungsverantwortung, S. 165 f.

182 Vgl. etwa Scholz,R., Verwaltungsverantwortung, S. 167; Schmidt-Aßmann,E., in Maunz/Dürig/Herzog, Grundgesetz, Rdnr. 185 ff. zu Art. 19 Abs.4, jeweils mit zahlreichen weiteren Nachweisen.

183 Schmidt-Aßmann,E., in Maunz/Dürig/Herzog, Grundgesetz, Rdnr. 186 zu Art. 19 Abs.4

Unabhängig von allen Unterschieden in Terminologie, methodischem Ansatz, Begründung, Intentionen und rechtspolitisch gezogenen Konsequenzen kann man als übereinstimmendes Ergebnis jedenfalls festhalten, daß der Verwaltung auch unter der Geltung des Grundgesetzes (und damit v.a. trotz Art. 19 Abs.4 GG - dem gewaltenteilerischen Aspekt und damit dem verfassungsrechtlichen Kontext kommt für die Revision der Ermessenslehre eine zentrale Bedeutung zu[184]-) in manchen Fällen ein - wie auch immer bezeichneter - eigener Entscheidungsspielraum zusteht, welcher nur eingeschränkter gerichtlicher Kontrolle unterliegt.

Erörtert sei nachfolgend zunächst, ob der Verwaltung in den Verkehrsgesetzen ein "Beurteilungsspielraum" (im klassischen Sinne als ein auf der Tatbestandsseite stehender Entscheidungsspielraum[185] eingeräumt ist. In diesem

---

184 Ossenbühl,F., DÖV 68, 618 ff.; ders., DVBl 74, 311 ff.; Scholz,R., Verwaltungsverantwortung, S. 167

185 Wie die Dogmatik ist auch die Terminologie höchst unterschiedlich.

Ausgehend davon, daß aus Gründen des Gewaltenteilungsprinzips nur der Gesetzgeber selbst die Grenze zwischen der grundsätzlich strikten Rechtsbindung (Art. 20 Abs.3 GG) und der nur ausnahmsweise gegebenen Entscheidungsfreiheit der Verwaltung (und damit gleichbedeutend einer nur eingeschränkten gerichtlichen Prüfungskompetenz) bestimmen darf, wird die Gesamtproblematik oft auch - im Anschluß an die Entscheidung des BVerfG vom 8.7.82 (E 61,82 - "Sasbach") - unter dem Stichwort der "normativen Ermächtigungslehre" behandelt (Schmidt-Aßmann,E., in Maunz/Dürig/Herzog, GG, Rdnr. 184 ff. zu Art. 19 Abs.4). Hiermit werden zutreffend die Ähnlichkeiten zwischen den beiden klassischen Instituten Ermessen und Beurteilungsspielraum betont. Dieser Ansatzpunkt ist nicht neu, ähnliche Gedankengänge finden sich vielmehr schon in vorkonstitutionellen Äußerungen im Schrifttum. So versteht Jellinek - ausgehend von der erkenntnistheoretischen Einsicht, daß zwar die Wirklichkeit als solche eindeutig sei, diese sich aber mehrdeutig im menschlichen Geiste widerspiegele - das freie Ermessen als Freiheit der Begriffsbildung. Innerhalb gewisser Grenzen können die Staatsorgane frei über die Bedeutung des Inhalts eines vom Gesetzgeber genannten Begriffs bestimmen (Jellinek,W., Gesetz, S. 36). Diese Freiheit komme zwar nur bei unbestimmten Rechtsbegriffen in Frage, sei aber umgekehrt nicht in jedem solchen Begriff enthalten. Entscheidend sei vielmehr die gesetzliche Ermächtigung (!) (ders., a.a.O., S.36) bzw. die "vom Gesetz gewollte Mehrdeutigkeit" (!) (ders., Verwaltungsrecht, S.30). Hierin wird deutlich, daß nur dem Gesetzgeber selbst die Entscheidung darüber zukommt, ob und in welchem Umfang er eine Entscheidungsfreiheit der Verwaltung schaffen will. Vgl. zur Auffassung Jellineks die eingehende Analyse und Kritik - die Meinung Jellineks ist aus anderen Gründen nicht unproblematisch - bei Soell,H., Ermessen, S. 76 f.

Anstelle des Begriffs Beurteilungsspielraum werden auch die Begriffe Einschätzungsprärogative (Wolff/Bachof, Verwaltungsrecht I, § 31 I c 4), Vertretbarkeitsspielraum (Ule,C.H., VwGO, II zu § 114), Entscheidungsprärogative (Scholz,R., Verwaltungsverantwortung, S. 155) oder Tat-

Kontext bedarf die Entscheidungsstruktur näherer Erörterung. In Anschluß daran kann die Fragestellung Ermessen versus gebundene Entscheidung beantwortet werden.

Maßgebliches Kriterium für das Auffinden derartiger normativ eröffneter Beurteilungsspielräume ist die Gesetzesauslegung, wobei neben dem Wortlaut auch die besondere Stellung, Organisation und Arbeitsweise der betreffenden Verwaltungseinheit sowie die anerkannten Fälle eines Beurteilungsspielraumes im Sinne eines Präjudizienbestandes ins Kalkül zu ziehen sind.[186] Argumentationstopoi sind demnach etwa Sachnähe, Sachverstand, Sanktionsstrukturen, Verantwortung für potentielle Auswirkungen und Folgen der Entscheidung, Höhe der Vollzugs- bzw. Planungsstufe, Vorhandensein politisch-gestaltender Elemente usw..[187]

Für die Annahme eines Beurteilungsspielraums kommt zum einen der im PBefG mehrfach verwendete Begriff des "öffentlichen Verkehrsinteresses", zum anderen der in allen Verkehrsgesetzen gebrauchte Begriff des "Allgemeinwohls" in Betracht. Diese Begriffe sind daher eingehender zu analysieren.

aa) Der Begriff der "öffentlichen Verkehrsinteressen"

Für den Begriff der "öffentlichen Verkehrsinteressen" im Sinne des PBefG finden sich - soweit ersichtlich - die ersten höchstrichterlichen Ausführungen im Urteil des BVerwG vom 10.3.54.[188] Hierin führt das Gericht (zu § 9 PBefG a.F.) aus:

> *"Die Beurteilung der Frage, ob im Einzelfall den Interessen des öffentlichen Verkehrs Genüge geleistet ist, richtet sich nach verkehrspolitischen und verkehrswirtschaftlichen Gesichtspunkten. Sie*

---

bestandsermessen (Obermayer,K., VwVfG, 12 ff. zu § 40) verwendet.

Im Sinne einer problembezogenen Diskussion ist es weniger relevant, welcher begrifflichen Differenzierung man sich bedient. Daher sei hier die tradierte Terminologie verwendet, da an ihr in der Rechtsprechung - soweit ersichtlich (vgl. etwa die nachfolgend im Text analysierte neuere Rechtsprechung des BVerwG) - festgehalten wird.

186 Schmidt-Aßmann,E., in Maunz/Dürig/Herzog, Grundgesetz, Rdnr. 187 zu Art. 19 Abs.4

187 Vgl. Dörschuck,M., Typen- und Tarifgenehmigungen, S. 93 m.w.N.

188 BVerwGE 1, 92 ff.

liegt deshalb im Ermessen der Verwaltung. Bei dem Begriff "Interessen des öffentlichen Verkehrs" versagen objektive Maßstäbe und Erfahrungsgrundsätze. Was im Einzelfall den Interessen des öffentlichen Verkehrs entspricht oder widerspricht, richtet sich nicht allein nach Umfang, Bevölkerungszahl und wirtschaftlicher Struktur des zu betreuenden Verkehrsgebietes; hinzu kommt vielmehr die von der Verwaltung zu lösende Frage, mit welchen Verkehrsmitteln die Interessen des öffentlichen Verkehrs befriedigt werden sollen, ... Die Entscheidung hierüber muß dem Willensentschluß der Verwaltungsbehörde überlassen bleiben. Schon ihrer Struktur nach kann es sich dabei nicht um eine Rechtsfrage handeln. Danach sind die Verwaltungsgerichte nicht befugt, Erwägungen darüber anzustellen, welche Zahl von Kraftdroschken in jeder Gemeinde notwendig und ausreichend ist, um die Anforderungen des öffentlichen Verkehrs ... zu erfüllen. Sie haben lediglich darüber zu wachen, daß die Verwaltungsbehörden bei ihren ... Entscheidungen sich keiner Ermessensfehler schuldig machen."[189]

Obwohl das Gericht terminologisch von einer Ermessensentscheidung spricht, wird das Urteil in der Literatur[190] als Beleg für die Annahme eines Beurteilungsspielraumes angesehen, da sich die Freiheit der Verwaltung auf den Bereich der Erkenntnis und nicht etwa auf einen ihr etwa zustehenden Freiraum im Bereich der Willensentschließung bezieht.[191] Ein derartiger Ermessensspielraum wäre denn auch im Rahmen des § 9 Abs.1 PBefG a.F., in

---

189 BVerwGE 1, 92 (96 f.)

190 Vgl. etwa Bachof,O., JZ 55,101

191 Nach den neueren Auffassungen, die von einem einheitlichen Ermessensbegriff ausgehen, wäre dagegen die Qualifizierung als Ermessen zutreffend.
Ein weiteres Beispiel (die Liste ließe sich beliebig verlängern) für einen derart müßigen, terminologischen Streit liefert etwa die Entscheidung des BVerwG zu § 12 AWG (Urteil vom 21.1.72, DVBl 72, 895). Nach § 12 AWG ist über die Einfuhr bestimmter Waren "unter Berücksichtigung der handels- und sonstigen wirtschaftspolitischen Erfordernisse" zu befinden. Das BVerwG führt aus, daß die Entscheidung über die Höhe der Einfuhr auf wirtschaftspolitischen Erfordernissen beruhe und daher im pflichtgemäßen Ermessen des dafür zuständigen Bundesministers stehe. Die moderne Auffassung sieht die Terminologie des BVerwG als zutreffend an (etwa Schenke,W.R., Bonner Kommentar, Rdnr. 311 zu Art. 19 Abs.4), wohingegen das Gericht nach Ansicht derjenigen Autoren, die das Ermessen der Rechtsfolgenseite vorbehalten wollen, korrekterweise von einem Beurteilungsspielraum hätte sprechen müssen (vgl. etwa Redeker,K., in seiner Anmerkung zum genannten Urteil, DVBl 72, 895).

dem es um die Gewerbezulassung als solche ging, im Hinblick auf Art. 12 Abs.1 GG verfassungsrechtlich bedenklich.[192] Unabhängig von dem definitorischen Streit ist wesentlich, daß sich der Entscheidungsspielraum der Verwaltung - nach allen Auffassungen - auf die Tatbestandsseite bezieht.

Mit dem Urteil vom 11.10.56[193] präzisierte das BVerwG die genannte Entscheidung dahingehend, daß bzgl. der Belange der voraussichtlich an einem Genehmigungsantrag Beteiligten eine Ermessensfreiheit der Behörde ausscheide. Für die weitere Frage, ob sich die Genehmigung im Rahmen der von der Behörde geplanten Verkehrsordnung bewege, bestehe dagegen ein Ermessen. Durch § 9 Abs.1 PBefG a.F. soll auch die örtliche Verkehrsbehörde die Möglichkeit erhalten, Erwägungen allgemeiner verkehrswirtschaftlicher und -politischer Art zu berücksichtigen und so auf einen Ausgleich widerstreitender Belange hinzuwirken.

Wichtiger als diese gegenständliche Einschränkung ist die Bemerkung des Gerichts, wonach man in diesem Falle statt von der Ausübung des Ermessens auch von der Auslegung eines mehrdeutigen Rechtsbegriffes sprechen könnte in dem Sinne, daß der Auslegung der Behörde grundsätzlich der Vorrang gebühre.[194] Auch wenn die Formulierung in der antiquierten[195] Terminologie verharrt, hat das Gericht der Sache nach damit einen Beurteilungsspielraum anerkannt. Von einem Ermessen ist auch noch in dem Urteil vom 30.10.59[196] die Rede. Schon in dieser Entscheidung deutet das BVerwG (im Zusammen-

---

192 BVerfG, Beschluß vom 8.6.60, BVerfGE 11, 168 (191 f.). In dieser Entscheidung werden die Interessen des öffentlichen Verkehrs vom BVerfG freilich als unbestimmter Rechtsbegriff angesehen. Zu der Frage, ob hiermit ein Beurteilungsspielraum ausscheidet, vgl. nachfolgend im Text.

193 BVerwGE 4, 89 ff.

194 BVerwG, a.a.O., S.92 unter Hinweis auf Ule,C.H., Festschrift für Jellinek, 1955, S. 309 ff. und dessen Vertretbarkeitslehre.

195 Die schon erwähnten neueren Ansätze in der Literatur bezeichnen freilich z.T. auch die Fälle des Beurteilungsspielraums auf der Tatbestandsseite als "Ermessen" (vgl. die Nachweise oben Fußnote 182). Wenn hier von einer antiquierten Terminologie gesprochen wird, dann deshalb, weil sich in der Rechtsprechung erst in der Folgezeit die dogmatische wie terminologische Klärung und Differenzierung zwischen Beurteilungsspielraum auf der Tatbestandsseite und Ermessen auf der Rechtsfolgenseite durchsetzte und das Gericht nach der heute von ihm verwendeten Begriffsbildung (vgl. nachfolgend im Text) eigentlich von einem Beurteilungsspielraum hätte sprechen müssen.

196 BVerwGE 9, 284 (285)

hang mit der gerichtlichen Kontrolldichte) an, daß die Bezeichnungen Ermessensspielraum und Beurteilungsspielraum gleichwertig seien.[197]

Explizit von einem Beurteilungsspielraum spricht das BVerwG für den Bereich des PBefG zum ersten Mal in dem Urteil vom 27.11.81[198] hinsichtlich der Frage, ob und gegebenenfalls wielange eine Beobachtungszeit einzuschieben sei, innerhalb derer die Auswirkungen der schon erteilten Genehmigungen auf den örtlichen Verkehr nach § 13 Abs.4 PBefG zu beobachten seien.[199] Begründet wurde die Annahme eines Beurteilungsspielraums damit, daß es sich hier um eine prognostische Entscheidung wertenden Charakters mit verkehrs- und wirtschaftspolitischem Einschlag handle.[200]

Weitergehend wurde vom BVerwG mit Urteil vom 15.4.88[201] unter Berufung auf den prognostischen Charakter der Einschätzung ein Beurteilungsspielraum der Behörde für die Beantwortung der Frage anerkannt, ab wann die Funktionsfähigkeit des örtlichen Taxengewerbes (und damit ein *Teilaspekt* der "öffentlichen Verkehrsinteressen") im Sinne des § 13 Abs.4 PBefG bedroht sei. In Abgrenzung zum Beschluß des BVerfG vom 8.6.60,[202] in dem das BVerfG den Begriff der "öffentlichen Verkehrsinteressen" als unbestimmten Rechtsbegriff qualifiziert hatte, führt das BVerwG weiter aus, daß hiermit nur negativ die Annahme einer Ermessensentscheidung ausscheide, nicht dagegen die Bejahung eines Beurteilungsspielraumes (einer Einschätzungsprärogative) der Behörde. Dieser differenzierten Lesart der BVerfG-Entscheidung durch das BVerwG hat man wohl zuzustimmen. Das verfassungsrechtliche Postulat der Berufsfreiheit gebietet demnach nur die Annahme einer

197 BVerwG, a.a.O., S. 288

198 BVerwGE 64, 238 (242)

199 In Konsequenz dieser Entscheidung wurde § 13 Abs.4 S.3 PBefG eingefügt, wonach die Behörde zur Feststellung der Auswirkungen früher erteilter Genehmigungen auf die öffentlichen Verkehrsinteressen vor der Entscheidung über neue Anträge einen Beobachtungszeitraum einschieben soll.

200 BVerwGE 64, 238 (242). Erwähnenswert ist weiter, daß das BVerwG, a.a.O., S. 242, auf die "Mühlenplafondentscheidung" (Urteil vom 22.3.79, DÖV 79,716) verwiesen hat. Darin wurde ein Beurteilungsspielraum bejaht, da bei der konkreten Verwaltungsentscheidung eine Abwägung und Bewertung komplexer Zusammenhänge und eine Einschätzung künftiger Entwicklungen nötig sei und die Entscheidung versorgungs- und strukturpolitischen Charakter aufweise. Es lag m.a.W. eine der planenden Verwaltung zuzurechnende Tätigkeit vor.

201 BVerwGE 79, 208 (213)

202 BVerfGE 11,168 (191 f.)

(auf der Rechtsfolgenseite) gebundenen Entscheidung, hat jedoch keine Auswirkungen auf die Tatbestandsseite. Den potentiellen Gegeneinwand, daß mit dieser Lösung die aus Art. 12 Abs.1 GG resultierende Verfassungsbindung unterlaufen werden könnte, hat das BVerwG damit implizit verneint. Aus der vom BVerfG verwendeten Formulierung, wonach es Aufgabe der Verwaltungsgerichte sei, die verfassungskonforme Auslegung des § 9 PBefG a.F. zu "überwachen", lasse sich - so das BVerwG[203] - insoweit nichts herleiten. Einzuräumen ist jedenfalls, daß der Begriff "unbestimmter Rechtsbegriff" terminologisch gemeinhin als Oberbegriff, d.h. für Rechtsbegriffe mit und ohne Beurteilungsspielraum gebraucht wird. Unberechtigt ist demnach die Kritik, die die BVerfG-Entscheidung in der Literatur zum Teil erfahren hat.[204] Der Einwand dieser Kritik, daß mit der Qualifizierung als "unbestimmter Rechtsbegriff" die Annahme eines Beurteilungsspielraums ausscheide, war terminologisch ohnehin nicht zwingend und ist nach der durch das BVerwG vorgenommenen Differenzierung wohl obsolet.

In seiner - soweit ersichtlich - jüngsten Entscheidung[205] gesteht das BVerwG der Behörde auch bzgl. der abwägenden Bewertung der öffentlichen Verkehrsinteressen als solcher einen Beurteilungsspielraum zu:

> *"Der Genehmigungsbehörde kommt bei der Bewertung von Verkehrsbedürfnissen der unterschiedlichsten Art und ihrer befriedigenden Bedienung und damit auch bei der Frage, wie gewichtig einzelne öffentliche Verkehrsinteressen sowohl für sich gesehen also auch im Verhältnis zu anderen sind, ein Beurteilungsspielraum zu. Die Entscheidung ist deshalb ähnlich wie andere planerische Verwaltungsentscheidungen der gerichtlichen Überprüfung nur begrenzt zugänglich. Denn die Behörde hat im Konflikt zuwischen verschiedenen öffentlichen Verkehrsinteressen, ..., eine abwägende (planerische) Entscheidung zu treffen. Dazu hat sie zuvor die örtlichen und die überörtlichen Verkehrsbedürfnisse zu ermitteln und zu bewerten, um dann zu entscheiden, ob und in welchem Maße sie befriedigt werden können und sollen. Diese Entscheidung setzt nicht nur prognostische, sondern auch verkehrs- und raumordnungspolitische Wertungen voraus (vgl. auch § 8 Abs.4 PBefG).*

---

203 BVerwGE 79, 208 (213)

204 Vgl. etwa Lange,K., Verkehr, S. 139

205 Urteil vom 28.7.89, DVBl 90, 44 ff.

Interpretiert man die Entscheidung wörtlich, so bejaht das BVerwG sowohl einen Beurteilungsspielraum (hierfür spricht nicht zuletzt auch der Zusammenhang mit der Ausgangsentscheidung vom 10.3.54[206] sowie die hierzu später getroffenen Präzisierungen[207] als auch die Existenz einer planerischen Abwägungsentscheidung, soweit die Aggregation einzelner öffentlicher Verkehrsinteressen zu den öffentlichen Verkehrsinteressen als solchen in Rede steht.[208] [209] Letztlich belegt das Urteil auch, daß für derartige planerische Entscheidungen die Vorstellung einer Differenzierbarkeit zwischen Tatbestand und Rechtsfolge, welche offensichtlich noch dem Urteil zu § 1 Abs.6 BBauG[210] zugrunde lag,[211] nicht mehr sinnvoll durchführbar ist.

---

206 BVerwGE 1, 92 ff.

207 Vgl. Urteil vom 11.10.56 BVerwGE 4, 89 ff. sowie die Ausführungen hierzu oben im Text

208 Selbstverständlich ist diese Kombination aus beiden Möglichkeiten nicht. So entspricht es für die Bauleitplanung ständiger Rechtsprechung, daß die in § 1 Abs.5 BauGB genannten öffentlichen Belange unbestimmte Rechtsbegriffe (mit voller gerichtlicher Überprüfungsmöglichkeit) darstellen und eine Einschränkung der Justitiabilität "nur" durch die sich anschließende Abwägungsentscheidung erfolgt. Vgl. etwa Urteil des BVerwG vom 12.12.69, E 34, 301 (308) zu § 1 Abs.6 BBauG.
Schenke,W.R., Bonner Kommentar, Rdnr. 312 zu Art. 19 Abs.4, weist in diesem Zusammenhang darauf hin, daß sich das Gericht offensichtlich noch von der mit der Struktur von Planungsnormen schwerlich zu vereinbarenden Annahme einer Differenzierung zwischen Tatbestand und Rechtsfolge leiten habe lassen und zudem übersehen worden sei, daß auch die in § 1 Abs. 4,5 BBauG verwendeten unbestimmten Rechtsbegriffe sich ihrerseits schon als das Ergebnis einer planerischen Abwägung darstellten, weshalb konsequenterweise bereits insoweit ein Ermessensspielraum hätte angenommen werden müssen.

209 Ansätze zu einer derartigen Sicht der Dinge finden sich schon in dem Urteil vom 20.11.59, BVerwGE 9,340 ff.. Hierin führt das Gericht aus: "Auch die Bedenken, es sei zweck- und strukturwidrig, den Ausgleich widerstreitender öffentlicher Interessen durch die einem ... Unternehmer gewährte Klagemöglichkeit vor die Gerichte zu tragen, greifen nicht durch. Die Gerichte müssen sich auf dem Gebiete des Personenbeförderungsgesetzes ohnehin mit den Interessen des öffentlichen Verkehrs befassen, ihre Rechtskontrolle ist aber im Falle eine nach behördlichem Ermessen ergangenen Entscheidung darauf beschränkt, ob die Behörde ermessensfehlerhaft gehandelt hat" (a.a.O., S. 342).

210 Urteil vom 12.12.69, BVerwGE 34, 301 ff.

211 Schenke,W.R., Bonner Kommentar, Rdnr. 312 zu Art. 19 Abs.4

Die Grundsätze dieser zu § 13 Abs.2 PBefG ergangenen Entscheidung, der aufgrund der Eigentümlichkeiten der Genehmigung zuzustimmen ist,[212] können auf § 39 Abs.2 PBefG übertragen werden, so daß die Rechtslage bzgl. des Begriffs der "öffentlichen Verkehrsinteressen" als geklärt anzusehen ist.[213] Weitergehend hat das Gesagte auch für die anderen Fälle zu gelten, in denen von "öffentlichen Verkehrsinteressen" die Rede ist - wie etwa in § 22 LuftVG oder in einer Reihe von Landeseisenbahngesetzen.[214] Auch für das "öffentliche Verkehrsbedürfnis" im Sinne des § 10 Abs.3 GüKG gilt das Gleiche, zumal dort die Ermächtigung zur Berücksichtigung struktur- und regionalpolitischer Aspekte explizit angesprochen ist.

Zusammenfassend ist festzuhalten, daß für die Ermittlung und Bewertung einzelner öffentlicher Verkehrsinteressen ein Beurteilungsspielraum zugunsten der Behörde anzuerkennen ist. Bei der sich anschließenden Aggregation der Teilinteressen zu den "öffentlichen Vekehrsinteressen" handelt es sich um eine planerische Abwägungsentscheidung.

---

[212] Mit dieser Entscheidung ist die Kontroverse um die Eigenarten der in § 13 n.F. PBefG (bzw. § 9 a.F.) verwendeten Begriffe wohl zu einem gewissen Abschluß gekommen und sind anderslautende Äußerungen in Rechtsprechung und Literatur obsolet geworden, insbesondere die Entscheidung des BayVGH zu § 9 Abs.1 a.F. PBefG (VerwRspr 7 Nr.220, 967 ff). In dieser Entscheidung faßte der BayVGH zwar auch den Begriff der öffentlichen Verkehrsinteressen als unbestimmten Rechtsbegriff auf, räumte der Behörde jedoch implizit eine Prärogative für die Beurteilung des Gemeinwohls inosfern ein, als das Gericht vertretbare Auffassungen der Behörde zu akzeptieren habe (a.a.O., S. 971). Vgl. zu dieser Entscheidung die eingehende Analyse bei Häberle,P., Öffentliches Interesse, S. 622 ff. m.w.N. zu den anderen, abweichenden Auffassungen.
Häberles Auffassung, wonach für die öffentlichen Verkehrsinteressen eine - freilich rechtlich determinierte - Ermessenskompetenz der Behörde bestehe (a.a.O., S. 625), dürfte mit der neueren Rechtsprechung des BVerwG übereinstimmen.

[213] Kein Gegenargument bildet insbesondere die schon mehrfach erwähnte Entscheidung des BVerfG zu § 39 Abs.2 PBefG (Beschluß des BVerfG vom 25.5.76, DVBl 77,820). In dieser Entscheidung befaßte sich das BVerfG ausschließlich mit dem Verhältnis der in § 39 Abs.2 PBefG genannten Genehmigungskriterien. Es bestand kein Anlaß, zum Problem der Ermittlung der öffentlichen Verkehrsinteressen Stellung zu nehmen.
Andere Gegenmeinungen (etwa Greif,H., PBefG, 2 zu § 39, der von einem unbestimmten Rechtsbegriff ausgeht) sind mit der neueren Rechtsprechung des BVerwG wohl überholt.

[214] Art. 15 BayEBG, § 25 Abs.2 LEG NW, § 28 Abs.2 Rh.-Pf. LEG, § 26 Abs.2 LEG Saar, § 28 Abs.2 Schl.-H. LEG

bb) Der Begriff des "allgemeinen Wohls" bzw. "Gemeinwohls"

Untersucht sei nun der in den Verkehrsgesetzen durchgängig verwendete Begriff des allgemeinen Wohls bzw. Gemeinwohls.

Höchstrichterliche Stellungnahmen zum Begriff des Allgemeinwohls entziehen sich einer einheitlichen Beurteilung.[215] In dem Bemühen um eine sinnvolle Kooperation und Aufgabenteilung von Verwaltung und Verwaltungsgerichtsbarkeit findet sich vielmehr eine Vielzahl von einzelfallbezogenen, der jeweiligen Problemlage adäquaten Nuancierungen, welche von den Extrempunkten bestimmter Rechtsbegriff ohne Beurteilungsspielraum bis hin zum freien Ermessen reichen. Weitere Topoi zur Problemlösung sind die Wahrung der Funktions- und Leistungsfähigkeit von Verwaltung und Verwaltungsrechtsprechung, die Intensität des Rechtsschutzbedürfnisses, die Bedeutung der betroffenen Rechte, das konkrete Verwaltungsrechtsverhältnis, die Praktikabilität einer Lösung, die sachliche und fachliche Qualifikation einer bestimmten Instanz zur Konkretisierung gerade dieser Teilinteressen.[216] Diesem schillernden Spektrum an Lösungsmöglichkeiten jedenfalls nicht gerecht wird der Bericht des Verkehrsausschusses aus dem Jahre 1961, welcher anläßlich der Verkehrsnovellen den Begriff des allgemeinen Wohls als in Gesetzgebung und Rechtsprechung für hinreichend geklärt erachtete.[217] Für die Gemeinwohlklausel in den Genehmigungstatbeständen der Verkehrsgesetze, für die in der Rechtsprechung - soweit ersichtlich - noch keine Präzedenzentscheidungen vorliegen, ist daher von nachfolgenden, allgemeinen Überlegungen auszugehen.[218]

---

215 Vgl. statt aller die umfassende Analyse der Rechtsprechung bei Häberle,P., Öffentliches Interesse, S. 240 ff., sowie (zum Nachfolgenden) die Zusammenfassung S. 691 ff.

216 Häberle,P., a.a.O., S. 692

217 Bericht des Ausschusses für Verkehr, Post- und Fernmeldewesen über den Entwurf eines BbG-Änderungsgesetz (nachfolgend: Ausschußbericht), BT-Drs. III/ zu 2830, S. 2

218 Aus diesem Grunde kann auch eine vertiefte Erörterung der Literatur, welche regelmäßig nur zu dem "Allgemeinwohl" als solchen, d.h. ohne Inbezugnahme des jeweiligen Rechtsgebietes Stellung nimmt, hier unterbleiben. Vielmehr kann der Inhalt des offenen Rechtsbegriffs (allenfalls) für den gerade in Rede stehenden Regelungskontext näher eingegrenzt werden. Vgl. an Äußerungen in der Literatur etwa Ossenbühl,F., DÖV 68, 618ff.; ders., DÖV 70, 84 ff.; Schmidt,W., NJW 75, 1753 ff.

Der Begriff des allgemeinen Wohles erfaßt in seiner Abstraktheit eine Vielzahl von Sachverhalten und Zwecken und bedarf daher stets der Konkretisierung im Einzelfall.[219] Diese Offenheit und das damit verbundene Maß an Unbestimmtheit führen jedoch - nicht zuletzt, da wegen Art. 19 Abs.4 GG die uneingeschränkte gerichtliche Überprüfung den Regelfall bildet[220] und ein Beurteilungsspielraum nur unter tendenziell restriktiven Voraussetzungen anzuerkennen ist - nicht per se zur Anerkennung eines Beurteilungsspielraums. Vielmehr unterliegen nach der h.M. derart unbestimmte Rechtsbegriffe im Hinblick auf ihre Auslegung stets, bei der Anwendung auf den Einzelfall i.d.R. vollständiger verwaltungsgerichtlicher Kontrolle.[221] Nur für den letztgenannten Fall, d.h. die Anwendung im konkreten Fall kann daher unter Umständen ein Beurteilungsspielraum anerkannt werden. Somit spricht zunächst vieles dafür, den Begriff des Allgemeinwohls in den Verkehrsgesetzen als unbestimmten Rechtsbegriff ohne Beurteilungsspielraum zu interpretieren.

Andererseits ist das Gemeinwohl wiederum nur ein Konstrukt, das aus der Aggregierung einer Vielzahl von Teilinteressen resultiert. So hat man zunächst die "öffentlichen Verkehrsinteressen" für die Genehmigungstatbestände außerhalb des PBefG und der Landeseisenbahngesetze (in welchen sie explizit neben dem Gemeinwohl aufgeführt sind) als Teil des Gemeinwohls anzusehen.[222] Für diesen Faktor gelten insoweit die oben gemachten Ausführungen[223] analog.

Aber auch für die anderen, das Gemeinwohl determinierenden Faktoren[224] treffen z.T. die gleichen Aspekte zu, die bzgl. der öffentlichen Verkehrsinter-

---

219 Urteil des BVerfG vom 18.12.68, BVerfGE 24, 367 (403 f.)

220 Daß Art. 19 Abs.4 GG und damit die vollständige Überprüfungsmöglichkeit den methodischen Ausgangspunkt bildet und die Fälle eines Beurteilungsspielraums demgegenüber als Ausnahmefälle zu begreifen sind, entspricht der ganz h.M., vgl. etwa Schenke,W.R., Bonner Kommentar, Rdnr. 304 zu Art. 19 Abs.4; Schmidt-Aßmann,E., in Maunz/Dürig/Herzog, GG, 182 f. zu Art. 19 Abs.4.

221 Tettinger,P.J., Rechtsanwendung, S.74

222 BVerwG, Urteil vom 30.10.59, BVerwGE 9, 284 (286)

223 Vgl. oben a)

224 Der These von Lange,K., Verkehr, S.148 wonach ein wesentlicher Unterschied zwischen den Richtpunkten der öffentlichen Verkehrsinteressen und des Gemeinwohls kaum feststellbar sein dürfte, kann in dieser Allgemeinheit nicht beigepflichtet werden. Schon die separate Nennung beider Kriterien in manchen Genehmigungstatbeständen legt nahe, daß es sich nicht um kongruente Begriffe handelt. Vielmehr fließen in das "Gemeinwohl" - entsprechend der Ei-

essen zur Annahme eines Beurteilungsspielraumes in der Rechtsprechung geführt haben, d.h. es handelt sich um prognostische Entscheidungen mit politischem Einschlag, die teilweise auf höchster politischer Ebene getroffen werden. Auch wenn diese Kriterien - je für sich genommen - nur als Präjudizien eines Beurteilungsspielraums dienen,[225] so legen sie in ihrer Kumulierung doch die Bejahung eines Beurteilungsspielraums hinsichtlich der jeweiligen Faktoren nahe. Die konzeptionelle Festlegung von - das Gemeinwohl beeinflussenden - politischen Zielen ist Aufgabe der Exekutive und fällt als solche - wegen des metajuristischen Charakters der in Rede stehenden Belange - nicht in die Kompetenz der Judikative. Letztere soll messen, nicht aber selbst die Grundlagen und Maßstäbe des Messens finden.[226] Das (aggregierte) Gemeinwohl enthält somit - und dies hat für alle Verkehrsgesetze zu gelten - jedenfalls auch Elemente, für die - im Sinne der Faktorenlehre[227] - eine Beurteilungsprärogative der Verwaltung zu bejahen ist. Durch diese Faktorenlehre ergeben sich Prüfungsschranken auf der Vorstufe einer Norm, da die gerichtliche Prüfungskompetenz nicht für die Gesetzesbegriffe als solche, sondern nur für die ihn bildenden Elemente eingeschränkt wird. Die Lehre ist daher auch bei (als solchen) voll überprüfbaren unbestimmten Rechtsbegriffen anwendbar.[228]

---

genart der Verkehrspolitik als Medium "allgemeiner", d.h. nicht genuiner Verkehrspolitik - auch zahlreiche andere, nicht spezifisch verkehrswirtschaftliche oder verkehrspolitische Ziele ein. Die Gemeinwohlklausel bildet das Einfallstor für diesen heterogenen Zielkomplex (vgl. hierzu unten D.V).

Eine Identität zwischen den beiden Begriffen könnte man daher nur dann bejahen, wenn man all die anderen Belange, welche es im Einzelfall zu beachten gilt (vgl. hierzu für den Fall des § 6 AEG unten 3), als Teil der öffentlichen Verkehrsinteressen ansehen würde, womit jedoch schon vom Wortlaut her die Grenzen zulässiger Auslegung überschritten würden. (Für eine Nichtidentität der beiden Begriffe "Gemeinwohl" und "öffentliche Verkehrsinteressen" auch Most,O., Gutachten, S. 11; Finger,H.J., BbG, 5 c zu § 16 ist für § 16 Abs.4 BbG der Auffassung, daß das "allgemeine Wohl" weiter reicht als die früher verwendeten Begriffe des "öffentlichen Verkehrsinteresses" oder der "Interessen der deutschen Volkswirtschaft".)

225 Vgl. im einzelnen Schmidt-Aßmann,E., in Maunz/Dürig/Herzog, GG, Rdnr. 188 ff. zu Art. 19 Abs.4 GG

226 Papier,H.J., DÖV 86, 621

227 Vgl. etwa BVerwG, Urteil vom 25.1.67, BVerwGE 26, 65 (77); BVerwG, Urteil vom 9.2.72, BVerwGE 39, 291 (299); Kellner,H., NJW 66,859; ders., DÖV 69,309; ders., DÖV 72,806; kritisch Ossenbühl,F., DÖV 70,84 (87 ff.)

228 Kellner,H., DÖV 69, 309 (310)

Angesichts der Vielschichtigkeit und der Interdependenzen zwischen diesen Elementen sowie der Tatsache, daß die staatlichen Behörden durch die Verkehrsgesetze zur planerisch-konzeptionellen Gestaltung der Verkehrsmärkte berechtigt und verpflichtet wurden spricht aber vieles dafür, der jeweiligen Verwaltungsbehörde auch für die Aggregation die Vorhand zuzugestehen. Ähnlich wie für die "öffentlichen Verkehrsinteressen" hat die Behörde auch für das "Gemeinwohl" das Problem zu lösen, wie einzelne Gemeinwohlaspekte für sich genommen als auch im Verhältnis zu anderen zu bewerten sind. Sie hat daher eine abwägende (planerische) Entscheidung zu treffen, die einer gerichtlichen Überprüfung nur eingeschränkt - entsprechend den zu Abwägungsentscheidungen geltenden Grundsätzen - zugänglich ist.

Aus den nämlichen Gründen - und d.h. vor allem um der Wahrung der genuinen Funktion der Verwaltung als politisch-gestaltender Gewalt willen - wird man daher auch andere in den Verkehrsgesetzen verwendete unbestimmte Rechtsbegriffe wie Sicherheit und Leistungsfähigkeit des Betriebes, befriedigende Verkehrsbedienung, Sicherheit und Leichtigkeit des Verkehrs als Begriffe mit Beurteilungsspielraum zu interpretieren haben.[229] Ebenso dürfte, soweit im Einzelfall eine Koordination bzw. ein Ausgleich von miteinander konfligierenden verkehrswirtschaftlichen Zielen nötig ist, die Annahme einer Ermessensentscheidung unausweichbar sein.[230]

Unabhängig davon, wie man die Ermittlung des Gemeinwohls durch die Behörde rechtlich qualifiziert, ist das Ergebnis - und dies ist quasi die zweite Stufe der Entscheidungsfindung - sodann mit den eigenwirtschaftlichen Interessen des Unternehmers abzustimmen. Aufgeworfen ist hiermit die Rechtsschutzproblematik Ermessen versus gebundene Entscheidung.

b) Ermessen versus gebundene Entscheidung

In der Literatur werden die Tarifgenehmigungstatbestände z.T. als gebundene Entscheidungen angesehen.[231] Hier ist indes zu differenzieren: Unstrei-

---

229 Lange,K., Verkehr, S. 129 ff. (135) mit zahlreichen Nachweisen zur (herrschenden) Gegenmeinung

230 Lange,K., Verkehr, S. 137

231 Durchgängig in diesem Sinne Bauer,M., Preisadministration, S. 122 ff.; im übrigen vgl. etwa Bidinger,H., PBefG, 2 zu § 39; Greif,H., PBefG, 2 zu § 39; Fielitz,K.H., u.a., PBefG, 2 zu § 39.

tig haben die antragstellenden Unternehmen einen Anspruch darauf, daß ihnen eine formelle Genehmigung erteilt wird, da sie hierauf für die Erbringung ihrer Verkehrsdienstleistungen gegenüber den Kunden angewiesen sind. Was jedoch die konkrete Höhe der Tarife betrifft - und nur in dieser ("materiellen") Hinsicht hat die Frage nach der Alternative Ermessen versus gebundene Entscheidung Sinn -, ist die Behörde nur insofern gebunden, als sie die Grenze nach unten, d.h. das Gebot der Kostendeckung zu wahren hat. Im übrigen dagegen räumen die Verkehrsgesetze der Behörde einen Gestaltungsspielraum ein.

Jede andere Auffassung wäre mit dem Prinzip der dualistischen Interessenartikulation unvereinbar. Danach müssen die Tarife beiden gegenläufigen Interessenkomplexen Rechnung tragen, wobei die Einbringung der Gemeinwohlkomponente eben nur der Genehmigungsbehörde anvertraut ist und ihr daher ein entsprechender Beeinflussungsspielraum zuzugestehen ist. Demgegenüber ist es nach den Konzeption der Gesetze regelmäßig schon gar nicht Sache des Unternehmens, politische Komponenten zu berücksichtigen, geschweige denn, daß hieraus eine Bindung der Behörde resultieren könnte. Aber auch in den Fällen, in denen die antragstellenden Instanzen ausnahmsweise zur Beachtung bestimmter politischer Ziele und zur Abwägung dieser Ziele mit den eigenwirtschaftlichen Interessen verpflichtet sind,[232] wird man (auch bzgl. dieser Ziele) eine vorrangige Zuständigkeit der Genehmigungsbehörde zu bejahen haben und daher eine Bindung zu verneinen haben. Jede andere Auffassung liefe auf eine unnötige Verkürzung ministerieller bzw. behördlicher Aktionsräume hinaus. Für die hier vertretene Auffassung sprechen die Gesetzeskonzeption ebenso wie die Aussagen des BVerwG in der Frachtenausschußentscheidung[233] und die Bestimmungen der §§ 27 c BSchVG/84 e Abs.5 GüKG, welche eben nur bzgl. des Kriteriums der Marktgerechtheit die Prüfungskompetenz der Behörde ausschließen. Wesentliche Belege für die Existenz eines Gestaltungsspielraumes zugunsten der Behörde sind schließlich auch die in den Verkehrsgesetzen regelmäßig vorgesehene Möglichkeit der Abänderung oder des Erlasses von Tarifen aus Gründen des allgemeinen Wohles sowie die in den Gesetzen enthaltenen Wettbewerbsparagraphen. Die darin verankerte Pflicht zur Koordinierung der Verkehrsträger über die Entgelte und zur Gestaltung der Verkehrsmärkte wäre ohne das Bestehen einer gewissen Bandbreite zulässiger Tarife oftmals illusorisch.

---

232 Vgl. oben III.

233 Urteil vom 28.3.69, BVerwGE 31, 359 ff.

Aus diesen Gründen sind denn auch in der Rechtsprechung die Tarifgenehmigungen nach dem BSchVG[234] und dem PBefG[235] als Ermessensentscheidungen anerkannt worden. Wegen der universellen Geltung des Prinzips der dualistischen Interessenartikulation und der auch im übrigen nahezu identischen Gesetzeskonzeption hat man daher die Genehmigungstatbestände nach den Verkehrsgesetzen als Ermessensentscheidungen aufzufassen.

Berücksichtigt man weiterhin die Pflicht der Behörde zur konzeptionellen Gestaltung der Verkehrsmärkte, die komplexen Auswirkungen der Tarifgenehmigungen sowie deren Eigenart als Mittel zur integralen Raumplanung, so wird deutlich, daß es sich letztlich um eine planerische Abwägungsentscheidung mit dem hiermit notwendigerweise verbundenen Gestaltungsspielraum handelt.[236] Dieses Mandat an die Verwaltung zur Ausübung eines Planungsermessens kommt denn auch - obwohl dieses für die Existenz des Planungsermessens nicht notwendig wäre[237] - in den Genehmigungsklauseln sowie den Wettbewerbsparagraphen, in denen durchgängig Begriffe wie "anzupassen" (§ 6 AEG), "in Einklang stehen" (§ 39 Abs.2 PBefG) oder "abzustimmen" (§§ 7 GüKG/8 AEG/33 BSchVG) verwendet werden, hinlänglich deutlich

---

234 Urteil vom 28.3.69, BVerwGE 31, 359 ff. (Frachtenausschußentscheidung); als weiteren Argumentationstopos nennt das BVerwG Art. 80 Abs.1 GG. Danach wäre die Annahme einer gebundenen Entscheidung problematisch, da dann das Verordnungsrecht nur formell dem Bundesverkehrsminister übertragen wäre, wohingegen faktisch die in Art. 80 Abs.1 GG nicht genannten Frachtenausschüsse die Tarifhöhe bestimmen könnten.

235 Beschluß des BVerfG vom 25.5.76, BVerfGE 42, 191 ff.

236 Die in der Literatur (wohl) h.M., insbesondere die moderne Auffassung, welche einen einheitlichen Ermessensbegriff apostrophiert, lehnt eine dogmatische wie terminologische Absonderung des Planungsermessens von den anderen Ermessensentscheidungen ab und begreift demgegenüber Planungsentscheidungen nur als graduell andersartig, nicht dagegen als Phänomen eigener Art. Vgl. zu dieser Diskussion etwa Tettinger,P.J., Rechtsanwendung, S. 85; Schenke,W.R., Bonner Kommentar, Rdnr. 312 zu Art. 19 Abs.4; Schmidt-Aßmann,E., Verwaltungsverantwortung, S. 251; Scholz,R., Verwaltungsverantwortung, S. 158 f., jeweils m.w.N. zu den beiden Meinungen.

237 Nach ständiger Rechtsprechung des BVerwG ist das Abwägungsgebot ein verfassungsrechtlicher, im Rechtsstaatsprinzip verankerter Grundsatz, der zwingend bei jeder hoheitlichen Planung zu beachten ist. Auch ohne einfachgesetzliche Positivierung - etwa in Form einer Abwägungsklausel - folgt das Abwägungsgebot daher als essentieller Teil des Planungsmandats schon aus dem Wesen der betreffenden Entscheidung als Planungsentscheidung. Vgl. hierzu statt aller BVerwG, Urteil vom 23.1.81, BVerwGE 61, 295 (301); BVerwG, Urteil vom 11.12.81, BVerwGE 64, 270 (271 f.).

zum Ausdruck. Die Verneinung einer planerischen Entscheidung und damit implizit die Bejahung einer weitreichenderen gerichtlichen Kontrolldichte käme einer Usurpation politischer Gestaltungsbefugnisse durch die Rechtsprechung gleich.

Die Qualifizierung als Ermessensentscheidung ist daher mißverständlich, da sie im Sinne der klassischen Terminologie den Eindruck suggeriert, als handele es sich um eine auf die Rechtsfolgenseite beschränkte Auflockerung der Gesetzesbindung der Verwaltung. Die Differenzierung zwischen Tatbestand und Rechtsfolge ist indes mit der Struktur einer Planungsentscheidung - wie sie hier vorliegt - nicht zu vereinbaren.[238] Das allgemeine rechtsstaatliche Gebot, daß bei staatlichen Rechtsakten mit komplexer Wirkung und insbesondere Planungsakten alle berührten Belange zu berücksichtigen und abzuwägen sind,[239] tangiert "Tatbestand" und "Rechtsfolge" im klassischen Sinne in gleicher Weise. Erfassung der Belange und deren Auswirkung lassen sich nicht trennen, Tatbestand und Rechtsfolge fallen quasi zusammen.

3. Erläuterung der Entscheidungsstruktur am Beispiel der Bundesbahn

Exemplarisch erläutert sei hier der Fall der Bundesbahn und damit die Entscheidungsstruktur des § 6 AEG:

Das "allgemeine Wohl" im Sinne des § 6 AEG ist weit auszulegen. Hierher gehören Gesichtspunkte der Verkehrs-, Wirtschafts-, Sozial- und Strukturpolitik, der Landesverteidigung, der Raumordnung und der Landesplanung.[240] Umfaßt werden auch nicht nur das Wohl des gesamten Volkes, sondern - wie das in § 6 Abs.1 genannten Beispiel der wirtschaftlich schwachen und verkehrsfernen Gebiete zeigt - auch das Wohl bestimmter Verkehrsräume, Wirtschaftsgebiete und Volksschichten, wenn deren Bedürfnisse und Interessen nur zugleich auch für das Gesamtwohl von erheblicher Bedeutung sind.[241]

---

238 Schenke,W.R., Bonner Kommentar, Rdnr. 312 zu Art. 19 Abs.4

239 Vgl. BVerwG, Urteil vom 23.1.81, BVerwGE 61, 295 (301)

240 Finger,H.J., BbG, 1d zu § 6 AEG. Jedenfalls für die Bundesbahn kann daher das Gemeinwohl nicht schlechterdings mit den Verkehrsinteressen gleichgesetzt werden (a.A. Lange,K., Verkehr, S. 148 für alle Verkehrstatbestände). Vgl. im übrigen auch noch o.V., Grenzen der Preis- und Wettbewerbsfreiheit, S. 44 ff.

241 Finger,H.J., BbG, 1d zu § 6 AEG; Immenga,U., Wettbewerbsbeschränkungen, S. 71; Most,O., Gutachten, S. 13

In das allgemeine Wohl gehen mithin eine Vielzahl von originär politischen Faktoren ein. Im Sinne der - auch von der Rechtsprechung[242] propagierten - Faktorenlehre Kellners[243] kommt der Genehmigungsbehörde - zumal diese mit dem Bundesverkehrsminister eine politische Instanz höchster Ebene ist - jedenfalls bzgl. der Beurteilung dieser Teilelemente eine Einschätzungsprärogative zu. Nicht zuletzt weisen einige dieser Elemente einen prognostischen Charakter auf.

Angesichts der koordinierend-integrierenden Aufgaben, die die Tarifgenehmigung zu erfüllen hat und des Gestaltungsauftrags des Bundesverkehrsministers, wird man diesem aber auch für die Aggregation dieser Teilaspekte zum allgemeinen Wohl eine Entscheidungsprärogative zugestehen müssen in dem Sinne, daß die Bewertung und Gewichtung der einzelnen Belange zueinander nur nach den für Abwägungsentscheidungen geltenden Grundsätzen überprüfbar sind.[244] Für die "Bedürfnisse des allgemeinen Wohls" kann insofern nichts anderes gelten als für die "öffentlichen Verkehrsinteressen" im Sinne des PBefG , für welche die Rechtsprechung nunmehr eine planerische Abwägungsentscheidung bejaht,[245] zumal hier mit dem Bundesverkehrsminister eine politische Instanz höchster Ebene handelt und die Tarifgenehmigung für die Bundesbahn, was ihre raumintegrierenden und -gestaltenden Wirkungen betrifft, auf einer höhergelagerten Verwaltungsebene liegt.

Unabhängig davon, ob man dieser zuletztgenannten Beurteilung folgt, ist jedoch - und dies ist ein für die Überprüfbarkeit wesentlicher Aspekt - die nächste Stufe im Entscheidungsprozeß, nämlich die Abstimmung mit den wirtschaftlichen Verhältnissen der beteiligten Eisenbahnunternehmen - hier der DB - durch § 6 AEG rechtlich strukturiert. Wegen der erwähnten komplexen Steuerungsfunktion der Tarifgenehmigung und des Auftrags an den Verkehrsminister zur Koordinierung und Gestaltung der Verkehrsmärkte kommt (auch) hier nur eine beschränkte gerichtliche Überprüfung nach den

---

242 Vgl. etwa BVerwG, Urteil vom 25.1.67, BVerwGE 26, 65 (77); BVerwG, Urteil vom 9.2.72, BVerwGE 39, 291 (299)

243 Kellner,H., NJW 66,859; ders., DÖV 69,309; ders., DÖV 72,806

244 Häberle,P., Öffentliches Interesse, S. 607 (Fußnote 19) gibt in diesem Zusammenhang denn auch zu bedenken, ob die Faktorenlehre und damit die Einschränkung der Überprüfbarkeit auf der Vorstufe einer Norm nicht nur dazu diene, das Dogma von der richterlichen Nachprüfung durchhalten zu können.

245 Urteil des BVerwG vom 28.7.89, DVBl 90,44; vgl. auch oben 2.a)

für planerische Abwägungsentscheidungen entwickelten Grundsätzen in Betracht.

Über die Tatsache, daß die Entscheidung als solche durch § 6 AEG rechtlich strukturiert ist, vermag auch der Wortlaut des § 6 AEG ("Ziel der Tarif*politik* ...") nicht hinwegzutäuschen. Daß in § 6 AEG vielmehr zwingend zu beachtende Eckpfeiler für die Entscheidung enthalten sind und in diesem Rahmen wegen des kompetenziellen Vorrangs der Judikative für Rechtsentscheidungen[246] auch eine verwaltungsgerichtliche Kontrollmöglichkeit eröffnet ist, ist für die Fälle von privaten Eisenbahnunternehmen (auf dem Hintergrund der Art. 12,14 GG) selbstverständlich, hat aber in gleicher Weise für die Bundesbahn zu gelten, sofern dieser überhaupt eine materielle Position zukommt.[247] Über die Kontrolle dieser Rechtsentscheidung - und selbstverständlich beschränkt auf diese Kontrolle - ist auch die Rechtsprechung in den staatlichen Gemeinwohlauftrag eingeschaltet und zur Gemeinwohlkonkretisierung berufen.[248]

Statt der hier vertretenen Annahme von zwei hintereinander geschalteten Abwägungsentscheidungen könnte man - ohne daß hieraus zwangsläufig Unterschiede hinsichtlich der Genehmigung als solcher oder hinsichtlich der Kontrolldichte derselben resultieren müßten[249] - auch nur von *einer* Planungsentscheidung ausgehen. Indes entspricht die hier vorgeschlagene Lösung

---

246 Scholz,R., Verwaltungsverantwortung, S. 155

247 Vgl. hierzu unten 2.Teil

248 Vgl. zu diesem Aspekt Häberle,P., Öffentliches Interesse, S. 222 ff.

249 Vgl. jedoch andererseits das Urteil des BVerwG vom 25.1.67 (BVerwGE 26, 65 ff.) für den Fall eines als solchen uneingeschränkt überprüfbaren Rechtsbegriffes (in concreto ging es um das "dienstliche Bedürfnis"), welcher durch einen Faktor mit Beurteilungsspielraum (mit)geprägt wird. Das Gericht führt hierin aus (a.a.O., S.77): "Es kann im Einzelfall prozeßentscheidend sein, ob das Gericht sich hinsichtlich der Beurteilung des dienstlichen Bedürfnisses von einer vollen Nachprüfung für ausgeschlossen erachtet und sich hinsichtlich der zusammenfassenden Schlußfolgerung aus den potentiellen Faktoren dieses Bedürfnisses auf die Kontrolle des Vorhandenseins der der Behördenentscheidung zugrunde gelegten Tatsachen und die Beachtung allgemeingültiger, ... Bewertungsgrundsätze beschränkt, oder ob es diese Schlußfolgerung selbst voll nachvollzieht und lediglich hinsichtlich eines einzelnen der dabei in Betracht kommenden Faktoren eine von ihm nur beschränkt kontrollierte verwaltungspolitische oder wertende Entscheidung der Behörde zugrunde legt."
Mit der hier vorliegenden Konstellation ist der der Entscheidung zugrunde liegende Sachverhalt freilich nicht ganz identisch, da hier die Kombination zweier Abwägungsentscheidungen in Rede steht.

wohl besser dem Wortlaut und der Konzeption des Gesetzes. Danach ist das allgemeine Wohl als solches mit den wirtschaftlichen Verhältnissen zu harmonisieren. § 6 AEG setzt m.a.W. das allgemeine Wohl schon als Datum voraus.

Gleiches hat für die anderen Verkehrsgesetze zu gelten. Evident ist dies z.B. im Falle des § 39 Abs.2 PBefG. Die darin enthaltene Verpflichtung zur Abwägung der drei Komponenten "wirtschaftliche Lage des Unternehmers" - "öffentliche Verkehrsinteressen" (auch dieser Begriff ist selbst wiederum das Ergebnis einer Abwägungsentscheidung[250]) - "Gemeinwohl" setzt schon begrifflich das Vorhandensein dieser abwägungserheblichen Belange als Entscheidungsgrundlagen voraus. In der Praxis der Entscheidungsbildung werden sich die beiden Prozesse - d.h. die Ermittlung des Gemeinwohls bzw. der öffentlichen Verkehrsinteressen (durch Abwägung) einerseits sowie die sich anschließende Abwägung aller erheblichen Belange untereinander andererseits - freilich schwerlich trennen lassen, da beide ja durch dieselbe Instanz erfolgen.

Über § 6 AEG hinaus hat man es bei der dargestellten Entscheidungsstruktur auch für die Fälle, in denen nicht der Bundesverkehrsminister, sondern eine niedrigere Instanz die Genehmigung erteilt, bewenden zu lassen. Zwar liegt in diesen Fällen nicht eine derart hochstufige, bundespolitisch so gravierende, makroadministrative Entscheidung vor. Jedoch entspricht es dem Sinn dieser Vorschriften, auch den jeweiligen Verkehrsbehörden und damit der mikroadministrativen Verwaltungsebene die Befugnis zu geben, jedenfalls Erwägungen allgemeiner verkehrswirtschaftlicher und verkehrspolitischer Art zu berücksichtigen.[251] Jede Genehmigungsbehörde ist mithin - je für ihren Bereich - zur Verkehrsplanung und -gestaltung aufgerufen - wenn auch die zu berücksichtigenden Interessen im Einzelfall differieren.[252] Mit Ausnahme der Planungsebene - welche für sich genommen keine andere Beurteilung begrün-

---

250 Vgl. oben 2. a) aa)

251 BVerwG, Urteil vom 11.10.56, BVerwGE 4, 89 (92) für § 9 PBefG a.F.. (In dem dort entschiedenen Fall handelte eine örtliche Verkehrsbehörde. Die Erwägung gilt daher erst recht für die höherstufige Verwaltung auf der Länderebene.)

252 So ist etwa die Kompetenzverteilung des Grundgesetzes zu beachten. Verteidigungspolitische Aspekte mögen etwa für die Entscheidung des Verkehrsministers nach § 6 AEG relevant sein, sie sind es aber wohl nicht für darunter liegende Exekutivebenen. Das erwähnte Urteil des BVerwG (vgl. a.a.O.) beschränkte sich auf die Einbeziehung von Verkehrsbelangen in das entscheidungsrelevante Material der örtlichen Behörde.

det - liegen somit die gleichen Argumentationstopoi vor, welche für § 6 AEG die Annahme der obigen Entscheidungsstruktur rechtfertigen.

4. Zusammenfassung

Rechtsschutzprobleme im Rahmen von staatlichen Tariffestsetzungen ergeben sich weniger aus der formalen Rechtsnatur der Genehmigung - insofern kann die Qualifizierung als Verwaltungsakt als ganz herrschende Meinung bezeichnet werden -, sondern vielmehr aus der eigentümlichen und komplizierten Entscheidungsstruktur. Hierzu ist folgendes festzuhalten.

Nach den Verkehrsgesetzen ist die wirtschaftliche Lage des Unternehmens mit dem "Allgemeinwohl" abzustimmen. Aufgrund der Charakteristika der Tarifgenehmigung als konzeptionell-programmierender, politischer Entscheidung und der finalen Konzeption der Verkehrsgesetze - welche nicht nur in den Genehmigungstatbeständen als solchen,[253] sondern auch in den Wettbewerbsparagraphen deutlich manifestiert ist[254] - handelt es sich insoweit um eine planerische Abwägungsentscheidung, die im Rahmen dieser rechtlichen Strukturierung und damit nur eingeschränkt nach den hierfür geltenden allgemeinen Grundsätzen Raum für eine verwaltungsgerichtliche Kontrolle eröffnet. Grundrechtliche Bedenken gegen diese "Planifikation" bestehen nicht, da die Behörde sich auch nach dieser Lösung nicht über das aus Art. 12,14 GG folgende Gebot der Kostendeckung hinwegsetzen kann. Die Variante Planungsermessen versus schlichtes Ermessen tangiert m.a.W. den Schutzbereich der Art. 12,14 GG nicht, zumal nach der neueren Auffassung zwischen beiden Ermessensarten nur graduelle Unterschiede bestehen, eine qualitative Andersartigkeit von Planungsentscheidungen dagegen zu verneinen ist.[255]

Diese Entscheidungsstruktur gilt nicht nur für die hochstufige, makroadministrative Planung durch den Bundesverkehrsminister, sondern auch für die durch andere Behörden zu erteilenden Tarifgenehmigungen.

Mit dieser Eigenart der Entscheidung ist nicht nur die Annahme einer gebundenen Entscheidung unvereinbar, vielmehr ist auch die Klassifizierung der Genehmigung in die Kategorie "schlichtes Verwaltungsermessen" (wenn man

253 Vgl. etwa § 6 AEG ("Ziel der Tarif*politik* ...")

254 Vgl. etwa §§ 8 AEG/ 7 GüKG/ 33 BSchVG ("...*Ziel* bester Verkehrsbedienung ...")

255 Vgl. zu dieser Diskussion die Nachweise oben Fußnote 236

dieses als allein auf der Rechtsfolgenseite stehend ansieht) mißverständlich, da der planerisch-gestaltende Aspekt und die hiermit unabdingbar verbundene Gestaltungsfreiheit geleugnet wird. Die Separierung des Tatbestandes von der Rechtsfolgenseite einer Norm ist für derartige Planungsentscheidungen nicht möglich, da hier mit der Erfassung und der Bewertung der abwägungserheblichen Belange eben zugleich über die Höhe der Tarife befunden wird. Berücksichtigung und Auswirkung ergehen "uno actu", Tatbestand und Rechtsfolge fallen zusammen.

Der soeben erläuterten Entscheidung vorgelagert ist indes nach der hier vertretenen Auffassung eine weitere Abwägungsentscheidung.[256] Die für die obige Entscheidung nötigen Kriterien, d.h. die Planungsdirektiven "Gemeinwohl" bzw. die in § 39 Abs.2 PBefG gesondert aufgeführten "öffentlichen Verkehrsinteressen" sind ihrerseits nicht empirisch vorgegeben. Sie sind vielmehr das Ergebnis planerischer Abwägung, da sie jedenfalls teilweise verwaltungspolitisch zu determinierende Faktoren enthalten und es daher weitergehend auch geboten erscheint, der Behörde für die Aggregation, d.h. der Bewertung und der Gewichtung der Elemente zueinander ein Planungsermessen zuzugestehen. Anders als bei der bauplanerischen Abwägung sind somit auch die Abwägungskriterien für die obige Entscheidung nicht voll justitiabel. Auch wenn die beiden Entscheidungsprozesse in der Praxis als einheitlich erscheinen mögen, ist ihre begriffliche wie juristische Separierung aus Gründen der Klarheit sinnvoll wie auch nach der Gesetzeskonzeption geboten.

Die hier vorgeschlagene Entscheidungsstruktur berücksichtigt den funktional-kompetenziellen Aspekt sowie die finale Konzeption der Verkehrsgesetze und gewährt der Exekutive einen Gestaltungsspielraum dort, wo sie planerisch-gestaltend tätig werden soll, ohne jedoch die rechtlich-normative Struktur der Genehmigungstatbestände und damit die Einbindung des Gemeinwohlauftrages der Verwaltung zu vernachlässigen. Legitim, ja sogar geboten ist die Be- und Verschränkung des staatlichen Gemeinwohlauftrages, da er im

---

256 Auch wenn man hier eine andere Auffassung vertritt und das Allgemeinwohl als unbestimmten Rechtsbegriff ohne Beurteilungsspielraum erachtet (für den Begriff der "öffentlichen Verkehrsinteressen" i.S.d. PBefG ist diese Auffassung nach der neueren Rechtsprechung des BVerwG wohl obsolet), so bleibt hiervon jedenfalls die oben dargestellte Abwägung mit den Unternehmensinteressen unberührt. Unabhängig hiervon ist auch die Frage, ob nicht einzelne Faktoren des allgemeinen Wohles einen Beurteilungsspielraum aufweisen (zu dieser Faktorenlehre vgl. oben 2. a) und 3.

Verkehrsbereich durch (überwiegend) private bzw. jedenfalls mehr oder weniger selbständige Unternehmen realisiert wird. Die materielle "Fessel" der Wahrung der wirtschaftlichen Interessen der Unternehmen findet ihre konsequente Fortführung in der prozessualen Möglichkeit der Überprüfung der Abwägungsentscheidung und damit der Einbindung der Rechtsprechung in den Prozeß staatlicher Gemeinwohlkonkretisierung.[257] Die Lösung erscheint daher als gewaltenteilerisch ausgewogener Mittelweg zwischen der Scylla einer Usurpation originär politischer Machtbefugnisse durch die Verwaltungsgerichtsbarkeit und der Charybdis eines kontrollfreien Verwaltungsstaates.

Für den Spezialfall der DB soll an anderer Stelle[258] versucht werden, die rechtliche Struktur der Abwägung näher zu eruieren und insbesondere der Frage nachzugehen, ob verbindliche Grundsätze über die Bewertung und Gewichtung der abwägungserheblichen Belange existieren.

VI. Ausgleichsverfahren

In mehreren Vorschriften sehen die Verkehrsgesetze Ausgleichspflichten zur (jedenfalls teilweisen) Neutralisierung der aus dem tariflichen Eingriff resultierenden betriebswirtschaftlichen Lasten vor.[259]

---

257 Vgl. Häberle,P., Öffentliches Interesse, S. 222 ff.

258 Vgl. unten 2.Teil 2.Kapitel B VIII.

259 Über diese Fälle hinaus bejaht Fromm,G., DVBl 71, 161 ff. das Bestehen einer Ausgleichspflicht auch ohne gesetzliche Grundlage. Vgl. jedoch die Kritk hieran von Lange,K., DVBl 71, 775 ff. sowie die Erwiderung hierzu von Fromm,G., DVBl 71, 780 f..
Der in diesen Aufsätzen ausgetragene Streit, ob - unabhängig von der Ertragslage - ein Ausgleichsanspruch für einzelne Verkehrsleistungen besteht oder ob dieser nur dann entsteht, wenn das Unternehmen insgesamt in die Verlustzone gerät, hat indes durch die neuere Rechtsprechung des BVerwG (Urteil vom 23.3.84, BVerwGE 69, 104 ff.) an Brisanz verloren und ist z.T. wohl überholt. Nach der erwähnten Judikatur ist des dem Unternehmer grundsätzlich zuzumuten, den rentabilitätsmindernden Auswirkungen der ihm auferlegten öffentlichen Last (in concreto ging es um die Schülerermäßigung nach § 45 a PBefG) durch interne Subventionierung zu begegnen (BVerwG, a.a.O.,S. 107). Danach hat der Unternehmer eine Kostenunterdeckung bei einzelnen Tarifen primär durch die Erhöhung anderer Tarife auszugleichenm so daß im Ergebnis ein finanzieller Verlust vermieden wird und daher ein Ausgleichsanspruch unstreitig ausscheidet. Relevant wird der obige Streit daher nur noch dann, wenn die Tarifbeeinflußung bei einzelnen Dienstleistungen zu einem anderweitig nicht kompensierbaren und damit "definitiven" Verlust führt.

Dabei sind §§ 6 a AEG/45 a PBefG[260] auf einen sachlich engen Teilbereich beschränkt (Zeitfahrkarten des Ausbildungsverkehrs), was Anlaß zur Kritik gegeben hat.[261] Daneben ist die Ausgleichspflicht der Höhe nach auf 50 % des Verlustes beschränkt. Für die betroffenen Unternehmer freilich ist diese Einschränkung insofern weniger gravierend, als das BVerwG,[262] indem es die interne Subventionierung für zumutbar erachtete, ihnen einen Weg zur Kompensation des nach Abzug der Transferzahlung verbleibenden Verlusts und damit zur finanziellen Schadloshaltung eröffnet hat.

Für Fragen der Tarifhöhe beachtenswert ist eine weitere Überlegung, die das BVerwG in der genannten Entscheidung[263] anstellt. Das Gericht hat für die Begründung der Zulässigkeit einer nicht-kostendeckenden Tarifgestaltung wesentlich auf die Existenz der Ausgleichsregelung in § 45 a PBefG abgestellt. An diese für den Bereich des § 45 a PBefG trivial erscheinende Feststellung (nur für diesen Fall ist die Regelung einschlägig) knüpfen sich weitere Fragestellungen:

Zunächst, wie die Lage in den Fällen ist, in denen eine gesetzliche Ausgleichsregelung fehlt. Gebührt dann - quasi im Umkehrschluß - dem Grund-

---

Nun erging die erwähnte Entscheidung zwar zu § 45 a PBefG und damit in einem Fall, in welchem eine *gesetzliche* Ausgleichsregelung für einen Teil des Verlustes vorlag. Fraglich war daher nur, wie der durch § 45 a PBefG nicht abgegoltene Verlust auszugleichen sei. Dieser soll nun nach der offensichtlichen Intention der Regelung jedenfalls nicht durch eine direkte Transferzahlung beglichen werden. Dementsprechend fehlen daher in dem Urteil Ausführungen zur Existenz eines allgemeinen, praeter legem bestehenden Ausgleichanspruchs. Nach der Formulierung des Gerichts besteht das Recht und die Pflicht des Unternehmers zur internen Subventionierung indes allgemein, d.h. auch für die weit überwiegende Zahl der Fälle, in denen eine gesetzliche Ausgleichsregelung nicht vorhanden ist. So sieht das BVerwG die Existenz der Ausgleichsregelung nicht als ein die Pflicht zur Subventionierung begründendes Element an. Stattdessen vergrößere die gesetzliche Regelung nur die grundsätzliche Zumutbarkeit der Subventionierung, da sie letztere nur noch auf die nach der Geldzahlung verbleibenden "Restausgleich" beschränke (BVerwG,a.a.O.,S.107).

Im Ergebnis beanspruchen die Ausführungen des BVerwG daher wohl allgemeine Geltung, so daß sich die Problematik eines praeter legem existierenden Ausgleichanspruchs nur noch für den Sonderfall eines anderweitig nicht kompensierbaren Verlusts stellt.

260 § 6 b AEG betrifft nicht den tariflichen Bereich und bleibt daher außer Betracht. Gleiches gilt für die Ausgleichspflichten nach europäischen Rechtsnormen.

261 Fromm,G., BB 70,170

262 BVerwG, Urt. v. 23.3.84, BVerwGE 69, 104 ff.

263 BVerwG, Urt. v. 23.3.84, BVerwGE 69, 104 ff.

satz der Eigenwirtschaftlichkeit automatisch der Vorrang oder können auch dann in Einzelfällen defizitäre Tarife festgesetzt werden ? Indem das Gericht den Anspruch des Unternehmens auf wirtschaftliche Angemessenheit der Tarife nach § 39 Abs.2 PBefG nur auf das Gesamtergebnis, aber nicht auf jeden einzelnen Tarif bezog, hat es die Frage wohl implizit dahingehend beantwortet, daß auch außerhalb der Ausgleichsvorschriften verlustbringende Tarifgestaltungen in Einzelfällen zulässig sind.

Weiter ist zu fragen, ob die Argumentation, wonach wegen der Ausgleichspflicht verlustbringende Tarife zulässig seien, nicht auch für andere, weitreichendere Ausgleichsregelungen und insbesondere für die Rechtslage der DB nach dem BbG fruchtbar gemacht werden kann. Falls dies zu bejahen wäre, müßte man aus der in § 28 a BbG enthaltenen, sowohl der Höhe als auch der Sache nach umfassenden Regelung, die Schlußfolgerung ziehen, daß bei der Bahn generell verlustbringende Tarife zulässig wären. Auf diesen Gedankengang ist später zurückzukommen.[264]

VII. Besonderheiten der Stellung der Deutschen Bundesbahn

Die mannigfachen Eigentümlichkeiten der Stellung der Bahn im Vergleich zu den anderen Verkehrsträgern können und brauchen an dieser Stelle nicht abschließend dargestellt zu werden. Als wesentliche klärungsbedürftige Problemkreise seien an dieser Stelle jedoch noch einmal die folgenden Punkte erwähnt.

Offen ist zunächst, ob die Bahn - im Hinblick auf ihre Eigenschaft als Verwaltungsträger und zumal sie in § 1 BbG als ein nichtrechtsfähiges Sondervermögen bezeichnet wird - überhaupt eine eigene materielle Position im Tarifverfahren innehat und ihr damit - als prozessuale Konsequenz hieraus - Rechtsschutzmöglichkeiten gegen die Tarifgenehmigung zustehen. Ihre Stellung im Tarifverfahren bedarf insoweit näherer Klärung.

Sodann ist die Rechtsnatur der Genehmigung als Verwaltungsakt fraglich.[265] Da jedoch für die Inanspruchnahme verwaltungsgerichtlichen Rechtsschutzes das Vorliegen eines materiellen Interessenkonflikts grundsätzlich[266]

---

264 Vgl. unten 2.Teil 2.Kapitel B.

265 Vgl. etwa Goltermann, EVO, II 3 d zu § 6 AEG

266 Vgl. näher hierzu unten 2.Teil 2.Kapitel

notwendige und hinreichende Bedingung ist und insbesondere die Verwaltungsaktqualität der angegriffenen Maßnahme als solche nicht über die Zulässigkeit des Rechtsschutzes (wenn auch maßgeblich über dessen Form) entscheidet,[267] sei die problematische Qualifizierung der Tarifgenehmigung im Falle der DB nachfolgend nicht weiter vertieft. Auch unter Berücksichtigung der Eigenschaft der Bahn als Verwaltungsträger spricht - angesichts der gegebenen Verselbständigungen der Bahn[268] - jedoch vieles für die Bejahung der Außenwirkung, d.h. eines Verwaltungsaktes im Sinne des § 35 VwVfG und damit auch im Grunde für die Bejahung der Rechtsschutzmöglichkeit.

Wenn man eine eigene Position der Bahn im Tarifverfahren bejaht, ist schließlich - da Art. 12/14 GG nicht für die Bahn "streiten" - problematisch, ob der materielle Interessenausgleich Eigen-Gemeinwirtschaftlichkeit in Analogie zu den anderen Verkehrsgesetzen vorzunehmen ist mit der Konsequenz, daß im Gesamtergebnis kostendeckende Tarife zu genehmigen wären.

D. Tarifaufsicht und verkehrspolitisches Gesamtkonzept

I. Allgemeines

Die staatliche Einflußnahme auf die Verkehrsmärkte ist nicht auf den Bereich der Tarifgenehmigungstatbestände beschränkt. Letztere bilden vielmehr nur einen sachlich engen Teilbereich eines umfassenden Regulierungsinstrumentariums. Dieser Gesamtkomplex der Verkehrsordnung soll nachfolgend kurz dargestellt werden. Hierbei kann - im Anschluß an Steiner[269] - juristisch wie wirtschaftlich sinnvoll danach differenziert werden, ob der Staat (im weitesten Sinne) die Verkehrsleistungen selbst erbringt oder (nur) die öffentliche Verkehrsinfrastruktur zur Verfügung stellt oder sich schließlich (nur) auf das Setzen der Rahmenbedingungen im Sinne einer Marktordnungspolitik be-

---

267 Völlig unabhängig sind die Komplexe "Verwaltungsaktqualität" und "Zulässigkeit des Rechtsschutzes" freilich nicht, da in einigen Fällen - zu denken ist etwa an die Abgrenzung Innen- Außenrecht - ein Verwaltungsakt nur bei der Verletzung einer eigenen Rechtsposition bejaht wird. In solchen Fällen wird mit der Anerkennung eines Verwaltungsaktes zugleich positiv über die Rechtsschutzmöglichkeit entschieden. Maßgeblich für letztere ist indes nicht die formale Betrachtung (Vorliegen eines Verwaltungsaktes), sondern die materielle.

268 Vgl. hierzu etwa die Auflistung bei Finger,H.J., BbG, 5 zu § 1 sowie unten 2.Teil 2.Kapitel

269 Steiner, U., Verkehr, Rdnr. 2 ff.

schränkt.[270] Diese drei genannten Schwerpunktbereiche zerfallen ihrerseits in äußerst heterogen strukturierte Regelungskomplexe.

II. Marktordnungspolitik

Tarifgenehmigungen sind dem letztgenannten Bereich zuzurechnen, bilden jedoch innerhalb dessen nur einen sachlich engen Teilausschnitt. Der Katalog des Regulierungsinstrumentariums reicht von Genehmigungsvorbehalten,[271] Kontingentierungen, Auflagen bis hin zu steuerrechtlichen Lenkungsmaßnahmen[272] und Subventionen.[273]

Als primäre Ziele dieser dirigistisch-interventionistischen Politik werden dabei von Steiner[274] die Verwirklichung der Rechtseinheit in der Verkehrsrechtsordnung sowie die Entwicklung und Durchsetzung staatlicher Ordnungsvorstellungen auf den Binnenverkehrsmärkten genannt. Aufgrund der mannigfachen Interdependenzen des Verkehrswesens mit anderen Politikbereichen, wie etwa Wirtschafts-, Raumordnungs-, Landesplanung-, Sozial-, Bevölkerungs-, Verteidigungspolitik usw. wird Verkehrspolitik hierbei nicht isoliert, sondern auch im Hinblick auf ihre Auswirkungen auf die genannten Gebiete betrieben, wie umgekehrt Maßnahmen in diesen Bereichen Rückkoppelungen auf den Verkehrsmarkt induzieren und daher einen Abstimmungsbedarf auslösen. Wegen des hohen Komplexitätsgrades der Wirkungsmechanismen sind diese Interdependenzen freilich schon kaum prinzipiell im Sinne einer Kausalbeziehung belegbar, geschweige denn quantifizierbar. Zu diesem Bündel an (nicht nur genuin-verkehrspolitischen) Zielen tritt die in der Wettbewerbsklausel formulierte Zielvorstellung, nämlich mit dem Ziel bester Verkehrsbedienung für eine Angleichung der Wettbewerbsbedingungen und eine volkswirtschaftlich sinnvolle Aufgabenteilung unter den Verkehrsträgern zu sorgen. Diese umfassend verstandenen Regelungsabsichten spiegeln sich in der erwähnten Breite des Handlungsinstrumentariums wieder.

---

270 Eine andere Differenzierung bringt z.B. Walcher,F., Regulierung, S. 119 ff.. Er unterscheidet zwischen kapazitätspolitischen und preispolitischen Maßnahmen, jeweils mit weiteren Untergliederungen.

271 §§ 2 PBefG, 8 GüKG, 20 LuftVG

272 Z.B. Mineralölsteuer, KM-Pauschalen

273 Z.B. die Subventionen zum öffentlichen Personennahverkehr oder nach § 28 a BbG

274 Steiner,U., Verkehr, Rdnr. 30

Was die praktische Umsetzung dieses Zielkatalogs, d.h. die Implementierung staatlicher Ordnungsvorstellungen auf den Binnenverkehrsmärkten betrifft, so bekommt die staatliche Politik freilich in der Beurteilung durch die Literatur - soweit ersichtlich - durchweg schlechte Noten.[275] Dagegen wird man die Realisierung des weiteren Zieles, nämlich die Sicherung der Rechtseinheit in der Verkehrsrechtsordnung - jedenfalls für den Binnenverkehrsbereich - als gelungen anzusehen haben.

III. Infrastrukturpolitik

Was die zweite Funktion des Staates im Rahmen des Verkehrsbereichs, d.h. Bau und Unterhaltung der Verkehrswege, betrifft, so wird dies traditionell als Aufgabe der öffentlichen Verwaltung angesehen,[276] nicht zuletzt deswegen, weil die öffentliche Verkehrsinfrastruktur die faktische Grundlage für wichtige Formen der Grundrechtsausübung schafft.[277] Die Kompetenz zur Vorhaltung des Verkehrswegesystems wird dem Staat für die einzelnen Verkersträger regelmäßig[278] schon durch das Grundgesetz und die hierauf ergangenen Gesetze verliehen.[279]

---

275 So bemängelt z.B. Walcher, F., Regulierung, S. 174 die (v.a. durch die Wettewerbsklausel statuierte - Anm. d. Verf.) Verkehrsträgerbezogenheit und den weitgehend reaktiven, auf den Schutz bestimmter Verkehrsträger ausgerichteten Charakter der Verkehrspolitik sowie ihre fehlende Koordination mit anderen Politikbereichen.

Storsberg, G., ZfVerkWiss 1974, S. 127, stellt gleichermaßen ironisch wie resümierend-resignierend fest, daß es einer gewissen Glaubensbereitschaft beim Betrachter bedürfe, um "Anzeichen einer verkehrspolitischen Systematik zu erkennen." (Storsberg, G., a.a.O., S. 127)

Der Kronberger Kreis schließlich stellte in einem Gutachten aus dem Jahre 1982 (nicht nur im Hinblick auf den Verkehrsbereich) fest: "Überall, wo Marktordnungen gelten, herrscht Unordnung und nicht Ordnung des Marktes". (zitiert nach Richter, K., ZfVerkWiss 1987, S. 32)

276 Bartlsperger, R., Bundesfernstraßen, S. 11 ff.; Steiner, U., Verkehr, Rdnr. 20

277 Steiner, U., Verkehr, Rdnr. 21

278 Einzige Ausnahme hiervon ist die Zivilluftfahrt. Mangels einer grundgesetzlichen Kompetenzvorschrift werden Flughäfen i.d.R. in privatrechtlichen Formen, wobei die öffentliche Hand regelmäßig die eindeutige Kapitalmehrheit innehat. Vgl. Lange, K., Verkehr, S. 299 m.w.N.; v.Münch, I., in: v.Münch, GG III, Art.87 d, Rdnr.3

279 Zu den einzelnen Regelungen sowie zu anderen, d.h. nicht kompetenzrechtlichen Aspekten des Grundgesetzes, die für den Verkehrswegebau von Relevanz sind vgl. Steiner, U., Verkehr, Rdnr. 22 ff..

Die Infrastrukturpolitik, d.h. die Festlegung von Kapazität und Qualität der Verkehrswege durch den Staat sowie deren Bereitstellung steht mit der oben dargestellten Marktordnungspolitik in engem Zusammenhang. So leuchtet es ohne weiteres ein, daß Wettbewerbsposition und Entwicklungsmöglichkeiten der einzelnen Verkehrszweige durch die zur Verfügung gestellte Infrastruktur wesentlich präjudiziert werden. Die Verknüpfung beider Bereiche ist daher sinnvoll, um eine Konterkarierung einzelner Maßnahmen zu vermeiden. In der Realität fehlt es jedoch mitunter an der gebotenen Harmonisierung beider Bereiche. So beruht die nachteilige Wettbewerbssituation der Deutschen Bundesbahn, deren Verbesserung (fast schon traditionell) ein Hauptanliegen der Marktordnungspolitik ist, wesentlich - aber nicht nur[280] - auf der unterschiedlichen Anlastung der Wegekosten. Während Bau und Unterhaltung des Schienennetzes der Deutschen Bundesbahn dem Sondervermögen "Deutsche Bundesbahn" auferlegt werden, wurden bzw. werden die Kosten für die ehrgeizigen Ausbauprogramme der Straßen- und Wasserwege dem allgemeinen Staatshaushalt auferlegt.

IV. Verkehr in öffentlicher Trägerschaft

Zu erwähnen ist schließlich noch die dritte Funktion, die der Staat (im weitesten Sinne) im Rahmen des Verkehrs übernimmt, nämlich die Erbringung von Verkehrsleistungen in eigener Regie durch den Staat selbst. Hauptanwendungsfall hierfür ist die Deutsche Bundesbahn, deren öffentliche Trägerschaft schon grundgesetzlich durch Art. 87 Abs. 1 GG vorgegeben ist. Daneben beinhaltet Art. 28 Abs. 1 GG einen Kompetenztitel für die Kommunen zum Anbieten von Verkehrsleistungen im Rahmen des öffentlichen Personennahverkehrs.[281] Im übrigen ist eine Engagement der öffentlichen Hand

---

280 Vgl. Lange,K., Verkehr, S. 84 ff.; BT-Drucks. IV/840, S. 64 ff.; Oeftering,H.M., Verwaltung 70, S. 448 ff.

281 Wobei hier grundsätzlich eine freiwillige Aufgabe vorliegt. Zu den wenigen Ausnahmen, in denen eine Pflichtaufgabe gegeben ist vgl. Fromm, G., Städtische Verkersunternehmen, A II, S. 344 ff.. Zu wirtschaftlichen Aspekten des öffentlichen Personennahverkehrs vgl. etwa Oettle,K., Verkehr, S. 259 ff. Im Unterschied hierzu hat Art. 87 Abs.1 GG auch einen aufgabenrechtlichen Gehalt, d.h. er verpflichtet den Bund zum Betrieb der Deutschen Bundesbahn, vgl. Schmidt-Aßmann,E./Fromm,G., Deutsche Bundesbahn, S. 56 ff., 66 ff., 88 ff..

als Verkehrsunternehmer durch das Grundgesetz nicht geboten, aber auch nicht verboten, das Grundgesetz ist insoweit "trägerneutral".[282]

V. Zusammenfassung

In der dargestellten mannigfachen Einflußnahme des Staates auf die Verkehrsordnung spiegelt sich die global verstandene Verantwortung des Staates für den Verkehr wieder. Plausibel wird das staatliche Interesse an der Verkehrswirtschaft aufgrund ihrer wirtschaftlichen Eigenarten.[283] Verkehrsdienstleistungen dienen nicht nur der Befriedigung von Konsumbedürfnissen, d.h. sie werden nicht nur um ihrer selbst willen nachgefragt, sie stellen vielmehr darüberhinaus eine unverzichtbare Voraussetzung jeder Arbeitsteilung und jedes funktionsfähigen Marktes dar. Ohne den Transport von Gütern, Personen und Nachrichten wäre eine marktmäßige Interaktion, eine Produktion und Verteilung von Gütern nicht möglich. Qualität und Quantität der Verkehrsleistungen determinieren bzw. begrenzen so die gegebene bzw. erreichbare Arbeitsteilung einer Wirtschaft und die Leistungsfähigkeit der meisten[284] übrigen Märkte. Schließlich ist der Verkehr von existentieller Bedeutung für die soziale, gesellschaftliche, föderative,[285] und staatliche Integration und Kommunikation sowie für die staatliche Machtausübung.[286] Diese Multifunktionalität begründet nach weitverbreiteter Auffassung die Einzigartigkeit[287] und die herausgehobene Stellung der Verkehrswirtschaft und erfordert deren staatliche Steuerung.[288]

---

282 Steiner, U., Verkehr, Rdnr.9

283 Zur nachfolgenden "Trilogie" der Verkehrsfunktionen vgl. ausführlich Voigt, F., Verkehr, Band I/1, S. 7 ff.

284 Wenn man auch die Nachrichtenübermittlung in die "Verkehrswirtschaft" einbezieht, wird man wohl sagen dürfen: *aller* übrigen Märkte.

285 Steiner, U., Verkehr, Rdnr. 1 charakterisiert die Verkehrswege in diesem Zusammenhang als "Lebensadern eines föderativ gegliederten Staatswesens".

286 Walcher, F., Regulierung, S. 84, meint zum letztgenannten Aspekt lakonisch: "Ohne Verkehrssystem gäbe es keinen Staat."

287 Über die genannten Funktionen des Verkehrs besteht in der wirtschaftswissenschaftlichen Diskussion weitgehend Einigkeit. Sehr kontrovers wird dagegen die Frage beurteilt, ob es sich hierbei um spezifische, nur der Verkehrswirtschaft zukommende Eigenarten handelt, welche die Verkehrswirtschaft von allen anderen Wirtschaftszweigen unterscheidet. Zu diesem Streit um die Besonderheiten des Verkehrs vgl. etwa Walcher, F., Regulierung, S. 85 ff.

Vor diesem Hintergrund erscheint es nur legitim, daß die elementaren Grundzüge der Verkehrsrechtsordnung durch die Verfassung selbst vorgegeben werden. Das Grundgesetz hat insoweit eine "maßstabsbildende Funktion".[289] Es weist dem Bund nicht nur Leitungs- und Leistungsfunktionen zu, sondern räumt ihm auch ein entsprechend hohes staatsrechtliches Durchsetzungsvermögen ein.[290] Bezogen auf den Verkehrsbereich ist etwa auch die Organisationsform der Verkehrsträger verfassungsrechtlich determiniert. So wird das bestehende Verwaltungsmonopol für die Bundesbahn durch Art. 87 Abs.1 GG vorgeschrieben. Die Begründung seiner Zulässigkeit braucht daher - angesichts des Verfassungsrangs des Art. 87 GG - nicht auf eine Aktualisierung der Schrankenproblematik im Rahmen des Art. 12 GG[291] zu rekurrieren, obwohl die Betätigung als Eisenbahnunternehmer einen Beruf im Sinne des Art. 12 GG darstellt.[292] Unabhängig davon wurde von der Rechtsprechung[293] in anderem Zusammenhang mittlerweile die Erhaltung des Bestandes, der Funktionsfähigkeit und der Wirtschaftlichkeit der DB als überragend wichtiges Gemeinschaftsgut anerkannt, welches daher eine objektive Zulassungsbeschränkung legitimiere. Was die anderen Verkehrsträger bzw. Verkehrsunter-

---

m.w.N.; Werner, M., Regulierung, S. 154 sowie die dort in Fußn. 100 angegebene Literatur. M.E. hat die These von den Besonderheiten des Verkehrs angesichts der hier genannten dritten Funktion, d.h. den Beziehungen zwischen der Verkehrsordnung und der globalen wirtschaftlichen und gesellschaftlichen Entwicklung, vieles für sich.

Hiervon sollte man die weitere Frage unterscheiden, ob bzw. in welcher Weise - bei Bejahung der Besonderheiten - das allgemein geltende Recht ein adäquates Verkehrsregime darstellt oder inwieweit ein spezifisches wirtschafts- und wettbewerbspolitisches Instrumentarium nötig wird.

Wiederum auf einer anderen Ebene liegt die Frage, ob *betriebswirtschaftliche* Besonderheiten des Verkehrs bestehen. Den Versuch, solche Eigentümlichkeiten hinsichtlich der betrieblichen Leistungserstellung nachzuweisen, wird man als gescheitert ansehen müssen. Die vermeintlichen "Besonderheiten" kommen - je für sich genommen - auch in zahlreichen anderen Wirtschaftszweigen vor, wenngleich die Gesamtheit der Eigentümlichkeiten nur für die Verkehrswirtschaft typisch sein mag (Vgl. etwa Storsberg,G., Verkehrsreform, S. 163 ff., 176).

288 Vgl. zur Diskussion um die Legitimation der Regulierung unten E.

289 Steiner, U., Verkehr, Rdnr. 5

290 Steiner, U., Verkehr, Rdnr. 5

291 A.A. ist für den konkreten Fall des § 4 Abs.2 AEG (Neubau von öffentlichen Eisenbahnen) Badura,P., a.a.O., S.217. Badura sieht hierin ein Problem der Ermittlung der Schranken des Art. 12 GG.

292 Badura, P., Verwaltungsmonopol, S. 217

293 BVerfG, Beschl. vom 14.10.75, BVerfGE 40, 196 (218) (betr. Zulässigkeit der Kontingentierung). Vgl. auch schon oben B.I.1.

nehmen angeht, so wird deren grundsätzlich private Trägerschaft letztlich durch Art. 12 Abs.1 GG vorgezeichnet. Eine Verstaatlichung beruflicher Tätigkeiten ist nach der Rechtsprechung des BVerfG[294] am Grundrecht des Art. 12 Abs.1 GG zu messen. Auch wenn hieraus keine absolute Sperre für die Konstituierung von Verwaltungsmonopolen mit der Folge einer Zementierung des berufsrechtlichen "status quo" ableitbar ist,[295], so wird die Verstaatlichung doch an hohe sachliche Voraussetzungen geknüpft. Insbesondere folgt aus der verfassungsrechtlichen Einbindung, daß die Verstaatlichung gegenüber der bloßen Beschränkung der freien Berufsausübung und Berufswahl notwendig ein subsidiäres Mittel zur Realisierung der öffentlichen Interessen ist. Die Reglementierung geht der Regie vor.[296] Übertragen auf die privaten Verkehrsunternehmen hat man daher deren privatrechtliche Organisationsstruktur als verfassungsfest anzusehen, da bzw. solange der staatliche Gemeinwohlauftrag über eine Regulierung realisiert werden kann.

Dieser herausgehobenen, verfassungsrechtlich fundierten Stellung der Verkehrswirtschaft angemessen bejaht auch die Rechtsprechung ein "überragendes Interesse der Allgemeinheit an einem geordneten und wirtschaftlich gesunden Verkehrswesen"[297] und hier insbesondere an der Preisgestaltung im Verkehrsgewerbe.[298]

Die Zukunft wird zeigen, inwieweit die dargestellte, kontrollierte Verkehrsordnung modifiziert werden muß. Die Schaffung des gemeinsamen europäischen Marktes bedingt eine zunehmende Europäisierung der Verkehrsströme. Damit verschieben sich die Gewichte zwischen dem innerstaatlichen und dem grenzüberschreitenden Verkehr. Als bloßer Teil eines gesamteuropäischen Marktes ist der deutsche Verkehrsmarkt in zu verstärkendem Maße an die ausländischen Märkte anzugleichen und ein kohärenter Gesamtmarkt zu schaffen. Im Rahmen dieser gebotenen Harmonisierung wird eine Auflockerung der gegebenen Regulierung und eine stärkere Akzentuierung marktwirtschaft-

---

294 Urteile vom 4.4.67, BVerfGE 21, 245 (249 ff.); 21, 261 (267); 21, 271 (283). Vgl. hierzu Obermayer,K. / Steiner,U., NJW 69, 1457.

295 Steiner,U., Öffentliche Verwaltung, S. 96

296 Vgl. statt aller Steiner,U., Öffentliche Verwaltung, S. 44 f., 92 ff., 96

297 BVerwG, Urt. v. 28.3.69, BVerwGE 31,359,363

298 BVerwG, Urt. v. 4.5.73, BVerwGE 42, 169 ff.

licher Prinzipien gefordert.[299] Welche Marktordnungsinstrumente im einzelnen von dieser Liberalisierung betroffen sein werden und ob letztere insbesondere die Tarifgenehmigungstatbestände ergreifen wird, läßt sich jedoch bei dem gegenwärtigen Stand der Diskussion noch nicht definitiv abschätzen.[300]

E. Die Diskussion um die Legitimation der Regulierung

In volkswirtschaftlicher Hinsicht steht die Regulierung des Verkehrsmarktes im Widerspruch zu marktwirtschaftlichen Ordnungsprinzipien. Der staatliche Eingriff und damit die Nichtanwendung der marktmäßigen, autonomen Steuerung i.S.d. "Laissez-faire" - Prinzips bedarf einer ökonomischen Legitimation. Neben diesem Legitimationsaspekt bedarf diese Problematik im vorliegenden Zusammenhang der Erörterung, da aus ihr Rüchschlüsse auf die volkswirtschaftliche Bedeutung des Bahndefizits und damit letztlich auch der Tarifgestaltung möglich ist.

In methodischer Hinsicht[301] geht die zeitgenössische Regulierungstheorie üblicherweise vom neoklassischen Modell der vollkommenen Konkurrenz als idealtypischem Zustand und als Referenzmodell aus.[302] Nach dem ersten Hauptsatz der Allokationstheorie ist ein Marktgleichgewicht bei vollkommener Konkurrenz unter bestimmten, hier nicht näher darzustellenden Bedingungen[303] "pareto-optimal".[304] Vor dem Hintergrund dieses Idealzustandes sind Staatseingriffe zunächst weder erforderlich noch wünschenswert.

---

299 Aus der umfangreichen Literatur zu diesem Komplex vgl. etwa Erdmenger, J., ZfVerkWiss 1987, S. 5 ff. und ders., ZfVerkWiss 1988, S. 188 ff.; Richter, K., ZfVerkWiss 1987, S. 27 ff.; Willeke, R., ZfVerkWiss 1987, S. 48 ff.

300 Darauf, daß die zum Teil noch vorhandenen Kontingentierungen europarechtlich bedenklich sind und daher fallen werden, wurde bereits hingewiesen. Vgl. oben B.I.1, m.w.N..

301 Vgl. zum methodischen Vorgehen der Regulierungstheorie auch Willeke,R., ZfVerkWiss 1987, S.48 ff.

302 Zu den damit implizierten Modellannahmen vgl. z.B. Walcher,F., Regulierung, S. 25 ff.

303 Vgl. etwa Walcher,F., Regulierung, S. 25 ff.

304 Dieses, nach Vilfriedo Pareto benannte Optimum beschreibt einen Zustand der Ökonomie, in dem kein Individuum nutzenmäßig besser gestellt werden kann, ohne gleichzeitig den Nutzen eines anderen Individuums zu verschlechtern.

Die Bedingungen, unter denen der Markt zu pareto-optimalen Ergebnissen führt, sind jedoch sehr restriktiv und daher in der Praxis nur auf wenigen Märkten erfüllt. Die normative Theorie des Marktversagens untersucht daher typische Fälle, in denen der Markt die Allokations- und Distributionsfunktion nicht mehr optimal erfüllt und daher "versagt".[305] Daran schließt sich die Frage an, ob das Marktversagen in bestimmten Wirtschaftszweigen regelmäßig auftritt und daher branchenspezifisch ist sowie die Problematik, ob durch staatliche Eingriffe u.U. gesamtwirtschaftlich bessere Ergebnisse erzielbar sind.[306]

Bezogen auf den Verkehrsbereich ist die Frage nach dem Marktversagen ein Dauerhit der finanzwissenschaftlichen Diskussion und so alt wie der staatliche Eingriff selbst. Diese komplexe Problematik kann hier nicht im einzelnen wiedergegeben werden.[307] Zusammenfassend wird man jedoch folgendes festhalten können:

Das Meinungsspektrum zerfällt in zwei Lager. Zu nennen sind zunächst die Vertreter liberaler Konzepte.[308] Sie lehnen die These von den Besonderheiten des Verkehrs ab und verneinen im übrigen auch ein Marktversagen. Das freie Spiel der Kräfte, begrenzt durch das für alle Wirtschaftszweige geltende Wettbewerbsrecht sei auch im Verkehrsbereich zur Erzielung optimaler Ergebnisse hinreichend. Die positiven Effekte des Wettbewerbs ließen sich nicht durch ein staatliches Regime imitieren.

Dieser Auffassung stehen die Regulierungsbefürworter gegenüber. Sie behaupten vor allem, daß die Voraussetzungen, unter denen die vollkommene Konkurrenz zu einem pareto-optimalen Zustand führt, für den Bereich der

---

305 Wobei "Marktversagen" je nach verwandtem Wettbewerbskonzept nicht nur in diesem statischen Sinne als Abweichen von der optimalen Allokation verstanden werden kann, sondern auch im Falle eines dynamischen Wettbewerbsverständnisses als Fehlsteuerung der Marktkoordination, d.h. des Verhaltens der Marktteilnehmer verstanden werden kann, vgl. Werner,M., Regulierung, S.129.

306 Letzteres wird z.B. von der mittlerweile entwickelten "Theorie des Staatsversagens" verneint. Danach ist das staatliche Eingreifen mit noch größeren Ineffizienzen verbunden als die - wenn auch nur suboptimale - Lösung, zu der der Marktprozeß führen würde.

307 Vgl. hierzu etwa Werner,M., Regulierung, S. 44 ff.; Walcher,F., Regulierung, S. 23 ff. jeweils m.w.N..

308 Z.B. Werner,M., Regulierung, S. 44 ff.,128 ff. sowie die bei Walcher,F., Regulierung, auf S.81 in Fußnote 2 genannten Autoren. Dezidiert in diesem Sinne auch der Bericht über die Deutsche Bundesbahn vom 30.1.60 - sog. Brandgutachten - BT-Drucks. IV/840, S. 46 ff.

Verkehrswirtschaft nicht erfüllt seien. So bestünden im Verkehrsbereich natürliche Monopole[309] (vor allem im Eisenbahnverkehr bei nicht vollständiger Auslastung der Strecke)[310], sowie zahlreiche externe Effekte,[311] welche einen Staatseingriff legitimieren würden. Auch seien die meisten Verkehrsleistungen,[312] vor allem die Verkehrsinfrastruktur Kollektivgüter,[313] welche nur bei staatlicher Versorgung in ausreichendem Maße zur Verfügung gestellt würden. Schließlich käme es ohne Regulierung zu sog. ruinöser Konkurrenz.[314]

Zu dieser Problematik sei hier nur festgestellt, daß die soeben erwähnten Phänomene vom theoretischen Standpunkt aus eine Regulierung rechtfertigen. Auch an ihrem Vorhandensein in der Realität wird man vernünftigerweise nicht zweifeln können. Augenfällig sind z.B. die durch den Verkehr hervorgerufenen externen Effekte. welche nicht über den Markt gesteuert werden. Als solche externen Effekte sind die Luftverschmutzung, Boden- und Wasserbelastungen sowie Lärm- und Unfallschäden zu nennen. Nach neueren Berechnungen belaufen sich diese externen Kosten des Verkehrs (ohne Luft- und Seeverkehr) für das ehemalige Bundesgebiet auf den astronomischen Betrag

---

309 Ein natürliches Monopol ist dadurch gekennzeichnet, daß die Durchschnittskostenkurve im gesamten Produktionsbereich bis zur nachgefragten Menge fällt. Eine gesamtwirtschaftlich optimale Preisbildung, nach der der Preis in Höhe der Grenzkosten festzusetzen wäre, führt in einem solchen Falle zu Defiziten, welche von private Unternehmensträgern nicht akzeptiert werden. Eine privatwirtschaftliche Organisationsform führt daher zu einer monopolistischen und daher gesamtwirtschaftlich unerwünschten Preis- und Mengenpolitik. Folglich ist ein staatliches Intervenieren gerechtfertigt.

310 Müller,J., Privatisierung, S. 325

311 Hierunter versteht man "Einflüsse, die durch die Aktivität einer Wirtschaftseinheit (Konsument oder Produzent) auf andere Wirtschaftseinheiten ausgeübt werden, ohne daß diese Einflüsse über einen Preismechanismus gesteuert werden". Siehe Schlieper,U., "Externe Effekte" in HdWW, Band II, Stuttgart 1980, S.524. Der marktwirtschaftlich zustandekommende Preis bedarf daher einer Korrektur. Als wohl wichtigster Fall von (negativen) externen Effekten ist die Umweltverschmutzung zu nennen. Vgl. zu den externen Effekten im Verkehr auch Oettle,K., Verkehr, S. 30 ff. sowie Dogs,E., u.a., DB 91, 39 ff..

312 Vgl. Walcher, F., Regulierung, S. 51 ff.

313 Ein Kollektivgut ist durch die Nichtrivalität im Konsum gekennzeichnet, d.h. eine einmal produzierte Menge eines solchen Gutes kann gleichzeitig von mehreren Konsumenten genutzt bzw. verbraucht werden.

314 Vgl. zu diesem sehr str. Konzept statt aller Werner, M., Regulierung, S. 150 ff. m.w.N..

von mindestens 37 Milliarden Mark (!) pro Jahr.[315] Auch wenn solche Schätzungen vielfache Quantifizierungsprobleme in sich bergen (der wirkliche Betrag der externen Kosten dürfte noch wesentlich höher liegen), so resultiert hieraus eine Fehlsteuerung der Märkte in einem riesigem Ausmaß. Eine volkswirtschaftlich effiziente Marktsteuerung ließe sich über eine Internalisierung dieser externen Kosten erreichen, indem die Kosten auf die jeweiligen Verursacher abgewälzt würden. Eine weitere Problematik rührt daher, daß nicht nur das Gut "Verkehr" als solches zu billig ist (externe Kosten fallen bei allen Verkehrsträgern an), vielmehr sind die externen Kosten in höchst unterschiedlicher Weise auf die einzelnen Verkehrsträger verteilt. So verursacht die Bahn im Vergleich zum Straßenverkehr wesentlich niedrigere externe Kosten. Übertroffen wird sie in dieser Hinsicht nur noch von der Binnenschiffahrt.[316] Eine verursachergerechte Anlastung der Umweltschäden ist somit nicht nur ein umweltpolitischer Imperativ, sondern auch eine zwingendes Gebot aus der (unter anderem) im Wettbewerbsparagraphen verankerten Verpflichtung des Gesetzgebers zur Wahrung der Wettbewerbsgleichheit. So gehen neuere Berechnungen davon aus, daß bei einer vollständigen Internalisierung der externen Kosten die Deutsche Bundesbahn ihr Defizit im Güterverkehr ausgleichen könnte.[317] Ein Mittel zur Verminderung dieser Wettbewerbsverzerrung wäre etwa auch eine drastische Erhöhung der Mineralölsteuer,[318] deren Erhebung zwar als Nebenzweck auch der Korrektur von externen Effekten dienen mag - auch wenn man hiervon angesichts der Bedeutung des fiskalischen Zwecks zweifeln kann -, die jedoch die erhebliche Abweichung des Benzinpreises von dem volkswirtschaftlich "richtigen" Preis nicht beseitigt.

Neben der genannten Problematik der externen Effekte stehen etwa auch die Kollektivgütereigenschaft des Straßennetzes und damit die Legitimation als auch die Notwendigkeit der staatlichen Vorhaltung desselben außer Streit.

---

315 Dogs,E., u.a., DB 91, S. 42 m.w.N. zu den einzelnen Untersuchungen

316 Vgl. Dogs,E., u.a., a.a.O., S. 42 ff.

317 Planco Consulting GmbH, zitiert nach Dogs,E., u.a., a.a.O., S. 45

318 Nach Berechnungen des Heidelberger Umwelt- und Prognoseinstituts müßte der Benzinpreis auf 6 (!) DM pro Liter angehoben, um eine verursachergerechte Deckung aller Kosten zu gewährleisten. Der Automobilverkehr allein wird danach mit 215 Milliarden DM jährlich subventioniert (vgl. den Artikel "Autos mit 215 Milliarden DM jährlich subventioniert" SZ vom 18.9.91, S. 40

Wichtiger als diese originär-ökonomischen Argumente ist jedoch wohl ein anderer Aspekt. Wie schon erwähnt,[319] wurde die Verkehrspolitik seit jeher zur Verfolgung übergeordneter gesellschaftlicher, staatspolitischer und wirtschaftlicher Ziele, mithin als Medium allgemeiner Politik verwandt.[320] Angesichts der existentiellen Bedeutung des Verkehrswesens für Staat und Gesellschaft erfolgt die Regulierung nicht nur "um des Verkehrs" willen, sondern auch - wenn nicht sogar überwiegend - aus verkehrsfremden Gründen.[321] Wegen der Multifunktionalität des Verkehrs[322] ist er zur Erfüllung dieser komplexen politischen Lenkungsaufgaben prädestiniert und nimmt gegenüber anderen Wirtschaftsbereichen eine besondere Stellung ein.[323] Diese Eignung als Instrument staatlicher Politikimplementierung ließ ihn seit jeher zum Objekt staatlichen Regulierungsinteresses werden. Diese genuin politische Intention der Regulierung wird man daher - unabhängig von der ökonomischen Rechtfertigung - als Legitimationsgrund anzuerkennen haben. Angesichts des Auftrags und der Pflicht des Staates, Politik zu betreiben, wird man daher nicht - etwa wegen "Mißbrauchs" der Verkehrswirtschaft zur Erreichung verkehrsfremder Ziele - die Legitimation als solche leugnen können, sondern allenfalls die Frage aufwerfen können, ob der Staat nicht andere, tauglichere und sachnähere Mittel zur Realisierung der verkehrsfremden, politischen Ziele zur Verfügung hat. Die Wahl des Mittels ist freilich eine im politischen Gestaltungsspielraum stehende Zweckmäßigkeitsfrage, die sich der Anlegung von rechtlichen Maßstäben entzieht.[324]

---

319 Vgl. oben D II.

320 Vgl. etwa die Darstellung der Ziele der Verkehrsrechtsordnung bei Lange,K., Verkehr,S. 43 ff.

321 Belege hierfür sind - im Tarifbereich - die in den Tarifgenehmigungstatbeständen enthaltenen Gemeinwohlklauseln sowie für den Fall der Deutschen Bundesbahn § 14 Abs.3 S.2 BbG, wonach die Genehmigung für die in § 14 Abs.3 BbG genannten Maßnahmen versagt werden kann, wenn diese Maßnahmen den Grundsätzen der Politik, vor allem der Verkehrs-, Wirtschafts-, Finanz- und Sozialpolitik, nicht Rechnung tragen.

322 Vgl. hierzu schon oben D V..

323 Dagegen scheiterte der Versuch, betriebswirtschaftliche Besonderheiten des Verkehrs nachzuweisen. Die hierzu gebrachten Beispiele lassen sich auch in anderen Bereichen finden, vgl. zu dieser Diskussion Walcher,F., Regulierung, S. 85 ff.; Werner,M., Regulierung, S. 154 ff.

324 Die Frage ist streitig. Vgl. zur Diskussion etwa Most,O., Gutachten, S. 14 m.w.N..

Speziell im Hinblick auf die Deutsche Bundesbahn ist noch auf ein anderes Ergebnis der volkswirtschaftlichen Diskussion hinzuweisen.[325] Es entspricht gesicherter Erkenntnis, daß die finanziellen Zuwendungen an die Deutsche Bundesbahn nicht mit den durch sie verursachten gesamtwirtschaftlichen Kosten übereinstimmen.[326] Aus volkswirtschaftlicher Sicht ist eine Ausgleichszahlung für positive externe Effekte und damit eine Subventionierung des umweltfreundlichen Verkehrsmittels Bahn[327] aus Effizienzgründen geboten. Gleiches gilt, wenn und soweit für einzelne Strecken natürliche Monopole vorliegen. In einem solchen Falle führt eine gesamtwirtschaftlich optimale Preisbildung (wonach der Preis in Höhe der Grenzkosten festzusetzen ist) zu Defiziten, welche vom Staat auszugleichen sind. Ein finanziell ausgeglichenes Ergebnis läßt sich nur unter Aufgabe des Effizienzzieles erreichen. Aus diesem Grunde verbietet sich denn auch eine privatwirtschaftliche Organisationsform. Eine solche würde, um einen Gewinn zu erzielen, zu einer Preiserhöhung und zu einer Reduzierung des Angebots, mithin zu einer monopolistischen und daher gesamtwirtschaftlich unerwünschten Preis- und Mengenpolitik führen. Eine volkswirtschaftlich effiziente Preisstruktur läßt sich m.a.W. nur durch eine staatliche Intervention und durch die Übernahme des Defizits durch den Staat erreichen.

Aus den genannten Gründen - wobei dem Problemkreis "externe Effekte" in der politischen und wissenschaftlichen Diskussion die größere Bedeutung zugemessen wird und dies nach seinem quantitativen Gewicht wohl auch gerechtfertigt erscheint - kann aus einem Defizit der Deutschen Bundesbahn auch nicht zwangsläufig auf ein Mismanagement geschlossen werden. Das Defizit kann stattdessen auch das Ergebnis einer gesamtwirtschaftlich rationalen Preisbildung sein. Umgekehrt gibt es freilich auch Gründe, die nahelegen, daß der ökonomische Verlust der Deutschen Bundesbahn größer als ihr ausgewiesenes Defizit ist. Zu nennen sind hier insbesondere überhöhte Produktionskosten, Preisverzerrungen durch regulative Eingriffe sowie die hieraus resultierenden dynamischen Ineffizienzen.[328]

---

[325] Zum Nachfolgenden vgl. statt aller Müller,J., Privatisierung, S. 309 ff.

[326] Ein solches Übereinstimmen wäre purer Zufall. Vgl. sofort im Text.

[327] Beispiele für positive externe Effekte der Bahn finden sich bei Müller,J., Privatisierung, S.325.

[328] Vgl. hierzu ausführlich Müller,J., Privatisierung, S. 316 ff.. Zur Klarstellung sei darauf hingewiesen, daß "außerordentliche Erträge" im Sinne der bilanziellen Gewinnermittlungsvorschriften nicht hierunter fallen.

Als Quintessenz kann somit festgehalten werden, daß zum einen die rein monetäre Größe des Bahndefizits[329] nicht mit den volkswirtschaftlichen Kosten der Deutschen Bundesbahn übereinstimmt - ein Aspekt, dem in der öffentlichen Diskussion leider nicht die ihm gebührende Aufmerksamkeit geschenkt wird -, zum anderen nur letztere für politische Entscheidungen bzgl. der Deutschen Bundesbahn herangezogen werden sollten.[330]

329 Gleiches würde auch für einen Gewinn gelten.

330 Die rechnerische Erfassung dieser Korrekturbeträge ist freilich sehr schwierig, da sie anders als die buchhalterische Größe "Defizit" bzw. "Gewinn" in keiner Kostenrechnung erscheinen und quasi "unsichtbar" - aber gleichwohl existent ! - sind, vgl. Müller,J., Privatisierung, S.326.

2. Teil

Rechtsschutzmöglichkeiten der Deutschen Bundesbahn im Tarifgenehmigungsverfahren

1. Kapitel

Die Stellung der Deutschen Bundesbahn als nichtrechtsfähiges Sondervermögen und die Frage des Klagerechts

Die Verwaltungs- und Organisationsstruktur der Deutschen Bundesbahn wird verfassungsrechtlich durch Art. 87 Abs.1 GG vorgegeben[1] und - verfassungskonform[2] - durch §§ 1,2 BbG näher konkretisiert. Nach § 1 BbG verwaltet die Bundesrepublik Deutschland unter dem Namen "Deutsche Bundesbahn" das Bundeseisenbahnvermögen als nicht rechtsfähiges Sondervermögen mit eigener Wirtschafts- und Rechnungsführung. Gem. § 2 Abs.1 BBG kann die Deutsche Bundesbahn im Rechtsverkehr unter ihrem Namen handeln, klagen und verklagt werden.

Soweit in der Literatur bisher die Frage der Rechtsschutzmöglichkeiten der Deutschen Bundesbahn gegenüber dem Staat überhaupt erörtert wird, wird durchwegs an diese Organisationsstruktur angeknüpft und hieraus auf das

---

1 Dazu, daß Art. 87 Abs.1 GG nach der h.M. neben einem zuständigkeits- und aufgabenrechtlichen Gehalt auch einen organisationsrechtlichen Inhalt aufweist, vgl. etwa Schmidt-Aßmann,E./Fromm,G., Deutsche Bundesbahn, S. 99 ff., 106 ff. sowie das Urteil des BVerfG vom 12.1.83, BVerfGE 63,1 (33). Mit der Entscheidung des BVerfG ist die frühere Meinung, welche einen organisationsrechtlichen Gehalt des Art. 87 Abs.1 GG ablehnte, wohl überholt.

2 Schmidt-Aßmann,E./Fromm,G., Deutsche Bundesbahn, S.106 ff.; Steiner,U., Verkehr, Rdnr.11; Maunz,T., in: Maunz/Dürig/Herzog, Grundgesetz, Rdnr. 30 ff, 40 ff zu Art. 87; vgl. auch noch unten 2.Kapitel, B VI.

Fehlen verwaltungsgerichtlicher Klagemöglichkeiten geschlossen. Dabei lassen sich zwei Varianten in der Argumentationslinie feststellen.

Durchgängig findet sich die These, wonach schon wegen der Organisation als nicht rechtsfähiges Sondervermögen verwaltungsrechtliche Klagemöglichkeiten ausscheiden: "Da die Deutsche Bundesbahn ein Teil der Bundesverwaltung ohne eigene Rechtspersönlichkeit ist, kann sie - vorbehaltlich etwaiger besonderer gesetzlicher Regelungen - gegen den Bund nicht klagen und auch von einer anderen Bundesverwaltung ... nicht verklagt werden."[3] [4] Im gleichen Sinne geht Püttner davon aus, daß wegen der fehlenden Rechtspersönlichkeit die allgemeinen Gerichte nicht anrufbar seien.[5] Nach Wolff/Bachof/Stober ist die Teilrechtsfähigkeit der Deutschen Bundesbahn auf das Außenverhältnis gegenüber Dritten (im Gegensatz zum Innenverhältnis gegenüber dem Anstaltsträger) sowie auf die vermögensrechtliche Komponente beschränkt.[6] Böckenförde spricht von einer "*verwaltungs*rechtlichen Unselbständigkeit der Deutschen Bundesbahn".[7]

Die dargestellten Meinungen stimmen darin überein, daß sie die *materielle* Position der Deutschen Bundesbahn gegenüber dem Anstaltsträger Staat als durch ihre Organisationsstruktur - vom Gesetz als "nicht rechtsfähiges Sondervermögen" qualifiziert - präjudiziert ansehen.

---

3 Finger,H.J., BbG, 1 c zu § 2 BbG

4 Vgl. etwa auch Storsberg,G., Verkehrsreform, S. 61. Nach Storsberg ist die Bundesbahn mangels Rechtsfähigkeit mit dem Bund identisch. Infolgedessen sei die Genehmigung von Tarifanträgen der Bundesbahn ein verwaltungsinterner Vorgang und kein Verwaltungsakt. Das bedeute wiederum, so Storsberg, daß die Versagung einer Genehmigung verwaltungsgerichtlich nicht angefochten werden könne, da die deutsche Rechtsordnung den "Insichprozeß" nicht kenne. Storsbergs Auffassung ist nicht nur ein "Musterbeispiel" für den Schluß von der fehlenden Rechtsfähigkeit auf das Fehlen von Rechtsschutzmöglichkeiten, Storsberg ignoriert vielmehr mit dieser undifferenzierten Sichtweise die Eigenschaft als Sondervermögen im Ergebnis vollständig, obwohl er selbst diese Eigenschaft jedenfalls dem Wortlaut nach ausdrücklich anerkennt.

5 Püttner,G., Öffentliche Unternehmen, S.138, Fußnote 70. Die Aussage erfolgt zwar im Zusammenhang mit dem Verfahren nach § 28a BbG, die These soll aber offensichtlich darüberhinaus allgemeine Geltung beanspruchen. An anderer Stelle (S.232 f.) räumt Püttner der Deutschen Bundesbahn zwar eine gewisse "Teilrechtsfähigkeit" ein, verneint ein Klagerecht aber im Hinblick auf das in § 28a Abs.2 BbG vorgesehene Einigungsverfahren. Zu dieser Problematik vgl. unten 2. Kapitel B IV.2.

6 Wolff,H.J./Bachof,O./Stober,R., Verwaltungsrecht II, § 98 II 2b

7 Böckenförde,E.-W., Organ, S.305, Fußnote 116 (Hervorhebung v.Verf.)

Ergänzend zu dem Gesagten führt Püttner[8] noch einen weiteren, formellen Aspekt an. Selbst bei Bejahung einer materiellen Rechtsposition sei, so Püttner, hiermit nach der Konzeption der VwGO noch nicht zwangsläufig eine Klagemöglichkeit verbunden, da § 61 VwGO eine Beteiligungsfähigkeit für unselbständige Anstalten gerade nicht vorsehe.[9] Eine ähnliche verwaltungsprozessuale Einschätzung findet sich auch bei anderen Autoren.[10]

Nachfolgend soll dargelegt werden, daß die genannten Auffassungen in überholten Vorstellungen verhaftet bleiben und weder den Begriff der "Rechtsfähigkeit" sachgerecht bestimmen noch den neueren Erkenntnissen über die Möglichkeiten innerorganisationsrechtlichen Rechtsschutzes gebührend Rechnung tragen. Diese beiden Komplexe sollen daher im folgenden zunächst erörtert werden.

A. Die Begriffe "Rechtsfähigkeit" und "Rechtssubjektivität"

Während früher die Begriffe Rechtsfähigkeit und Rechtssubjektivität oftmals synonym verwendet wurden[11] und diese unkritische Gleichstellung die Schlußfolgerung nahelegte, nur rechtsfähige Gebilde könnten Träger von Rechten und Pflichten sein, so ist heute aufgrund eingehender Untersuchungen[12] eine differenziertere Betrachtungsweise vorherrschend. Danach bezeichnet der rechtstheoretische Begriff der "Rechtssubjektivität" die Eigenschaft, Zuordnungssubjekt mindestens eines Rechtssatzes (und damit Träger jedenfalls eines Rechts oder einer Rechtspflicht) zu sein.[13] Demgegenüber bezeichnet der gesetzestechnische Begriff der "Rechtsfähigkeit" die generelle Fähigkeit, Träger von Rechten und Pflichten zu sein.[14] Der Unterschied zwi-

---

8 Püttner,G., Öffentliche Unternehmen, S.232

9 Zur Kritik an dieser Auffassung vgl. unten B. IV.

10 Vgl. hierzu unten B IV.

11 Vgl. etwa die Nachweise bei Bachof,O., Teilrechtsfähige Verbände, S.259, Fußnote 59; Forsthoff,E., Verwaltungsrecht (6.Auflage), S. 403 f. sowie die Kritik hieran bei Bachof,O., a.a.O., S. 265 f.

12 Bachof,O., a.a.O., S. 259 ff.; Fabricius,F., Rechtsfähigkeit, passim.

13 Wolff,H.J./Bachof,O., Verwaltungsrecht I, § 32 III; Löwer,W., Insichprozeß, S.341; Bachof,O., Teilrechtsfähige Verbände, S.259 ff.

14 Vgl. die Nachweise in Fußnote 12

schen beiden Begriffen ist demnach ein rein quantitativer.[15] Die Begriffe verhalten sich zueinander wie zwei konzentrische Kreise[16] bzw. wie die Begriffe Teil- und Vollrechtsfähigkeit.

Weiter ist geklärt, daß mit der Verleihung der "Rechtsfähigkeit" an ein bestimmtes Substrat zwar ein generelles Bündel von Rechten und Pflichten übertragen wird, diese Vollrechtsfähigkeit aber gleichwohl stets eine nur *relative* Rechtsfähigkeit darstellt, da es eine Rechtsfähigkeit im Sinne einer universellen juristischen Rechts- und Pflichtenstellung nicht gibt.[17] Kennt die Rechtsordnung demnach keine globale Vollrechtsfähigkeit, so ist auch jedes rechtsfähige Gebilde denknotwendig in gewissen Beziehungen nicht Rechtssubjekt im Sinne der obigen Definition.[18]

Umgekehrt beinhaltet die Qualifizierung als "nicht rechtsfähig" *nur*, daß eben eine generelle Übertragung von Rechten und Pflichten nicht erfolgt ist. Über eine Rechtssubjektivität im übrigen und damit eine Teilrechtsfähigkeit ist damit noch nichts gesagt. Als "nicht rechtsfähig" im gesetzestechnischen Sinne kommen m.a.W. sowohl Einheiten mit einer beschränkten Fähigkeit, Träger von Rechten und Pflichten zu sein,[19] als auch Einheiten, denen diese Fähigkeit gänzlich abgeht oder die jedenfalls nicht Endsubjekte dieser Zurechnung sind, in Betracht.[20] Klargestellt ist damit weiterhin, daß die Charakterisierung als "nicht rechtsfähig" nicht einen konstitutiven Ausschluß von vorhandenen Rechtspositionen impliziert.

Liefert das Begriffspaar rechtsfähig - nicht rechtsfähig somit nur einen groben Anhaltspunkt, welcher eine einzelfallbezogene Analyse nicht zu ersetzen

---

15 Ossenbühl,F., Verwaltungsvorschriften und Grundgesetz, S.165

16 Löwer,W., Insichprozeß, S.341

17 Vgl. Fabricius,F., Rechtsfähigkeit, v.a. S. 235 ff.

18 Bachof,O., Teilrechtsfähige Verbände, S.264 bestimmt dementsprechend den Umfang des Komplexes von Rechten und Pflichten, welcher auf das rechtsfähige Substrat übertragen wird, als "Differenz zwischen der Summe aller nur denkbaren Rechte und Pflichten und der Summe derjenigen Rechte und Pflichten, die dem jeweiligen Verband aus allgemeinen oder besonderen Gründen ... nicht zukommen".

19 Als "klassischer" Beispielsfall aus dem Zivilrecht können hier die Handelsgesellschaften genannt werden. Wegen der Zuordnung des Vermögens zu den Gesellschaftern (vgl. § 128 HGB) sind diese zwar nicht so weitreichend verselbständigt wie die "rechtsfähige" juristische Person, welche selbst Vermögensträgerin ist. Gleichwohl sind die Handelsgesellschaften gem. § 124 HGB prozeßfähig.

20 Bachof,O., Teilrechtsfähige Verbände, S.270

vermag, so ist die Tendenz verständlich, diesen Dualismus mehr und mehr zu durchbrechen.[21]

Für die Analyse der §§ 1,2 BbG ist schließlich weiter entscheidend, daß sich die Zuerkennung von "Rechtsfähigkeit" durch den Gesetzgeber auf die *privat*rechtliche (Voll-)rechtsfähigkeit beschränkt,[22] d.h. auf die Rechtssubjektivität im "vermögensrechtlichen, haftungsrechtlichen und zivilprozessualen Bereich".[23] Hiervon unabhängig beurteilt sich die Frage der Rechtssubjektivität im öffentlichen Recht,[24] wobei wiederum für einzelne Teilbereiche des öffentlichen Rechts inhaltlich unterschiedliche Begriffe gelten können.[25] In scharfem Kontrast zum Zivilrecht handelt es sich bei der öffentlichrechtlichen Rechtsfähigkeit auch stets nur um eine partielle Rechtsfähigkeit, deren Grenzen aus den einschlägigen Bestimmungen herzuleiten sind.[26]

Die strikte Differenzierung zwischen der öffentlichrechtlichen und der zivilrechtlichen Rechtsfähigkeit[27] wird auch von der Rechtsprechung durchgeführt. So führt das Bundesverwaltungsgericht in der Frachtenausschußentscheidung[28] aus, daß die Rechtsfähigkeit des öffentlichen Rechts weiter reicht als die des bürgerlichen Rechts. Auch bürgerlichrechtlich nicht rechtsfähige Personen- und Sachgesamtheiten können im Verwaltungsrecht als Träger von Rechten und Pflichten auftreten, wobei diese Rechtsfähigkeit meist auf eine bestimmte Rechtsmaterie begrenzt ist.[29] Umgekehrt ist daher auch bei (im gesetzestechnischen Sinne) "rechtsfähigen" Trägern öffentlicher Gewalt nach Auffassung des Bundesverwaltungsgerichts zu prüfen, ob diesen im Hinblick

---

21 Fabricius,F., Rechtsfähigkeit, S.1 ff.

22 Böckenförde,E.-W., Organ, S.304; Bachof, O., Teilrechtsfähige Verbände, S. 266

23 Böckenförde,E.-W., Organ, S.304

24 Böckenförde,E.-W., Organ, S.304; Bachof,O., Teilrechtsfähige Verbände, S.267

25 Bachof,O., a.a.O., S.267 nennt in diesem Zusammenhang den Begriff der steuerlichen Rechtsfähigkeit. Dabei besteht selbst für den (vermeintlich engen) Teilbereich des Steuerrechts kein einheitlicher Begriff der Rechtsfähigkeit. Diese ist vielmehr für jedes einzelne Steuergesetz gesondert zu bestimmen.

26 Wolff,H.J./Bachof,O., Verwaltungsrecht I, § 32 III b; Maurer,H., Verwaltungsrecht, § 21, Rdnr.6

27 Eine Koppelung besteht freilich insoweit, als juristische Personen des öffentlichen Rechts "rechtsfähig", d.h. privatrechtlich vollrechtsfähig sind, vgl. Bachof,O., Teilrechtsfähige Verbände, S.267.

28 Urt. vom 28.3.69, BVerwGE 31,359

29 BVerwG, a.a.O., S. 364

auf den Streitgegenstand nach der Rechtsordnung subjektive Rechte zustehen.[30] Der Begriff der "Rechtsfähigkeit" ist somit für die nähere Bestimmung der verwaltungsrechtlichen Position schlechterdings irrelevant. "Rechtsfähigkeit" impliziert per se keine verwaltungsrechtliche Unabhängigkeit wie umgekehrt derartige materielle Freiräume auch ohne (Voll-)Rechtsfähigkeit existieren können, ja u.U. sogar gefordert sind.[31] Hiermit steht der von Bryde[32] konstatierte empirische Befund in Einklang, wonach es zu fast allen Typen rechtsfähiger verselbständigter Verwaltungseinheiten Parallelerscheinungen ohne (Voll-)Rechtsfähigkeit innerhalb der unmittelbaren Bundes- und Landesverwaltung gibt.

Übertragen auf §§ 1,2 BbG ergibt sich somit folgendes Ergebnis: Die Qualifizierung als "nicht rechtsfähiges Sondervermögen" in § 1 BbG beinhaltet nur die zivilrechtliche Unselbständigkeit der Deutschen Bundesbahn im Verhältnis zum Bund als Anstaltsträger. Die Vorschrift dient der Klarstellung, daß die Bahn in dieser Binnenbeziehung nicht so weitreichend verselbständigt ist wie nach §§ 2,3 BbG im Außenverhältnis, d.h. dem Rechtsverkehr mit Dritten. Sinnvoll ist diese Klarstellung schon im Hinblick auf Art. 87 Abs.1 GG, wonach die Errichtung einer juristischen Person des öffentlichen Rechts mit den ihr regelmäßig eigenen Charakteristika der Selbstverwaltung und einer auf die Rechtsaufsicht begrenzten Staatsaufsicht unzulässig wäre. Eine Aussage über die verwaltungsrechtliche Rechtssubjektivität kann dagegen aus § 1 BbG nicht hergeleitet werden.[33] Diese ist vielmehr aufgrund einer materiellen Analyse des BbG zu beurteilen, nicht dagegen an Hand von begrifflich-konstruktiven Vorgegebenheiten wie etwa der Eigenschaft als "nichtrechtsfähiges Sondervermögen". Der Schluß von dieser Organisationsform auf die

---

30 Urteil vom 10.2.60, BVerwGE 10, 145 (146)

31 Bryde, B.O., Einheit der Verwaltung, S. 193 ff., 214 (Leitsatz 10)

32 Bryde, B.O., Einheit der Verwaltung, S. 194

33 Abzulehnen ist daher die Auffassung von Böckenförde, E.-W., Organ, S.304 f., v.a. Fußnote 116. Böckenförde differenziert zwar zunächst zwischen der zivilrechtlichen und der offentlichrechtlichen Rechtsfähigkeit und erkennt an, daß jede "Teilrechtsfähigkeit, insbesondere im verwaltungs-, ... und intern-organisationsrechtlichen Bereich, ... unabhängig von der sog. vollen Rechtsfähigkeit bestehen" kann (S.304) wie umgekehrt die sog. volle Rechtsfähigkeit nicht notwendig die Selbständigkeit und Teilrechtsfähigkeit im verwaltungsrechtlichen Bereich impliziert (S.305). Die hieraus gezogene Konsequenz, daß die Deutsche Bundesbahn ein nicht rechtsfähiges Sondervermögen mit zivil-, haftungs- und prozessualrechtlicher Selbständigkeit, aber verwaltungsrechtlicher Unselbständigkeit bildet, vermengt jedoch gerade die öffentlichrechtliche mit der zivilrechtlichen Ebene und ist daher unzutreffend.

materielle verwaltungsrechtliche Position ist eine unzulässige Vermengung der öffentlich- und der zivilrechtlichen Ebene. Oder m.a.W: Der Status der Deutschen Bundesbahn als solcher bedingt weder eine Klagerecht noch steht er - vorbehaltlich der Vereinbarkeit eines Klagerechts mit Art. 87 Abs.1 GG[34] - der Annahme eines solchen entgegen.[35]

B. Die Problematik des innerorganisationsrechtlichen Rechtsschutzes

Trotz der Absonderung des Bundesbahnvermögens aus dem übrigen Staatsvermögen und einiger weiterer Rechte,[36] welche der Deutschen Bundesbahn eine gewisse "Teilautonomie" verleihen, ist die Deutsche Bundesbahn gleichwohl und in Übereinstimmung mit Art. 87 Abs.1 GG[37] Teil der staatlichen Verwaltung. Somit stellt sich das Problem, ob - unabhängig von der hier gegebenen Organisationsform als nicht rechtsfähiges Sondervermögen - Klagemöglichkeiten der Deutschen Bundesbahn gegen den Staat schon deshalb ausscheiden, weil eine Streitigkeit im sog. Binnenbereich staatlicher Verwaltung vorliegt.

I. Frühere Auffassungen

Nach früherer Auffassung unterliegt der staatliche Binnenbereich schon a-priori keiner verwaltungsgerichtlichen Kontrolle.[38] Dogmengeschichtlicher Hintergrund für diese These war die auf Laband und Jellinek zurückgehende

---

34 Vgl. hierzu unten 2. Kapitel B IV.

35 Neben den schon erwähnten Frachtenausschüssen läßt sich eine Fülle weiterer vergleichbarer Fälle nennen wie etwa die Parteien, die Fakultäten, die Gemeinderatsfraktionen usw. In all diesen Fällen ist - trotz der fehlenden zivilrechtlichen Rechtsfähigkeit - die Frage der öffentlichrechtlichen Rechtssubjektivität gesondert zu prüfen.

36 Vgl. hierzu näher unten 2. Kapitel B VI sowie die Auflistung solcher Rechte bei Finger, H.J., BbG, 5 zu § 1.

37 Zu den verfassungsrechtlichen Möglichkeiten und Grenzen einer Organisationsumstrukturierung vgl. Schmidt-Aßmann,E./Fromm,G., Deutsche Bundesbahn, S.99 ff.

38 Vgl. zum nachfolgenden Kisker,G., Insichprozeß, S.9 ff; Erichsen,H.-U., Innenrechtsstreit, S.211 ff.; Lorenz,D., Insichprozeß, S. 313 ff.

Impermeabilitätstheorie.[39] Danach handelt es sich beim staatlichen Innenbereich um einen rechtsfreien Raum, ein "Rechtsvakuum", innerhalb dessen kein legitimer Platz für rechtlich auzutragende Willens- und Interessensgegensätze sei. Diese Undurchdringlichkeit der Staatsperson und der in ihr herrschende Interessenmonismus kam in der Charakterisierung der öffentlichen Verwaltung als anorganischer, monolithischer Block plastisch zum Ausdruck.

Beeinflußt wurde diese restriktive Betrachtungsweise weiter durch die schon seit Mitte des 19.Jahrhunderts[40] in der Staatsrechtslehre vorherrschende Charakterisierung des Staates als juristische Person. Diese "Hypostasierung"[41] suggerierte, daß nur dem Staat als solchen die alleinige und ungeteilte Rechtssubjektivität zukomme. Die hieraus abgeleiteten Postulate der Einheit des Staates und der Einheit der Verwaltung schlössen Innenrechtsstreitigkeiten aus. Derartige Insichprozesse seien per se unzulässig und wurden gar als "Perversion der Verwaltungsgerichtsbarkeit"[42] diskreditiert.

II. Neuere Auffassungen

Den dargestellten Thesen kommt heute nur noch rechtsgeschichtlicher Stellenwert zu. Die Lehre von der impermeablen Staatsperson und der Rechtsexemtheit des Innenbereichs wurde als chimärenhaftes, positivistisches Dogma entlarvt. Diese Entwicklung nahm ihren Ausgangspunkt in der Einsicht, daß es sich auch bei den Binnenbeziehungen um echte *Rechts*beziehungen handelt,[43] welche freilich in mancherlei Hinsicht abweichende Eigenschaften von dem das Verhältnis Staat - Bürger regelnden Außenrecht haben.

Die mit der Verrechtlichung einhergehende Permeabilisierung des staatsorganisatorischen Binnenbereichs führte schließlich dazu, daß den Trägern man-

---

39 Zu den historischen Hintergründen vgl. Löwer,W., Insichprozeß, S.326 ff.; Kisker,G.,Insichprozeß, S.9 ff.; Lorenz,D., Insichprozeß, S. 313 ff. jeweils m.w.N.

40 Vgl. zur geschichtlichen Entwicklung Böckenförde, E.-W., Organ, S.273 m.w.N. in Fußnote 14 sowie Oldiges,M., NVwZ 87, 739 m.w.N. in Fußn. 24,22

41 Bethge,H., DVBl 80,310

42 Bettermann, K.A., Verwaltungsverfahren, S. 172

43 Erichsen,H.U., Innenrechtsstreit, S.213 f.; Lorenz,D., Insichprozeß, S. 313 f.; Böckenförde,E.-W., Organ, S.289, welcher den gedanklichen und konstruktiven Aufwand beklagt, welcher vonnöten war, "um angesichts des Dogmas von der juristischen Person des Staates die sog. Innenrechtsbeziehungen als wirkliche Rechtsbeziehungen zu erkennen."

cher Kompetenzen innerhalb des Verwaltungsapparates eine damit verbundene *materielle* Befugnis im Sinne einer eigenständigen und damit wehrfähigen Rechtsposition zuerkannt wurde. Leitbild und Katalysator - wenn auch nicht geschichtlicher Ausgangspunkt[44] - für die wissenschaftliche Durchdringung dieses Komplexes wie für die verwaltungsgerichtliche Anerkennung von verwaltungsinternen Klagemöglichkeiten war der Kommunalverfassungsstreit, welcher in enger Anlehnung an sein verfassungsrechtliches Pendant des Organstreits in Art. 93 Abs.1 Nr.1 GG entwickelt wurde.

Die mannigfachen, horizontalen wie vertikalen, arbeitsteiligen Aufgliederungen und Spezialisierungen des Staatsorganisationsapparates in verschiedene Ressorts, Verwaltungsträger, Behörden usw. sind demnach in doppelter Hinsicht von Bedeutung.[45] Sie begründen zunächst in formal- organisatorischer Hinsicht die Kompetenz des betreffenden Verwaltungsträgers. Diese Kompetenzzuweisung ist rein objektivrechtlich zu interpretieren, da sie nur den Interessen der juristischen Person, der das Organ angehört, zu dienen bestimmt ist, nicht dagegen den eigenen Interessen des Organs. Im Sinne der Wolff'schen Organisationslehre liegt eine "Wahrnehmungszuständigkeit"[46] vor, d.h. eine (nur) transitorische Wahrnehmung von Eigenzuständigkeiten der juristischen Person, für die das Organ handelt. Unter bestimmten, noch darzustellenden[47] Vorausssetzungen "mutiert"[48] diese Kompetenz zu einer eigenständigen subjektiven Rechtsposition. Der zuständige Verwaltungsträger wird zum autonomen Sachwalter des ihm anvertrauten materiellen Interesses im Sinne einer inneradministrativen Gewaltenteilung mit der Konsequenz, daß er dieses "eigene Recht"[49] vor (rechtswidrigen) Beeinträchtigungen seitens

---

[44] Vgl. Erichsen, H.-U., Innenrechtsstreit, S.211

[45] Auf die historische Entwicklung der empirisch vorhandenen Pluralisierung der Verwaltung, also inbesondere auf die Frage, ob die Differenzierung der Verwaltung in der Tendenz zu- oder abnimmt, braucht an dieser Stelle ebensowenig eingegangen zu werden wie auf die Frage nach der Ursachen für diese Modifikationen in der Verwaltungsstruktur. Vgl. zu diesen Aspekten Bryde, B.O., Einheit der Verwaltung, S. 182 ff.. Bryde weist nach, daß der Prozeß ambivalent ist, d.h. eine Vielzahl von Differenzierungs-, aber auch von Entdifferenzierungsprozessen zu beobachten ist.

[46] Wolff, H.J./Bachof,O., Verwaltungsrecht II, 4.Auflage, § 72 I b,c; zusammenfassend auch Böckenförde,E.-W., Organ, S.277 ff.

[47] Vgl. unten III.

[48] Bethge,H., DVBl 80,311 (314)

[49] Im Schrifttum ist umstritten, ob dieses Recht der Behörde ein "subjektiv öffentliches Recht" darstellt. Dies wird z.T. bejaht (vgl. etwa Lorenz,D., Insichprozeß, S.316; Ewald, K,

anderer Verwaltungsträger - d.h. nur intern[50] - durch Inanspruchnahme verwaltungsgerichtlichen Rechtsschutzes verteidigen kann. Im Sinne der Wolff'schen Terminologie liegt eine "eigene Zuständigkeit"[51] vor, da das betreffende Organ Zurechnungs*end*subjekt innerhalb der juristischen Person, mithin Träger des Rechts bzw. der Pflicht ist.

Die "Entdeckung" der inneradministrativen Gewaltenteilung entzog nicht nur dem Impermeabilitätsdogma den Boden, sondern führte auch zu einer Relativierung der Postulate der Einheit der Verwaltung und der Einheit des Staates.[52] [53] Heute ist anerkannt, daß der pauschale Hinweis auf die Einheit der Verwaltung nicht genügt, um die Ausstattung von Teilen einer juristischen Person mit eigenen Rechten auch gegen das Ganze oder die gerichtliche Austragung von Streitigkeiten innerhalb des Verwaltungskörpers als abwegig hinzustellen.[54] Angesichts der schon erwähnten Pluralisierung der Staatsperson entsprechen die Thesen aber auch nicht einmal der Verwaltungswirklichkeit. Vielmehr weisen sowohl die empirische Verwaltungsstruktur als auch

---

DVBl 70,242; Bethge,H., DVBl 80,312 ff.), überwiegend jedoch verneint (vgl. z.B. Löwer,W., Insichprozeß, S.341; Kisker,G., Insichprozeß, S.10,Fußnote 3; Erichsen,H.-U., Innenrechtsstreit, S.226, Böckenförde, E.-W., Organ, S.303; Dolde,K.-P., Beteiligungsfähigkeit, S.439, Fußnote 75, jeweils m.w.N.), v.a. deshalb, weil der Begriff des subjektiv öffentlichen Rechts dem Außenrechtsbereich entstamme. Der Streit ist jedoch insoweit rein terminologischer Art, als Übereinstimmung darin besteht, daß das - wie auch immer bezeichnete - eigene Recht einem subjektivem Recht gleichartig ist, ihm daher (jedenfalls) verwaltungsprozessual (und u.U. auch - sub specie Art. 19 Abs.4 GG - verfassungsrechtlich - vgl. zu der sehr streitigen Frage der Einbeziehung dieser Rechte in Art. 19 Abs.4 GG unten 2.Kapitel C II.) gleichzustellen ist und somit auch verwaltungsgerichtlich wehrfähig ist. In diesem Sinne kritisiert auch Böckenförde, E.-W., Organ, S.302, Fußnote 110 die Diskussion als begriffs- statt problembezogen.
Zur Vermeidung dieses Streits wird die Rechtsposition hier als "eigenes Recht" bezeichnet.

50 Vgl. hierzu Lorenz,D., Insichprozeß, S.319

51 Wolff,H.J./Bachof,O., Verwaltungsrecht II, § 72 I b 2; vgl. zusammenfassend auch Böckenförde, E.-W., Organ, S.277 ff.

52 In der Literatur werden die beiden Begriffen regelmäßig nicht weiter unterschieden und die Problematik nur unter dem Begriff der "Einheit der Verwaltung" diskutiert, obwohl dieser Begriff eigentlich nur einen Teilaspekt erfaßt.

53 Vgl. zum Nachfolgenden zusammenfassend aus neuerer Zeit Haverkate,G., Einheit der Verwaltung, passim; Bryde, B.O., Einheit der Verwaltung, passim; Oldiges,M., NVwZ 87,757; Schuppert,G.F., Einheit der Verwaltung, DÖV 87,757; zur Einheit des Staates Böckenförde,E.-W., Organ, S.294 ff.

54 Bryde, B.O., Einheit der Verwaltung, S. 195

deren juristisch-normative Grundlagen durchaus ambivalente Züge auf und belegen so das Spannungsverhältnis zwischen pluralistischen und einheitswahrenden Tendenzen.[55] Jedenfalls kann der "Götterstreit"[56] zwischen Einheit und Pluralität der Verwaltung nicht im rechtsfreien Raum a priori unter Berufung auf die extremen Konzepte entschieden werden. Nötig ist stattdessen eine einzelfallbezogene Analyse unter Anknüpfung an die normativen - einfachgesetzlichen wie auch verfassungsrechtlichen - Grundlagen. Dabei sind beide Maximen gegenseitig be- und verschränkt. So lassen sich etwa aus dem demokratischen Prinzip[57] gewisse zwingende Mindestgarantien für die Ausdifferenzierung der Verwaltung ableiten.[58] Die Frage, ob eine Verwaltungsaufgabe in concreto pluralistisch oder hierarchisch, kooperativ durch gemeinsame Anstrengungen oder additiv durch bloßes Zusammenfügen selbständig erbrachter Verwaltungsleistungen erfüllt wird oder erfüllt werden soll, läßt sich dagegen regelmäßig nicht anhand des Demokratieprinzips beantworten.[59]

Sinn machen die Einheitspostulate heute insbesondere als Organisationsmaxime in dem Sinne, daß trotz der fortschreitenden Spezialisierung und Arbeitsteilung innerhalb des Staatsapparates eine gewisse Koordinierung und damit eine einheitliche Machtausübung sicherzustellen ist. Es geht nicht mehr an, unter Berufung auf die Einheit der Verwaltung deren Pluralisierung zu leugnen. Stattdessen gilt es, ein Mindestmaß an Einheit einer als solchen pluralisierten Verwaltung zu wahren und ein inhaltlich ausgewogenes und funktionsadäquates Verhältnis zwischen beiden gegenläufigen Tendenzen herzu-

---

55 Bryde, B.O., Einheit der Verwaltung, S. 186

56 Haverkate, G., Einheit der Verwaltung, S. 221

57 In der Literatur werden eine Vielzahl an verfassungsrechtlichen Anknüpfungspunkten für die "Einheit der Verwaltung" genannt. Neben dem Demokratieprzinzip werden etwa als Argumentationstopoi genannt: die Wahrung der Bürgerinteressen (angesprochen in Art. 33 Abs.2,3 / 35 GG - vgl. Haverkate, G., Einheit der Verwaltung, S. 241 ff.), das Rechtsstaatsprinzip, die Rechtssichterheit, der Vertrauensschutz usw. Vgl. zur Herleitung etwa Oldiges,M., NVwZ 87, 737 ff.; Ossenbühl, F., Diskussionsbeitrag, VVDStRL 46 (1988), S. 278. Angesichts dieser Vielzahl an Ausgangspunkten verwundert es nicht, daß die "Einheit der Verwaltung" ein schillernder Begriff mit nicht eindeutig umrissenem Inhalt ist.

58 Haverkate, G., Einheit der Verwaltung, S. 223 ff.

59 Bryde, B.O., Einheit der Verwaltung, S. 189 m.w.N.. Ähnlich verhält es sich, wenn man die Einheit der Verwaltung final-materiell als Orientierung des gesamten Verwaltungsapparates auf ein durch Grundrechte und Staatszielbestimmungen determiniertes Programm zur Gemeinwohlrealisierung versteht. Vgl. Bryde,B.O., a.a.O., S. 190

stellen. In diesem eingeschränkten Sinne haben die Postulate auch heute ihre Funktion zu erfüllen.

III. Kriterien für eigene Rechte im staatlichen Binnenbereich

Nachfolgend seien nun die Kriterien dargestellt, anhand derer das Vorliegen einer eigenen Rechtsstellung im Binnenbereich beurteilt wird. Untersucht man die hierzu in der Literatur vorgetragenen Lösungsansätze, so läßt sich eine - trotz begrifflich-terminologischer Unterschiede - sachlich weitgehend übereinstimmende herrschende Meinung feststellen.

1. Die Auffassung der herrschenden Meinung

Nach der in der Literatur herrschenden Meinung kommt ein verwaltungsinterner Streit in zwei Fällen in Betracht.

Der erste Fall liegt dann vor, wenn die Streitbeteiligten eigenständige, in einem Spannungsverhältnis stehende und daher gegeneinander auszubalancierende Partikularinteressen[60] zu wahren haben,[61] wenn mithin jedem Beteiligten die eigenverantwortliche Geltendmachung von - im Verhältnis zum anderen Beteiligten - spezielleren Interessen und deren Artikulierung im Entscheidungsprozeß obliegt.[62] In einem solchen System von "checks and balances"[63]

---

60 Als Gegensatz hierzu ist das Prinzip hierarchischer Subordination zu nennen.

61 Kisker,G., Insichprozeß, S. 38; Bethge,H., Rechtsschutz, S.313. Bethge stellt zwar zunächst fest, daß die Kriterien nicht generalklauselartig festgelegt werden können, übernimmt dann jedoch als Quintessenz aus den von ihm untersuchten Fällen die Formel von Kisker und bejaht eine Aufwertung der Kompetenz zu einem klagbaren eigenen Recht, wenn gegeneinander auszubalancierende und auszutarierende Partikularinteressen vorliegen. Bethge spricht insoweit sogar von einem "subjektiv öffentlichem Recht" (zu dieser Streitfrage vgl. oben Fußnote 49). Er weist weiter darauf hin, daß ein solches Strukturprinzip für die öffentliche Verwaltung eher die Ausnahme als den Regelfall darstellt. Für die öffentliche Verwaltung - v.a. für den Bereich der staatsunmittelbaren Verwaltung - symptomatisch sei vielmehr ein Interessenmonismus.

62 Lorenz,D., Insichprozeß, S. 320; Erichsen, H.-U., Innenrechtsstreit, S. 228; Böckenförde, E.-W., Organ, S. 302; Bleutge, R., Kommunalverfassungsstreit, S. 107.
Nach Erichsen ist eine Innenrechtsposition dann wehrfähig, "wenn die mit ihr verbundene Zuständigkeit dem innerorganisatorischen Funktionsobjekt als *End*subjekt, mithin zur eigenständigen Wahrnehmung übertragen ist" (a.a.O., S. 228); Böckenförde hält für maßgeblich, ob die

ist davon auszugehen, daß den jeweiligen Kontrastorganen "subjektive Rechte zum Schutz 'ihrer' Position im Balancesystem zuerkannt werden."[64] Die Interessendivergenz wird vom Gesetzgeber akzeptiert als notwendiger "Faktor für die rechte Ausbalancierung des Gewaltensystems."[65] Damit wird der für eine pluralistische Demokratie charakteristische Prozeß der Gemeinwohlkonkretisierung durch Konflikt in die Verwaltung hineinverlagert.[66] Die übrigen Definitionsversuche gehen über diese Kriterien kaum hinaus. Ergänzend wird man jedoch anfügen können, daß die Entscheidung über das Vorliegen einer verteidigungsfähigen Binnenrechtsposition immer (auch) eine Frage teleologisch-wertender Gesetzesanalyse sein muß. Nicht jedes Kontrastorgan bedarf als solches des gerichtlichen Schutzes.[67] Ein solcher ist vielmehr nur dann angezeigt, wenn das betreffende Verwaltungssubjekt bei der Erfüllung der ihm zugewiesenen Aufgaben und damit letztlich - dies ist entscheidend - diese Interessen selbst geschützt werden sollen.[68]

Als zweiter Fall eines zulässigen Binnenrechtsstreits wird der Konflikt zwischen Fiskus und Hoheitsverwaltung angesehen.[69] Verwaltungssubjekte haben danach immer dann eigene Rechte, wenn sie in die Rolle eines Quasibürgers eingewiesen sind und wie dieser "in den am wirtschaftlichen Partikularinteresse orientierten Kategorien des Bürgers denken und handeln"[70] dürfen und am Wirtschaftsleben teilnehmen. Leitmotiv für diese These ist das Gebot zur

---

Behörde für den ihr zugewiesenen Kompetenzbereich auch als eigenständiger Sachwalter derart eingesetzt wird, "daß sie das in ihrem Aufgabenbereich verkörperte öffentliche Teilinteresse, damit es sich im Handlungs- und Entscheidungsprozeß ... voll artikuliert, gegenüber anderen Handlungssubjekten und Entscheidungsträgern auch als eigene Rechtsposition und damit gerichtlich geltend machen kann" (a.a.O., S. 302). Nach Bleutge begründen im Kommunalrechtsbereich Kompetenzen dann subjektive Rechte, wenn sie dem begünstigten Organ bzw. Organteil "Einfluß auf die oberste gemeindliche Willensbildung geben wollen" (a.a.O., S. 107). Übertragen auf andere Bereiche läuft dieses Kriterium gerade darauf hinaus, das betreffende Interesse im Entscheidungsprozeß zu artikulieren. Tsatsos, D., Organstreit, passim, nennt dagegen keine verallgemeinerungsfähigen Kriterien.

63 Kisker,G., Insichprozeß, S. 38

64 Kisker,G., Insichprozeß, S. 39

65 Kisker,G., Insichprozeß, S. 39

66 Bryde, B.O., Einheit der Verwaltung, S.183

67 Bryde, B.O., Einheit der Verwaltung, S.196

68 Deutlich in diesem Sinne etwa Dolde, K.-P., Beteiligungsfähigkeit, S. 439.

69 Vgl. zum folgenden statt aller Kisker,G., Insichprozeß, S. 47 ff.

70 Kisker,G., Insichprozeß, S. 47 ff.; ders., JuS 75, 709

Wahrung der Chancengleichheit zwischen allen Teilnehmern am Wirtschafts- und Erwerbsleben. Aus diesem Imperativ folgt eine Pflicht zur Angleichung der Rechtsstellung des Verwaltungssubjekts an die eines Privatmanns. Diese Gleichbehandlung bedingt, daß sich der Verwaltungsträger einerseits nicht der ihm sonst - d.h. außerhalb seiner fiskalischen Tätigkeit - zustehenden hoheitlichen Befugnisse (und damit der öffentlichrechtlichen "Privilegien") bedienen darf. Andererseits sind der öffentlichen Hand grundsätzlich[71] die gleichen Rechtsschutzmöglichkeiten einzuräumen wie einem Privaten.

2. Abweichende Auffassungen

Ein gegenüber der dargestellten herrschenden Meinung völlig abweichender Ansatz zur Beurteilung der Zulässigkeit von Insichprozessen findet sich bei Hoppe.[72] Hoppe geht davon aus, daß der Binnenbereich nicht auf die Abgrenzung von Rechts- und Interessensphären ausgerichtet ist, sondern "auf die Zusammenordnung aller Kräfte zu planvollem Tun".[73] Es gebe daher keine dem Organ (bzw. -teil) zugeordneten Partikularinteressen. Eine Rechtssubjektivität komme dem Organ nur i.S. einer Rechts*pflicht* zu, d.h. i.S. einer Pflicht zu ungestörter funktionsmäßiger Aufgabenerfüllung. Hiermit korreliere ein intrapersonales Recht der juristischen Person als organisatorische Einheit. Nur die juristische Person selbst sei daher Zuordnungssubjekt einer Rechtsstellung im Innenbereich. Da die juristische Person aber nicht handlungsfähig sei, werde dieses intrapersonale subjektive Recht aufgrund einer organisationsrechtlichen Wahrnehmungszuständigkeit von dem Organ geltend gemacht, dessen Funktionsbereich durch das rechtswidrige Verhalten gestört wurde.

---

71 Eine völlige materielle Identität der Rechtsstellung der öffentlichen Hand mit der eines Bürgers besteht freilich nicht. So scheidet z.B. - auch bei der Verfolgung privatwirtschaftlicher Ziele - eine Berufung der öffentlichen Hand auf Art. 14 Abs.1 GG auf. Vgl. BVerfG, Beschluß v. 8.7.82, BVerfGE 61, 82 (109).

A.A. ist freilich der BayVerfGH für den Schutz des Eigentums nach der BV. Danach ist eine Verfassungsbeschwerde einer Gemeinde wegen Verletzung ihres privatrechtlichen Eigentums in einem Rechtsstreit zwischen gleichgeordneten Trägern privater Rechte zulässig. Vgl. BayVerfGH, Beschluß v. 13.7.84, BayVBl 84, 655.

72 Vgl. zum folgenden Hoppe, W., Organstreitigkeiten, passim; ders., DVBl 70,845

73 DVBl, 70,847

An diesem Konzept ist sicher richtig, daß die "eigenen Rechte" (i.S.d. h.M.) im Binnenbereich gegenüber den subjektiv öffentlichen Rechten im Außenbereich qualitativ andersartig sind. Die Reduzierung des Binnenrechts auf eine (die Organe) bloß verpflichtende, dienende, kompetenzverteilende Funktion wird aber den gesetzgeberischen Zielen der betreffenden Regelungen nicht gerecht. Hoppes Lösung läuft auf die frühere Auffassung hinaus, wonach der Binnenbereich einzig durch einen Interessenmonismus und durch hierarchische Subordination geprägt ist. Der Eigenart des Binnenrechts, welches eben nicht nur einen Kompetenzverteilungsplan, sondern mitunter auch einen Gewaltenteilungsplan darstellt, wird die h.M. besser gerecht. Oder, um mit Kisker zu sprechen: "Es gibt eben zwischen der bloß dienenden Kompetenz und dem rein partikularinteressennützigen subjektiven Recht offenbar vielerlei Zwischenstufen."[74]

Auch mit der Empirie läßt sich das Konzept Hoppes kaum in Einklang bringen. Danach waren Anlaß und Gegenstand für die Organstreitigkeiten gerade nicht die Beeinträchtigung des intrapersonalen Rechts der juristischen Person durch die Organe, sondern vielmehr umgekehrt die durch die juristische Person erfolgenden Beschneidungen der Organstellung. Ohne ein damit einhergehendes materielles Recht des Organs (und damit eine Rechtssubjektivität im positiven Sinne, d.h. nicht nur im Sinne einer Pflichtensubjektivität) lassen sich diese Konstellationen der Insichprozesse schwerlich erklären.

Ein weiterer Kritikpunkt - neben dem unnötigen konstruktiven Aufwand, der nach Hoppes Lösung nötig ist[75] - ist, daß nach Hoppe das subjektive Recht in einen interessenkonfliktsfreien Raum verpflanzt wird, für den es - nicht zuletzt angesichts der Konzeption der VwGO - nicht gedacht ist.[76]

Konträr zur herrschenden Meinung ist auch die Auffassung von Fuss,[77] der aus §§ 42 Abs.2/47 S.2 VwGO den allgemeinen Rechtsgedanken entnimmt,

---

74 Kisker,G., Insichprozeß, S. 58

75 Vgl. Fuss, E.-W., WissR 72,114. Letztlich geht es - so Fuss - darum, wer gegen rechtswidriges Verhalten klagen dürfe. Dies sei indes auch nach Hoppes Lösung das Organ, dessen Funktionsbereich durch das rechtswidrige Verhalten eines anderen Organs gestört wurde. Fuss fragt daher zu Recht, wozu der Umweg über das subjektive Recht der Gesamtkörperschaft, den transitorischen Wahrnehmungszuständigkeitsbereich des in seinem Funktionsbereich gestörten Organs und schließlich noch die prozessuale Rechtsfigur der Prozeßstandschaft nötig sei.

76 Vgl. hierzu Kisker,G., JuS 75, 706, Fußn.10

77 Fuss,E., WissR 1972, S. 115 ff.

daß ein öffentlicher Funktionsträger bei Streitigkeiten im Innenbereich keine Verletzung subjektiver Rechte geltend machen müsse. Es genüge, wenn der Funktionsträger eine Störung oder Beeinträchtigung der ihm übertragenen öffentlichen Aufgaben vortrage. Im Innenrechtsbereich gebe es keine subjektiven Rechte, Organe bzw. Organmitglieder seien nur auf das öffentliche Interesse verpflichtet.

Dieser Lösungsweg steht mit dem heute allgemein anerkannten Grundkonzept der VwGO, wonach es sich bei dem Verwaltungsprozeß grundsätzlich um einen kontradiktorischen Prozeß handelt,[78] im Widerspruch und kehrt das in § 42 Abs.2 VwGO enthaltene Regel-Ausnahme-Verhältnis um. Eine gesetzliche Ausnahmeregelung, wie sie § 42 Abs.2 VwGO fordert, läßt sich für die typischen Insichprozesse - deren Zulässigkeit auch von Fuss nicht bestritten wird - nicht finden. Die Auffassung von Fuss läuft letztlich auf das überholte "Entweder-Oder-Schema" bzgl. der Alternativen "Kompetenz" oder "subjektives Recht" hinaus und leugnet die Existenz eines dazwischen liegenden Bereichs, welcher sich der traditionellen Zweiteilung entzieht. Die h.M. wird dieser "Aliud-Eigenschaft" der Binnenrechtspositionen besser gerecht.

3. Zusammenfassung

Folgt man aus den genannten Gründen der herrschenden Meinung, so kommt ein verwaltungsinterner Streit in zwei Sachverhaltsgestaltungen in Betracht, nämlich zum einen dann, wenn eine Behörde ein eigenständiges, spezielles Interesse im Entscheidungsprozeß zu artikulieren hat, welches den übrigen zu wahrenden Interessen entgegenläuft, zum anderen im Falle eines Streits zwischen fiskalisch und hoheitlich handelnder Behörde. Jedenfalls ist die Problematik der wehrfähigen Innenrechtsposition eine Frage einer materiellen Analyse der Organisationsregelungen und nicht eine Frage von terminologisch- formellen Vorgegebenheiten.

---

78 Vgl. hierzu unten IV.

IV. Innerorganisationsrechtlicher Rechtsschutz und Konzeption der VwGO

Die Thematik des Insichprozesses wird in der VwGO nicht einmal ansatzweise erwähnt.[79] Trotz der zunehmenden Anerkennung von eigenen Rechtspositionen im Binnenbereich der Verwaltung mußten daher die Versuche, das VwGO-Instrumentarium auf diese Rechtsstreitigkeiten anzuwenden, zwangsläufig zu Friktionen, insbesondere im Hinblick auf Zulässigkeit des Verwaltungsrechtsweges,[80] Klagebefugnis,[81] Beteiligtenfähigkeit,[82] Klageart,[83] Rechtsschutzbedürfnis[84] sowie dem Zweiparteiengrundsatz der VwGO,[85] führen. Aus der fehlenden Kompatibilität der VwGO mit den beim Insichprozeß gegebenen Konstellationen wurde dabei zunächst überwiegend der Schluß gezogen, daß ein Insichprozeß schon aus formellen Gründen unzulässig sei. Stellvertretend für viele andere sei hier die Auffassung Püttners erwähnt, wonach die VwGO nicht an jede Rechtsposition innerhalb der Verwaltung auch ein Klagerecht knüpfe, sondern grundsätzlich nur natürlichen und juristischen Personen die Beteiligtenfähigkeit einräume, "Behörden" nur nach Landesrecht (§ 61 Nr.3 VwGO) und rechtlich unselbständigen Anstalten als solchen überhaupt nicht.[86]

Eine derart in formellen Gründen verhaftet bleibende Argumentationslinie wird heute überwiegend abgelehnt. Wesentlich für diese Entwicklung waren zwei Erkenntnisse. Zunächst ist hier die Tatsache zu nennen, daß es sich bei

79 Ursache hierfür ist die in der Begründung des Regierungsentwurfs zur VwGO verlautbarte Auffassung, daß für Prozesse von Behörden desselben Rechtsträgers untereinander ein Rechtsschutzbedürfnis fehle. Vgl. BT-Drucks. I/4278, S.39 zu § 64.

80 § 40 VwGO sei, so wurde argumentiert, nicht gegeben, da die Binnenbeziehungen der Verwaltung keinen Rechtscharakter hätten bzw. jedenfalls kein "Außenrecht" darstellten, auf das § 40 VwGO allein abstelle, vgl. die Nachweise bei Erichsen,H.U., Innenrechtsstreit, S. 219.

81 § 42 Abs.2 VwGO setze, so der Einwand, echte subjektiv-öffentliche Rechte voraus, vgl. die Nachweise bei Erichsen,H.U., a.a.O., S. 219.

82 § 61 VwGO stehe einem Insichprozeß entgegen, vgl. hierzu Dolde,K.-P., Beteiligungsfähigkeit, S.435 ff.; Erichsen,H.U., a.a.O., S.221 ff. sowie nachfolgend im Text.

83 Vgl. hierzu etwa Erichsen,H.U., a.a.O., S.230 ff.

84 Vgl. die Nachweise bei Löwer,W., Insichprozeß, S.336, Fußnote 49

85 Vgl. die Nachweise bei Löwer,W., Insichprozeß, S.336

86 Püttner,G., Öffentliche Unternehmen, S.232

dem Verwaltungsprozeß gegenwärtiger Prägung[87] grundsätzlich[88] um einen kontradiktorischen Prozeß handelt, der der Abgrenzung entgegenstehender Willens- und Interessenssphären und damit subjektiver Rechtssphären dient.[89] Positivrechtlich belegt wird diese Auffassung v.a. durch §§ 42 Abs.2/43/113 Abs.1,4 VwGO.[90] Obiger, aus der Rechtsschutzfunktion des Vewaltungsprozesses abgeleiteter Grundsatz gebietet umgekehrt, den Rechtsweg immer schon dann zu eröffnen, wenn zwei Rechtssphären kollidieren. Irrelevant ist dagegen die formell-nominelle Verschiedenheit der Parteien.[91] Mit den Regeln der VwGO steht dies nur scheinbar in Widerspruch, da - und dies war der nächste prozessuale Meilenstein - diese auf Rechtsstreitigkeiten im Außenbereich zugeschnitten sind.[92] Die auch insoweit maßstabsbildende Kommunalverfassungsstreitigkeit sorgte dafür, daß unter Fortentwicklung bzw. analoger Anwendung der VwGO-Bestimmungen[93] die weiteren Prozeßvoraussetzungen für Insichprozesse herausgearbeitet wurden.[94]

---

87 Eine andere Konzeption lag z.B. dem früheren preußischen Modell der Verwaltungsgerichtsbarkeit zugrunde. Danach bestand das primäre Ziel des Verwaltungsprozesses in der Kontrolle der Verwaltung, der Rechtsschutz für den Bürger war nur ein Reflex aus diesem vorrangigen Ziel. Vgl. hierzu Löwer,W., Insichprozeß, S.338 m.w.N. in Fußnote 60,61.

88 Die ganz h.M. sieht die Fälle des § 47 VwGO sowie die Fälle, in denen durch gesetzliche Bestimmung auf das Erfordernis der Klagebefugnis verzichtet wird (vgl. § 42 Abs.2 VwGO), als Ausnahmefälle an. Vgl. Dolde,K.-P., Beteiligungsfähigkeit, S. 437.

89 Vgl. statt aller Kisker,G., Insichprozeß, S.24 ff.

90 Diese Konzeption und v.a. § 42 Abs.2 VwGo werden mitunter scharf kritisiert. So bezeichnet z.B. Sailer (BayVBl. 80,272 ff.) das in den genannten Bestimmungen verankerte Axiom des Individualrechtsschutzes als Anachronismus, v.a. weil hierdurch wichtige Bereiche der öffentlichen Verwaltung einer gerichtlichen Kontrolle entzogen würden. Die Kritik mag man rechtspolitisch für begründet erachten, de lege lata kann man sich aber über das gesetzgeberische Datum des § 42 Abs.2 VwGO nicht hinwegsetzen, was letzlich auch von Sailer anerkannt wird.

91 Lorenz,D., Insichprozeß, S.311

92 Hoppe,W., Organstreitigkeiten, S.33, heute wohl allgemeine Meinung.

93 Auf die Streitfrage, ob eine analoge Anwendung der VwGO (so für die Frage der Beteiligungsfähigkeit z.B. Dolde,K.-P., Beteiligungsfähigkeit, S.435 ff.) oder eine freie Rechtsfortbildung (so z.B. Erichsen,H.U., Innenrechtsstreit, S.223 für die Beteiligungsfähigkeit) das richtige methodische Vorgehen darstellt, braucht angesichts der Übereinstimmung der Ergebnisse nicht näher eingegangen werden.

94 Die Problematik liegt ähnlich wie bei der allgemeinen Leistungsklage, deren nur rudimentäre Regelung in der VwGO ebenfalls zu einer Herausarbeitung und Präzisierung ihrer übri-

Bezogen auf die strittige Frage der Beteiligungsfähigkeit i.S.d. § 61 VwGO bedeutet dies, daß diese immer dann zu bejahen ist, wenn (und soweit) der klagende Verwaltungsträger Inhaber eines eigenen Rechts sein kann.[95] Mit anderen Worten: "Jeder Träger eines öffentlichen Rechts soll sein Recht vor den Verwaltungsgerichten geltend machen können."[96] Die Rechtssubjektivität bedingt somit - entgegen der Auffassung, welche die Beteiligungsfähigkeit nur nach § 61 VwGO und damit losgelöst von der materiellen Rechtsposition bestimmt[97] - die Beteiligungsfähigkeit, wie auch im übrigen die primär dienende Funktion des Prozeßrechts in einer adäquaten Anpassung an die materiellen Rechtsschutzerfordernisse zum Ausdruck kommt. Die materielle Lage determiniert die prozessualen Lösungsmöglichkeiten und nicht umgekehrt.

Was den Spezialfall der Beteiligungsfähigkeit der Deutschen Bundesbahn betrifft, so wird diese neuerdings auch mit einer anderen - eher formalen - Argumentation begründet. Da die Deutsche Bundesbahn gem. § 2 Abs.1 BbG unter ihrem Namen klagen und verklagt werden könne, sei sie - trotz ihrer fehlenden Rechtsfähigkeit - den juristischen Personen im Sinne des § 61 Nr.1 VwGO gleichzustellen.[98] Bemerkenswert - und nach den Ausführungen zum Begriff der Rechtsfähigkeit nicht ganz zweifelsfrei - ist, daß mit § 2 BbG eine das zivilrechtliche "Außenverhältnis" betreffende Regelung zur Begründung der verwaltungsrechtlichen Beteiligungsfähigkeit herangezogen wird. Im Sinne der obigen Ausführungen wäre es dogmatisch stringenter gewesen, schon für die Frage der Beteiligungsfähigkeit an die eigene Rechtsstellung der Bahn anzuknüpfen, welche vom Gericht (erst) sub specie der Klagebefugnis (§ 42 Abs.2 VwGO) erörtert wird.

Aus der geschilderten Betonung der materiellen Aspekte folgt auch eine geänderte Einschätzung des Insichprozesses. Der Begriff steht nicht mehr als Verdikt für seine eigene Unzulässigkeit. Er ist vielmehr zulässig, wenn eigene Rechte der beteiligten Behörden aufeinanderprallen - insoweit erfüllt er die originäre Rechtsschutzfunktion des Verwaltungsprozesses - sowie dann, wenn

---

gen Zulässigkeitsvoraussetzungen durch Rechtsprechung und Literatur zwang. Vgl. Steiner,U., JuS 84,853 ff.

95 Dolde,K.-P., Beteiligungsfähigkeit, S. 436; Erichsen,H.U., Innenrechtsstreit, S.224; Ewald, K., DVBl 70,243

96 Dolde,K.-P., a.a.O., S.436

97 Z.B. Püttner,G., Öffentliche Unternehmen, S.232. Vgl. auch schon oben im Text

98 OVG NW, Beschluß vom 13.10.86, DÖV 87,156; Kopp,F., VwGO, 6 zu § 61

- wie es § 42 Abs.2 VwGO vorsieht - die Klage durch Gesetz auch ohne Geltendmachung einer Verletzung von eigenen Rechten zulässig ist.[99] Nur in letzterem Falle liegt "ein an sich der Verwaltungsgerichtsbarkeit nicht gemäßer 'Insichprozeß' vor."[100]

Was schließlich den Grundsatz des Zweiparteiensystems, welcher gegen die Zulässigkeit von Insichprozessen ins Feld geführt wurde, betrifft, so hat das BVerwG hierzu in seinem Urteil vom 21.6.74[101] ausgeführt, daß dieser dem Zivilprozeßrecht entnommene Grundsatz nicht ohne weiteres auf den Verwaltungsprozeß übertragen werden könne, da Körperschaften des öffentlichen Rechts zwar rechtsbegrifflich Einheiten seien, der Einheit der Willensbildung in der Körperschaft jedoch mit Rücksicht auf ihre Gliederung in verschiedene Organe und auf den horizontalen und vertikalen Behördenaufbau usw. Grenzen gesetzt seien. Hieraus könne sich ein Bedürfnis für die Zulassung von Insichprozessen ergeben.[102] Demgegenüber kann man wohl durchaus am Zweiparteiensystem festhalten, sofern man es materiell - und der Funktion des Verwaltungsprozesses adäquat - in dem Sinne interpretiert, daß zwei Rechtskreise kollidieren müssen. Auch die Ausführungen zur öffentlichrechtlichen "Rechtsfähigkeit" sprechen dafür, den Zweiparteiengrundsatz in diesem Sinne und damit spezifisch öffentlichrechtlich auszulegen. Wirklich besonders liegen somit nur die Fälle, in denen auch ohne Geltendmachung einer eigenen Rechtsverletzung die Klage zulässig ist. Für diese Art des Insichprozesses ist das Abweichen vom Zweiparteiengrundsatz aber durch die betreffenden gesetzlichen Vorschriften sanktioniert.

---

99 Vgl. die Auflistung solcher Fälle bei Kopp,F., VwGO, 103,104 zu § 42

100 BVerwG, Urt. v. 13.6.55, BVerwGE 2, 147,149. In diesem Urteil wurde diese Aussage freilich nicht auf diese zweite Art des Insichprozesses beschränkt und leistete daher der These von der generellen Unzulässigkeit von Insichprozessen Vorschub.

101 BVerwGE 45,207= DÖV 74,817

102 BVerwG, a.a.O., DÖV 74,817

2. Kapitel

Die Autonomie der Deutschen Bundesbahn nach dem BbG

A. Die Regelungen im einzelnen

Im folgenden soll nunmehr die verwaltungsrechtliche Position der Deutschen Bundesbahn in Tariffragen näher untersucht werden. Die entscheidende Frage geht dabei dahin, ob der Deutschen Bundesbahn die Wahrung der Eigenwirtschaftlichkeit nur zur kompetenzmäßigen Ausübung oder auch zur Wahrnehmung als eigenes Interesse im Sinne einer inneradministrativen Gewaltenteilung überlassen wurde. Oder mit anderen Worten: Ist das Eigenwirtschaftlichkeitsprinzip im BbG so stark verankert, daß die Deutsche Bundesbahn insoweit eine eigene Rechtsposition innehat ?

Entsprechend den Ausführungen zum Insichprozeß kann diese Frage nicht aufgrund begrifflich-konstruktiver Vorgegebenheiten wie etwa "teilrechtsfähiges Sondervermögen" oder "Autonomie" entschieden werden,[1] vielmehr sind die einzelnen gesetzlichen Regelungen über die Verselbständigung der Deutschen Bundesbahn zu analysieren, wobei für die vorliegende Fragestellung der Schwerpunkt auf die Regelungen im wirtschaftlich-vermögensrechtlichen Bereich zu legen ist. Entsprechend allgemeinen Grundsätzen zur Ge-

---

1 Auch der Status der DB als solches wird in der Literatur sehr kontrovers beurteilt. So wird im Hinblick auf die Reichweite der Verselbständigung der DB z.T. eine "Teilautonomie" bejaht (vgl. etwa Finger, H.J., BbG, 5 zu § 1; Schmidt-Aßmann,E./Fromm,G., Deutsche Bundesbahn, S. 106), andere betonen dagegen die staatlichen Einflußrechte (vgl. etwa Püttner,G., Öffentliche Unternehmen, S. 224). Schneider,H., Gesetzgebung, (§ 10, Rdnr. 280) spricht von einer geringen rechtlichen und faktischen Bewegungsfreiheit des DB-Vorstandes und des Verwaltungsrates gegenüber dem Bundesverkehrsminister und der Bundesregierung. Vgl. zum Streit um die Tarifautonomie auch Storsberg, G., Verkehrsreform, S. 64 f. sowie nachfolgend im Text.

setzesauslegung seien diese Regelungen nachfolgend in wörtlicher, systematischer, historischer und teleologischer Hinsicht untersucht.

I. Die Autonomie der Deutschen Bundesbahn in wirtschaftlich-vermögensrechtlicher Hinsicht - wörtliche und systematische Analyse der gesetzlichen Regelungen

In vermögensrechtlicher Hinsicht ist zunächst auf das Prinzip der Vermögenstrennung (§§ 1, 3 Abs.1 BbG) hinzuweisen. Der Realisierung dieses Prinzips dient die Haftungsbeschränkung nach § 3 Abs.2 BbG, wonach für Schulden nur das jeweils betroffene Vermögen (Bundeseisenbahnvermögen bzw. Bundesvermögen im übrigen) haftet.[2] Die Leistungsabgeltungspflicht gem. § 5 BbG führt dazu, daß auch im Verhältnis zu allen anderen Verwaltungsträgern über Leistungen der Deutschen Bundesbahn selbständig abgerechnet wird und so die finanzielle Eigenständigkeit der Bahn gewahrt wird. Vervollständigt wird das erwähnte Prinzip der Vermögenstrennung durch die Regelungen über die Wirtschafts- und Rechnungsführung in den §§ 28 ff. BbG. Danach ist das Sondervermögen Deutsche Bundesbahn u.a. zur betriebswirtschaftlichen Wirtschafts- und Rechnungsführung verpflichtet und hat für jedes Jahr einen Jahresabschluß zu erstellen, welcher einer unabhängigen Prüfung unterzogen wird.

Von zentraler Bedeutung für die finanzielle und wirtschaftliche Unabhängigkeit der Deutschen Bundesbahn sind die Bestimmungen über die Geschäftsführungsgrundsätze in § 28 Abs.1 sowie die Ausgleichspflicht nach § 28 a BbG.

Nach § 28 Abs.1 BbG haben die Organe der Deutschen Bundesbahn diese wie ein Wirtschaftsunternehmen mit dem Ziel bester Verkehrsbedienung nach kaufmännischen Grundsätzen so zu führen, daß die Erträge die Aufwendungen einschließlich der erforderlichen Rückstellungen decken. Eine angemessene Verzinsung des Eigenkapitals ist anzustreben. Diese Geschäftsmaximen

---

2 Gem. § 28 Abs.2 BbG soll der Bund freilich der Deutschen Bundesbahn notfalls auch finanziell "unter die Arme greifen", wenn sie nur so ihre Aufgaben erfüllen kann. Der aufgabenrechtliche Gehalt, welcher dem Art. 87 Abs.1 S.1 GG nach mittlerweile ganz h.M. zukommt, wird so auf einfachgesetzlicher Ebene bestätigt und konkretisiert.

und vor allem ihr Verhältnis zueinander werden mitunter scharf kritisiert.[3] Man mag diese Kritik rechtspolitisch und volkswirtschaftlich für begründet erachten. Dies kann aber nicht Gegenstand dieser Arbeit sein. Selbst nach der Zentralnorm des § 28 Abs.1 BbG ist die Deutsche Bundesbahn nun freilich einem privaten Unternehmen nicht vollständig gleichgestellt. Zunächst ist ihr Unternehmensziel, nämlich die beste Verkehrsbedienung, gesetzlich fixiert und unterliegt somit nicht der unternehmerischen Disposition. In dieser gesetzlichen Fixierung des Unternehmenszieles liegt die Besonderheit der Stellung der Bahn, nicht dagegen in der Tatsache, daß die Bundesbahn nicht das Ziel der "Gewinnmaximierung" verfolgen darf.[4] Wie mittlerweile geklärt ist, sind die Ziele (auch) von privaten Unternehmen viel zu heterogen und gegenläufig, als daß sie mit dem grobschlächtigen Pauschalurteil der "Gewinnmaximierung" hinreichend genau umschrieben werden könnten.[5] Sodann ist sie nur *wie* - nicht *als* - ein Wirtschaftsunternehmen zu führen, was als Auflockerung von privatwirtschaftlichen Entscheidungskalkülen zu interpretieren ist.[6] Trotz der Anlehnung an privatwirtschaftliche Grundsätze habe die Bahn im Hinblick auf ihr gesetzlich verankertes Ziel nicht etwa eine "Gewinnmaximierung", sondern (nur) eine "Leistungsmaximierung" anzustreben.[7] Eine zwingende Grenze für die Leistungsoptimierung bildet jedoch die Verpflichtung, (jedenfalls) einen Ausgleich der Aufwendungen durch die Erträge, d.h. ein ausgeglichenes Jahresergebnis, zu erzielen. Nur innerhalb dieses Rahmens hat die Deutsche Bundesbahn ihre gemeinwirtschaftliche Aufgabe zu erfüllen (§ 28 Abs.1 S.2 BbG).

---

3 Vgl. etwa Lange,K., Verkehr, S. 251 ff.; Rottmann,J., Rechtslage, S. 19 ff.; Oettle, K., Öffentlicher Verkehr, passim.

4 So aber offensichtlich Finger, H.J., BbG, 2 c zu § 28; Schmidt-Aßmann,E./Fromm,G., Deutsche Bundesbahn,S. 111 f.

5 Vgl. hierzu statt aller Bidlingmaier,J., Unternehmerziele, passim.

6 Finger, H.J., BbG, 2 c zu § 28; Schmidt-Aßmann,E./Fromm,G., Deutsche Bundesbahn, S. 111 f.

7 Finger, H.J., BbG, 2 c zu § 28; Schmidt-Aßmann,E./Fromm,G., Deutsche Bundesbahn, S. 111 f. Unter "Leistungsmaximierung" verstehen die genannten Autoren die Optimierung der Leistungserbringung unter der Restriktion, daß eine ausgeglichene Rechnung sowie eine angemessene Verzinsung des Eigenkapitals erreicht werden soll. Hauptziel ist also nicht das Erreichen eines möglichst großen Saldos zwischen Aufwand und Ertrag, sondern die Maximierung der Leistung. Der finanziellen Komponente kommt nur die Bedeutung einer Nebenbedingung zu. Vgl. auch nachfolgend im Text.

Allein zur Wahrung dieser eigenwirtschaftlichen Aspekte sind die Organe der Deutschen Bundesbahn gem. § 28 Abs.1 BbG verpflichtet, was auch von der ganz h.M. anerkannt wird.[8] Auch aus der Mitwirkung des Verwaltungsrates im Tarifverfahren ergibt sich insoweit nichts anderes. Zwar haben die Mitglieder des Verwaltungsrats - welcher gem. § 12 Abs.1 Nr.8 BbG über die für die Finanzlage der Deutschen Bundesbahn wesentlichen Eisenbahn- und sonstigen Tarife beschließt und dessen Beschlüsse den Vorstand der Deutschen Bundesbahn insoweit gem. § 9 Abs.1 S.3 BbG binden - gem. § 10 Abs.4 BbG ihr Amt auch zum Nutzen des deutschen Volkes, der deutschen Wirtschaft (und der Deutschen Bundesbahn) zu versehen. Wegen der daneben bestehenden Verpflichtung aus § 28 Abs.1 BbG hat man aber - jedenfalls für den tariflichen Bereich - § 10 Abs.4 BbG einschränkend dahin zu interpretieren, daß er die Wahrung der Gemeinwohlkomponente nur für den Fall der Identität zwischen den Interessen der Deutschen Bundesbahn und den genannten öffentlichen Interessen gebietet. Für den Fall des Konfliktes dagegen hat sich auch der Verwaltungsrat an den in der Grundsatzvorschrift des § 28 Abs.1 BbG enthaltenen Geschäftsführungsprinzipien und damit den Interessen der Deutschen Bundesbahn zu orientieren.[9] Jede andere Auslegung müßte nicht nur bei den Verwaltungsratsmitgliedern zu permanenten Gewissenskonflikten führen, sondern würde auch dem Gesetzgeber Widersprüche unterstellen. So wären sonst, da der Vorstand an die Beschlüsse des Verwaltungsrates gebunden ist, die Grundsätze des § 28 BbG in der Geschäftsführung u.U. gar nicht durchzuführen.[10]

Bezüglich des tariflichen Bereichs ergibt sich die strikte Aufgabenteilung - Geltendmachung der eigenwirtschaftlichen Belange durch die Deutsche Bundesbahn, der politischen Belange durch den Bundesverkehrsminister - auch aus dem Zusammenhang mit dem AEG. § 16 BbG statuiert zwar die formelle Genehmigungspflicht, enthält aber - von dem Spezialfall des § 16 Abs.4,5 BbG abgesehen - keine inhaltlichen Entscheidungsvorgaben. Materielle sedes

---

8 Vgl. etwa Finger, H.J., 2 zu § 28; Schmidt-Aßmann,E./Fromm,G., Deutsche Bundesbahn, S.111

9 Diese Auslegung entspricht wohl auch der überwiegenden Meinung. Wie hier etwa Finger, H.J., BbG, 3 c zu § 10; Bericht über die Deutsche Bundesbahn vom 30.1.1960 - sog. Brandgutachten - BT-Drucks. IV/840, S. 219; unklar dagegen Schmidt-Aßmann,E./Fromm,G., Deutsche Bundesbahn, S. 111.

10 Finger, H.J., BbG,1 zu § 28

materiae für die Tarifgenehmigung ist damit primär[11] § 6 AEG, welcher von Tarifpolitik *für* die öffentlichen Eisenbahnen spricht, mithin davon ausgeht, daß die originär politischen Zielvorstellungen in den von den Eisenbahnunternehmen vorgeschlagenen Tarifen gerade noch nicht enthalten sind.[12] Erst durch das Genehmigungsverfahren werden die betriebswirtschaftlich kalkulierten Tarife politisch "manipuliert".

Ein weiterer Beleg für das Prinzip der dualistischen Interessenartikulation und der finanziellen Autonomie der Deutschen Bundesbahn ist schließlich § 28 a BbG.[13] Ihrer Funktion nach bezweckt die Vorschrift, die politischen Einflüsse auf die eigenwirtschaftliche Betriebsführung seitens der Deutschen Bundesbahn wieder zu neutralisieren. Die Bahn, der durch § 28 Abs.1 BbG die Rolle eines quasiprivaten Unternehmens zugewiesen ist, soll zwar hoheitlichen Eingriffen unterliegen. Nach dem Verursacherprinzip sollen die finanziellen Folgen hiervon aber wieder auf den allgemeinen Staatshaushalt zurückgewälzt werden. Durch die Ausgleichszahlung soll m.a.W. der "wahre" betriebswirtschaftliche Erfolg der Bahn wieder sichtbar werden. Für den vorliegenden Zusammenhang[14] weiter wesentlich ist, daß die Ausgleichspflicht - unabhängig von dem besonderen Verfahren bei Meinungsdivergenzen nach Abs.2 - kraft Gesetzes, d.h. automatisch entsteht und für den tariflichen Bereich umfassend gilt, da beide möglichen Fälle eines Tarifkonfliktes (Änderungsverlangen nach § 16 Abs.4 BbG bzw. Versagung der Tarifgenehmigung) in § 28 a Abs.1 BbG genannt sind.

Sachlich steht die Vorschrift damit auch in einem engen Zusammenhang mit § 5 BbG. Während durch § 5 BbG die (verwaltungsrechtliche[15] wie finan-

---

11 Vgl. schon oben 1. Teil B. VI.

12 Die Vorschrift des § 6 AEG ist daneben auch noch für die historische Analyse sowie für die bei der Genehmigung vorzunehmende Interessenabwägung beachtlich, vgl. hierzu unten III. und B. IV.

13 Diese Feststellung ist unabhängig von der Problematik, ob man aus der Vorschrift, v.a. aus der in § 28 a Abs.2 BbG vorgesehenen Einigungsstelle auf das Fehlen verwaltungsgerichtlicher Klagemöglichkeiten schließt (so etwa Püttner, G., Öffentliche Unternehmen, S. 233 m.w.N.). Zu dieser Problematik vgl. unten B. IV.

14 Für weitere Einzelheiten zu § 28 a BbG vgl. unten III. und B. IV.

15 Vgl. hierzu etwa den Beschluß des OVG NW vom 13.10.86, DÖV 87,156. In diesem Beschluß hat das OVG NW die eigene Rechtsposition und damit die Klagebefugnis der Bahn im Hinblick auf Ausgleichszahlungen bejaht (in concreto ging es um die Erstattung von Fahrgeldausfällen nach § 60 SchwbG a.F.) und hierzu maßgeblich auf die vermögensmäßige Isolie-

zielle) Distanz der Deutschen Bundesbahn zur übrigen Staatsverwaltung für die Leistungen der Bahn an andere Verwaltungsträger hergestellt wird, dient § 28 a BbG im tariflichen Bereich dazu, den auf der ersten Ebene erfolgenden Einfluß des Staates auf der zweiten - monetären - Ebene wieder zu korrigieren und so die Unabhängigkeit der Deutschen Bundesbahn von hoheitlichen Einflüssen wiederherzustellen. Wie ernst der Gesetzgeber die finanzielle Kompensation von politischen Manipulationen und damit die Abschottung der Verantwortungsbereiche nimmt, zeigt sich schließlich auch daran, daß der Geltungsbereich des § 28 a BbG weit über den tariflichen Bereich hinausgeht. So erfaßt § 28 a Abs.1 b BbG i.V.m. dem in § 14 Abs.3 S.1 BbG enthaltenen Genehmigungskatalog unternehmenspolitisch so zentrale Entscheidungen wie etwa den Bau neuer Bahnen oder (in der aktuellen Diskussion wichtiger) Strecken- und Bahnhofstillegungen etc.

II. Die Autonomie der Deutschen Bundesbahn im übrigen

Korrelierend mit dem vermögensrechtlich-wirtschaftlichen Bereich ist die Deutsche Bundesbahn in vielfacher Hinsicht auch in organisatorisch-personaler Hinsicht verselbständigt. Als wesentliche Elemente sind hier der in § 2 BbG verankerte Grundsatz der selbständigen Stellung im Geschäftsverkehr , die Tatsache der Eigenorganschaft sowie das komplexe Steuerungssystem zu nennen.

Mit der Institutionalisierung von zur Leitung der Deutschen Bundesbahn berufenen Organen enthält das BbG eine deutliche Abkehr von traditionellen, hierarchischen Verwaltungsstrukturen und eine bewußte Anlehnung an das (private) Unternehmensrecht. Sowohl die Regeln über die Einsetzung/Abberufung der Organe als auch deren durch das BbG determinierte Rechts- und Pflichtenstellung - v.a. deren Verpflichtung zur Artikulation der bahneigenen Interessen - sind ohne Parallele im übrigen staatsorganisatorischen Bereich.[16]

---

rung der Bahn abgestellt. Nichts anderes hat für auf § 5 BbG gestützte Ansprüche zu gelten. Vgl. näher zu diesem statischen Aspekt der Autonomie unten IV.

16 Eine nähere Analyse der einzelnen Regelungen findet sich etwa bei Schmidt-Aßmann,E./Fromm,G., Deutsche Bundesbahn, S.108 ff.

In gleicher Weise bahnspezifisch ist das komplexe, detaillierte und vielfach gegenseitig be- und verschränkte Steuerungssystem der Deutschen Bundesbahn.[17] Der Prozeß der Entscheidungsfindung findet demnach auf zwei Stufen statt. Auf der unternehmensinternen Ebene sind die Kompetenzen je nach betroffenem Sachbereich auf die Organe Verwaltungsrat und Vorstand verteilt. Wesentlich ist, daß auch schon auf dieser Ebene bewußt ein Gegeneinander von Kompetenzen und damit eine Abweichung von hierarchischen Linienkonzepten geschaffen wurde und so der interorganschaftliche Konflikt als ausgleichender Faktor vorgesehen wurde. Materiell schwerwiegender für die unternehmerische Gestaltungsfreiheit ist sodann die auf der zweiten Ebene erfolgende unternehmensexterne Beeinflussung. Das BbG enthält hierzu im 4.Abschnitt (§§ 14 ff.) einen - weit über den tariflichen Bereich hinausgehenden - Katalog staatlicher Genehmigungs- und sonstiger Mitwirkungsrechte. Wie schon erwähnt, kann diese politisch motivierte Einflußnahme auf die Geschäftspolitik in weiten Bereichen nur um den Preis einer finanziellen Schadloshaltung der Bahn erfolgen.[18]

Ziel dieser Aufgabenteilung ist auch hier, die vollständige Unterwerfung der Deutschen Bundesbahn unter den politischen Willen zu vermeiden und sie zur selbstverantwortlichen Verfolgung der unternehmenstypischen Interessen und zu deren Artikulation gegenüber der politischen Aufsichtsinstanz zu verpflichten - unabhängig davon, ob im konkreten Sachbereich ein Letztentscheidungsrecht der unternehmensexternen Ebene besteht oder nicht.

III. Historisch-teleologische Analyse der wirtschaftlichen Autonomie

Zur näheren Eingrenzung und Bestimmung der verwaltungsrechtlichen Stellung der Bahn im Tarifgenehmigungsverfahren seien schließlich noch die historische Entwicklung hin zur gegenwärtigen Rechtslage sowie die mit den Gesetzesänderungen verbundenden Intentionen des Gesetzgebers skizziert.[19]

---

17 Vgl. auch hierzu die nähere Analyse bei Schmidt-Aßmann,E./Fromm,G., Deutsche Bundesbahn, S. 108 ff.

18 Vgl. §§ 28 a Abs.1 b, 14 Abs.3 S.1,2 BbG und oben I.

19 Die nachfolgende Erörterung beschränkt sich - entsprechend der Intention der Arbeit - im wesentlichen auf die für den tariflichen Bereich relevanten Gesetzesbestimmungen.

1. Die Rechtslage nach den Eisenbahngesetzen von 1951

Geschichtlicher Ausgangspunkt für die Nachkriegsentwicklung des Eisenbahnwesens sind das BbG vom 13.12.1951[20] und das AEG vom 29.3.1951.[21] Schon bei Erlaß des BbG war politisch umstritten, ob und inwieweit man an das Reichsbahngesetz von 1930, dessen Konzeption einer weitreichenden Autonomie der Bahn sowie einer grundsätzlichen Trennung von Aufsicht und Leitung sich wirtschaftlich bewährt hatte,[22] anknüpfen sollte und der Deutschen Bundesbahn eine weitgehende Autonomie einräumen sollte oder ob man einer eher staatlich dominierten Konstruktion den Vorzug geben sollte. Mit dem Argument,[23] daß die veränderte verkehrspolitische Ausgangslage - welche vor allem durch eine Zunahme des Straßenverkehrs zu Lasten der Schiene charakterisiert war - eine Koordinierung der Verkehrsträger erfordere[24] und

---

20 BGBl I, S. 955

21 BGBl I, S. 225

22 Die Grundzüge der Regelungen in den Gesetzen über die Deutsche Reichsbahn vom 30.8.1924 (RGBl II, S.272) und vom 13.3.1930 (RGBl. II. S. 369) lassen sich wie folgt skizzieren. Die Reichsbahn war in der Form einer selbständigen Anstalt des öffentlichen Rechts organisiert. Von den Organen Verwaltungsrat und Vorstand war letzterer für die laufende Geschäftsführung verantwortlich und wurde hierin vom Verwaltungsrat überwacht, welcher auch zur Entscheidung über alle wichtigen und grundsätzlichen Fragen zuständig war. Das Berufsbeamtentum wurde prinzipiell aufrechterhalten, jedoch wurde mit dem Reichsbahnbeamten ein besonderer Beamtentyp geschaffen, dessen rechtliche Stellung im Vergleich zu den übrigen Beamten in bestimmten Punkten abgeschwächt war, um eine größere Dispositionsfreiheit herzustellen. Das Eisenbahnvermögen war zwar vom übrigen Reichsvermögen nicht vollständig abgesondert, es wurde jedoch gegenüber diesem in einiger Hinsicht anders behandelt. So unterlag es etwa nicht der Kontrolle durch den Rechnungshof, sondern nur einer Selbstkontrolle durch das Hauptprüfungsamt. Die finanzielle Autonomie der Reichsbahn war begrenzt durch das Aufsichtsrecht der Reichsregierung, welches ihr unter anderem einen maßgeblichen Einfluß auf die Tarifpolitik sicherte. Der Grundsatz der Trennung von Aufsicht und Leitung wurde dadurch realisiert, daß bei Meinungsdivergenzen zwischen Reichsbahn und Reichsregierung (insbesondere auch in tariflichen Angelegenheiten) ein besonderes Reichsbahngericht angerufen werden konnte. Hierdurch wurde die "Entpolitisierung" der Eisenbahngesellschaft sichergestellt. Vgl. näher zur Konzeption der Deutschen Reichsbahn Fromm,G., DVBl 82,288 ff sowie Schmidt-Aßmann,E./Fromm,G., Deutsche Bundesbahn, S. 1 ff., jeweils m.w.N. Schmidt-Aßmann,E./Fromm,G., gelangen zu dem Schluß, daß bei der Deutschen Reichsbahn der Autonomiegedanke in klassischer Form verwirklicht war (a.a.O., S.17).

23 Zu den politischen Hintergründen vgl. etwa Fromm, G., DVBl. 82, S. 288 ff. sowie Schmidt-Aßmann,E./Fromm,G., Deutsche Bundesbahn, S. 20 ff.

auch von Verfassungs wegen (Art. 65, 87 Abs.1 GG) keine andere Lösung zulässig sei,[25] wurde schließlich eine eher staatsnahe Konstruktion geschaffen.

Wenngleich in § 28 Abs.1 BbG 1951 die Deutsche Bundesbahn verpflichtet wurde, ihre Wirtschaft so zu führen, daß sie die notwendigen Aufwendungen selbst bestreiten kann und auch § 4 Abs.1 BbG 1951 eine Verwaltung "nach kaufmännischen Grundsätzen" vorschrieb, so war diese "Autonomie"[26] doch unter den Primat der "Wahrung der Interessen der deutschen Volkswirtschaft" bzw. die Anforderungen des Verkehrs gestellt (§ 4 Abs.1 BbG 1951) und somit nur eine relative.[27]

In krassem Gegensatz zur heutigen Regelung in § 28 Abs.1 S.2 BbG war somit die Beachtung der übergeordneten staats- und volkswirtschaftlichen Gesichtspunkte Voraussetzung für die Umsetzung kaufmännischer Grundsätze in die Geschäftspolitik. Privatwirtschaftlichen Unternehmenszielsetzungen wurde hiermit eine klare Absage erteilt, stattdessen wurde die untrennbare Bindung der Bundesbahn an die genannten höherrangigen Aspekte hervorgehoben.[28]

Im Falle von Meinungsverschiedenheiten über tarifliche Fragen sah § 28 Abs.2 BbG 1951 die Möglichkeit eines Einspruchs der Deutschen Bundesbahn nur vor, soweit ihr die Durchführung oder Unterlassung der tariflichen Maßnahme nicht zumutbar war. Zur Entscheidung über den Einspruch war die Bundesregierung aufgerufen. Eine Übernahme der finanziellen Mehrbelastung aus der Zurückweisung des Einspruchs schließlich sah § 28 Abs.3

---

24 Gerade aufgrund der sich damals anbahnenden Verschärfung der Konkurrenzlage hätte man freilich auch umgekehrt in dem Sinne argumentieren können, daß nur bei einer verstärkten Autonomie eine längerfristig rentabel operierende Betriebsführung zu erwarten sei, vgl. etwa Fromm, G., DVBl. 82, S. 290 m.w.N.; Schmidt-Aßmann,E./Fromm,G., Deutsche Bundesbahn, S. 21.

25 Fromm, G., DVBl. 82, S. 290 weist darauf hin, daß die verfassungsrechtliche Problematik (damals) nicht ausgetragen wurde.

26 Als solche wurde sie jedenfalls in der Begründung zum Regierungsentwurf vom 14.9.50 qualifiziert, BT-Drucks. I Nr. 1341, S.36.

27 So denn auch die Begründung zum Regierungsentwurf, a.a.O., S.36. Auf S. 44 führt die Begründung - gleichermaßen pathetisch wie unmißverständlich - weiter aus: "Bei aller Beachtung betriebswirtschaftlicher Grundsätze ist daran festzuhalten, daß die Deutsche Bundesbahn die Aufgabe hat, dem deutschen Volke und seiner Wirtschaft zu dienen".

28 Oeftering,H.M., Die Verwaltung 70,446

BbG 1951 nur für den Fall einer Auflage der Durchführung[29] einer tariflichen Maßnahme vor. Darüberhinaus unterblieb der Ausgleich, wenn die wirtschaftliche Auswirkung der Auflagen insgesamt nur unwesentlich war bzw. anderweitig ein ausreichender Jahresüberschuß erwirtschaftet wurde (§ 28 Abs.3,4 BbG 1951). Über die Höhe dieses (schon dem Grunde nach sehr unsicheren) Anspruchs entschied zudem - wie auch über den Einspruch als solchen - die Bundesregierung endgültig (§ 28 Abs.4 BbG 1951).

Die Dominanz der politischen und volkswirtschaftlichen Ziele im Rahmen der Tariffestsetzung fand sich auch in § 6 AEG 1951.[30] Danach war es Ziel der Tarifpolitik der (!) öffentlichen Eisenbahnen, "gleichmäßige und volkswirtschaftlich vertretbare Tarife für alle Eisenbahnen zu schaffen und sie den Bedürfnissen des Verkehrs, der Wirtschaft und der Verkehrsträger anzupassen". Die (genuin staatliche) Tarifpolitik wurde hierdurch (auch) den Eisenbahnunternehmen anvertraut. Diese Vorstellung mutet - nicht zuletzt vor dem Hintergrund von privaten Eisenbahnunternehmen - befremdend an, zumal die wirtschaftlichen Verhältnisse der betroffenen Eisenbahnen nur angemessen zu berücksichtigen (§ 6 Abs.1 S.2 AEG 1951) und nicht - wie heute - zu "wahren" waren (und damit zur conditio sine qua non einer Tarifgenehmigung erhoben waren).

Außerhalb des tariflichen Bereichs war es vor allem das allgemeine Anordnungsrecht des Bundesverkehrsministers nach § 14 Abs. 1 BbG 1951, wonach er Anordnungen erlassen konnte, "um den Grundsätzen der Politik der Bundesrepublik, insbesondere der Verkehrs-, Wirtschafts-, Finanz- und Sozialpolitik Geltung zu verschaffen", wodurch der Deutschen Bundesbahn politische Lasten aufgebürdet wurden, ohne daß sie einen Anspruch auf Schadloshaltung gehabt hätte.

---

29 Streitig war daher, ob auch bei einem Verlangen der Bundesregierung, eine tarifliche Maßnahme zu unterlassen, eine Übernahmeverpflichtung entstehen könnte, vgl. hierzu die Nachweise bei Schmidt-Aßmann,E./Fromm,G., Deutsche Bundesbahn, S. 22, FN 32.

30 Da das BbG 1951 über die in § 4 Abs.1 und § 28 Abs.1 BbG enthaltenen allgemeinen Geschäftsführungsgrundsätze keine materiellen Maßstäbe für die Tarifbildung im engeren Sinne vorgab (§ 16 BbG 1951 betraf nur die formelle Genehmigungspflicht), hat man (auch für die DB) insoweit auf die tarifliche Grundsatznorm des § 6 AEG 1951 zurückzugreifen. Auch nach der heutigen Rechtslage ist § 6 AEG, was die Höhe der Tarife angeht, einschlägig. Vgl. oben 1.Teil B. IV.

2. Die Rechtslage nach den Änderungsgesetzen von 1961

Anlaß für die erste grundlegende Änderung des BbG bzw. des AEG war vor allem[31] die sich verschärfende finanzielle Krise der Deutschen Bundesbahn sowie das Gutachten einer unabhängigen Prüfungskommission aus dem Jahre 1960,[32] welches zur Behebung eben dieser Finanzmisere in Auftrag gegeben wurde und eine Orientierung der Unternehmensführung an marktwirtschaftlichen Prinzipien sowie eine weitreichende Aufgabe der gemeinwirtschaftlichen Bindungen vorschlug. Der Preis solle auch in der Verkehrswirtschaft seine marktregelnde Funktion haben, weshalb nur die Deutsche Bundesbahn selbst zur Bestimmung des Preises sowie des Umfangs ihres Verkehrsangebotes zuständig sei.[33]

Die sog. kleine Verkehrsreform, welche im Anschluß an das erwähnte Gutachten stattfand, blieb jedoch hinter der radikal-marktwirtschaftlichen Konzeption des letzteren zurück. Für den Bereich der Deutschen Bundesbahn war Kernpunkt der Änderung die Neufassung der Geschäftsführungsgrundsätze in § 28 BbG. § 28 BbG erhielt seine heute noch gültige Fassung, wonach die Deutsche Bundesbahn so zu führen ist, daß sie ein positives Jahresergebnis erwirtschaftet und (nur) in diesem Rahmen ihre gemeinwirtschaftliche Aufgabe erfüllt. Dementsprechend wurde die Verpflichtung, die Interessen der deutschen Wirtschaft zu wahren und den Anforderungen des Verkehrs Rechnung zu tragen nach § 4 Abs.1 BbG 1951 und damit der hierin enthaltende Widerspruch (§ 4 Abs.1 a.F. gebot gleichzeitig eine Verwaltung nach kaufmännischen Grundsätzen !) aufgehoben. § 4 BbG enthält seitdem nur noch Maßgaben für die technische Betriebsführung.

Ziel[34] der Novelle war es, die Geschäftsführung der Deutschen Bundesbahn auf eigenwirtschaftliche Grundsätze zu verpflichten und die gemeinwirtschaftliche Bindung der Deutschen Bundesbahn in Anpassung an den Strukturwandel aufzulockern, wenngleich sie in der Substanz erhalten bleiben

---

31 Zu den historischen Hintergründen und den Zielen der Verkehrsgesetznovellen vgl. etwa Most,O., Gutachten, S.7 ff.; Fikentscher,W., Gutachten, S. 7 ff.; Wesmann,C., BB 61,958.

32 BT-Drucks. III/1602, sog. "Brandgutachten" (benannt nach dem Vorsitzenden der Prüfungskommission).

33 BT-Drucks. III/1602, S. 8

34 Vgl. Begründung zum Änderungsgesetz 1961 BT-Drucks. III/2381, Anlage 1 sowie Ausschußbericht, BT-Drucks. III/ zu Drucks. 2830 ff., S. 5 f.

sollte.[35] In der Begründung zur Gesetzesänderung wurde weiter die Erwartung der Bundesregierung ausgedrückt, daß der Bund als Eigentümer des Bundeseisenbahnvermögens erwarten könne, daß sich die Bahn bei ihrer Geschäftsführung bemüht, für dieses vom Bund zur Verfügung gestellte Vermögen eine angemessene Verzinsung zu erwirtschaften. Diese Verzinsungspflicht hielt die Bundesregierung für notwendig, um eine Verzerrung der Wettbewerbsbedingungen zwischen den Verkehrsträgern zu vermeiden.[36]

Inhaltlich erweitert wurde die Ausgleichspflicht des Bundes. Zwar sah die Neufassung keine Einspruchsmöglichkeit der Bahn mehr vor. Klargestellt wurde aber, daß für jede Art von Einfluß auf das Tarifgebaren[37] der Bahn ein staatlicher Ausgleich zu gewähren ist. Der Ausgleich stand nach wie vor unter dem Vorbehalt einer fehlenden anderweitigen Deckung, jedoch wurde das bis dahin bestehende Letztentscheidungsrecht der Bundesregierung bei Meinungsdivergenzen über die Höhe des Ausgleichs insofern abgeschwächt, als die Bundesregierung zur Anhörung von Sachverständigen verpflichtet wurde.

Gesetzgeberisches Motiv für die Regelung war der Versuch einer Synthese der beiden konträren Unternehmensmaximen. Um die Bahn als Instrument der Bundesregierung, insbesondere ihrer Verkehrspolitik zu erhalten, sollten weiterhin Auflagen durch den Bundesverkehrsminister möglich sein, jedoch - für den Fall einer hierdurch bedingten Kostenunterdeckung - nur um den Preis einer finanziellen Schadloshaltung der Bahn.

Im Bereich des AEG[38] wurde die dualistische Interessenartikulation im § 6 Abs. 1 AEG 1961 festgeschrieben.[39] Die Aufteilung der Verantwortungsbereiche kommt darin zum Ausdruck, daß nunmehr von einer Tarifpolitik *für* (!) die öffentlichen Eisenbahnen die Rede ist. Nebenbedingung für politische

---

35 So wurde z.B. entgegen dem ursprünglichen Vorschlag der Bundesregierung, welcher eine Führung der Bahn "als" Wirtschaftsunternehmen vorsah, auf Anregung des Bundesrates, welcher eine Aushöhlung der Gemeinwirtschaftlichkeit befürchtete, die Formulierung "wie" ein Wirtschaftsunternehmen gewählt, um so dem ambivalenten Charakter der Bahn als Verwaltungseinrichtung Rechnung zu tragen. (Zu diesem Streit vgl. BT-Drucks. III/2381, Anlagen 2,3, S.5).

36 BT-Drucks. 2381, Anlage 3, S. 5

37 Erwähnenswert ist ferner, daß die Ausgleichspflicht auch auf die Verweigerung von Genehmigungen für Streckenstillegungen ausgedehnt wurde.

38 Gesetz zur Änderung des AEG vom 1.8.1961, BGBl I, S. 1161

39 Vgl. den schriftlichen Bericht des Verkehrsausschusses, BT-Drucks. V/3523, S.5

Aspekte ist - auch insoweit analog der neuen Regelung des § 28 Abs.1 BbG - die *Wahrung* der wirtschaftlichen Verhältnisse der beteiligten Eisenbahnen.

Mit § 8 AEG wurde - gleichlautend mit §§ 7 GüKG/ 33 BSchVG - der Wettbewerbsparagraph als verkehrspolitisches Grundsatzbekenntnis zu mehr Marktwirtschaft und Wettbewerb aufgenommen.

3. Die Rechtslage nach den Änderungsgesetzen von 1969

Die in die Änderungen von 1961 gesetzten Erwartungen erfüllten sich in der Realität nicht. Vielmehr führte die immer prekärer werdende Finanzsituation der Bahn dazu, daß man erneut gesetzgeberischen Handlungsbedarf erblickte und mit dem Gesetz zur Änderung des BbG vom 6.3.1969[40] eine weitere Stärkung der Bahnautonomie anstrebte.[41] Die Modifikationen betrafen zwei für die Autonomie der Bahn essentielle Bereiche.

Zum einen wurde das Aufsichtsrecht des Bundesverkehrsministers nach § 14 BbG von Grund auf umgestaltet. Hatte der Bundesverkehrsminister früher eine allgemeine, generalklauselartig weite Anordnungsbefugnis, um den Grundsätzen der Politik Geltung zu verschaffen, und um die Interessen der Bahn und der übrigen Verkehrsträger in Einklang zu bringen, so können die genannten politischen Motive nach der Neuregelung nur noch in den in § 14 Abs.3 BbG 1969 enumerativ aufgeführten Fällen der Genehmigungsbedürftigkeit zur Versagung eben dieser Genehmigung führen. Unverändert blieb die allgemeine Rechtsaufsicht des Bundesverkehrsministers über die Bahn.

Inhaltlich erheblich ausgedehnt wurde schließlich auch die Ausgleichspflicht nach § 28 a BbG. Sie erstreckt sich nunmehr über den tariflichen Bereich hinaus auf alle Fälle, in denen eine nach § 14 Abs.3 S.1 BbG erforderliche Genehmigung aus den in § 14 Abs.3 S.2 BbG genannten politischen Gründen versagt wird. Die negative Voraussetzung, wonach kein Ausgleich zu leisten ist, wenn die Bahn einen Jahresüberschuß i.S.d. § 33 Abs.1 Nr.3 BbG erzielt, entfiel, der Ausgleich wurde damit zur automatischen, kraft Gesetzes eintretenden Folge der politischen Einflußnahme.

---

40 BGBl I, S. 191

41 Vgl. den schriftlichen Bericht des Verkehrsausschusses, BT-Drucks. V/3523, S.5

Bei Meinungsdivergenzen über die Höhe des Anspruchs wurde die Entscheidungsprärogative der Bundesregierung ersetzt durch eine Einigungsstelle, die nach Art eines paritätisch besetzten Schiedsgerichts entscheidet. Der potentielle Vorwurf, die Bundesregierung entscheide als Richter in eigener Sache, sollte damit beseitigt werden.

4. Die Entwicklung seit 1969

Seit 1969 wurden keine für die finanzielle Autonomie der Bahn einschlägigen Gesetzesänderungen mehr vorgenommen.

Im Jahre 1976 wurde die allgemeine Aufgabennorm des § 4 AEG, welche auch für die Deutsche Bundesbahn gilt, entsprechend der Tarifbestimmung des § 6 AEG dahingehend modifiziert, daß die Aufgaben nur noch unter der Nebenbedingung der "Wahrung wirtschaftlicher Grundsätze" zu erfüllen seien.[42]

Das dritte Gesetz zur Änderung des BbG vom 22.12.1981[43] brachte eine Neugestaltung der Rechtsverhältnisse des DB-Vorstandes sowie der Inhaber von leitenden Dienstposten. Analog zur Stärkung der wirtschaftlich-finanziellen Unabhängigkeit wurde hiermit eine bewußte Aufweichung der klassisch-beamtenmäßig strukturierten Personalverfassung beabsichtigt.[44]

---

42 Daneben wurden v.a. die Regeln über die Ausgleichspflicht (§§ 6a - 6g) in das Gesetz aufgenommen.

43 BGBl I, S. 1689

44 Battis,U., ZBR 82, 37 ff.; Fromm,G., NVwZ 86,891. Die Abkehr vom Beamtenverhältnis zeigt sich für den genannten Personenkreis etwa darin, daß die Amtsinhaber nicht mehr in ein Beamtenverhältnis auf Zeit bzw. auf Lebenszeit berufen werden, sondern stattdessen ein "öffentlich-rechtliches Amtsverhältnis" begründet wird (§§ 8 Abs.2 S.1/ 9 a Abs.1/ 19 a BbG), dessen inhaltliche Ausgestaltung auf einer vertraglichen (!) Vereinbarung beruht. (§§ 8 a Abs.3/ 9 a Abs.1 S.3/ 19 a S.3 BbG). Die Amtsinhaber können ferner jederzeit durch den Bundespräsidenten entlassen werden (§§ 8 Abs.3 S.2/ 9 a Abs.3/ 19 a S.3 BbG). Zu diesen dienstrechtlichen Neuerungen tritt eine organisationsrechtliche Änderung der Führungsstruktur. Bildete der Vorstand früher ein auf die Dauer von 5 Jahren bestelltes, gesamtverantwortliches Kollegium, so kann die Bundesregierung jetzt (§ 8 Abs.1 S.2 und Abs.2 S.2) Zahl und Amtsdauer der Vorstandsmitglieder nach aufgabenbezogenen Verantwortungsbereichen flexibel festlegen.

In der literarischen Beurteilung wird die Novellierung freilich kritisiert. Bemängelt wird, daß der mit der Änderung verfolgte Zweck einer Angleichung der Führungsstruktur an die einer

5. Zusammenfassung

Zusammenfassend läßt sich zur geschichtlichen Entwicklung festhalten, daß sich im Zuge der Gesetzesänderungen die Akzente zwischen gemeinwirtschaftlich-politischer Aufgabenerfüllung und freier unternehmerischer Betätigung zugunsten letzterer verschoben haben. Angesichts der immer prekärer werdenden finanziellen Lage der Bahn folgte der Gesetzgeber der opinio communis, daß nur bei einer ausreichenden Eigenständigkeit der Bahn und einer damit einhergehenden Entpolitisierung ihrer Entscheidungsstruktur eine finanzielle Genesung zu erwarten sei. Zu diesem Zwecke wurde das Prinzip der dualistischen Interessenartikulation eingeführt, womit die Verantwortungsbereiche zwischen Bahn und der externen Leitungsebene abgegrenzt wurden. Für den Fall, daß die eigenverantwortliche Geschäftsführung der Bahn durch politisch motivierte Einflußnahmen tangiert wird, sieht das BbG eine Ausgleichspflicht vor, um so die finanziellen Auswirkungen auf das Ergebnis der Bahn zu neutralisieren und damit die Eigenverantwortlichkeit der Bahn wiederherzustellen.

IV. Ergebnis: Die These von der eigenen Rechtsposition der Bahn im wirtschaftlich-finanziellen Bereich

Die durch Art. 87 Abs.1 GG sowie das BbG geprägte Unternehmensverfassung der Deutschen Bundesbahn weist der Bahn eine Zwitterstellung zu, welche im übrigen staatsorganisatorischen Bereich ohne Parallele ist. Die Rechtsstellung der Bahn ist z.T. durch Elemente einer Autonomie charakterisiert, welche ihr eine gewisse Staatsdistanz verleihen, auf der anderen Seite finden sich auch Merkmale, die der Eigenschaft der Bahn als Verwaltungsträger Rechnung tragen.[45] Dieses janusköpfige Wesen spiegelt die ambivalenten Ge-

---

Aktiengesellschaft (vgl. Amtl. Begründung, BT-Drucks. IX/830, S. 7) verfehlt wird. Die Stellung des Bahnvorstandes gegenüber dem Verwaltungsrat bleibe hinter der Stellung eines Vorstandes einer Aktiengesellschaft gegenüber dem Aufsichtsrat zurück. Auch sei die Abhängigkeit der Bahnorgane von der politischen Aufsichtsebene durch die Möglichkeit der Verkürzung der Amtszeit, der jederzeitigen Entlassung der Amtsinhaber als auch durch die Einbeziehung der Inhaber leitender Dienstposten in die neue Personalverfassung eher verstärkt worden. Vgl. zur Kritik ausführlich Battis,U., ZBR 82, 38 ff. m.w.N..

45 Zu nennen wären hier etwa neben der Grundsatznorm des Art. 87 Abs.1 GG die §§ 6 Abs.2,3 / 8 Abs.2/ 19/ 37 BbG. Vgl. auch Dittmann, A., Bundesverwaltung, S. 165 f.

schäftsführungsgrundsätze und die Antinomie zwischen politischer Indienstnahme und freier eigenwirtschaftlicher Betätigung wieder. Dabei fand die Verankerung und die im historischen Ablauf zunehmende Akzentuierung des eigenwirtschaftlichen Aspektes sowie die Verpflichtung der Bahnorgane auf dieses Unternehmensziel durchweg auf der einfachgesetzlichen, unterverfassungsrechtlichen Ebene statt. Aus Art. 87 Abs.1 GG folgt die Zwitterstellung der Bahn jedenfalls nicht explizit. Aufgeworfen ist damit die Frage der Vereinbarkeit einer wie auch immer konkretisierten Stellung der Bahn mit der grundgesetzlichen Vorgabe des Art. 87 Abs.1 GG. Auf diesen Problemkreis ist nach der näheren Bestimmung der Stellung der Bahn im Tarifverfahren zurückzukommen.[46]

Was den wirtschaftlich-vermögensrechtlichen Bereich betrifft, so führt die vorgenommene Auslegung der eisenbahnrechtlichen Vorschriften nach der wörtlichen, systematischen, historischen und teleologischen Methode zu dem Ergebnis, daß die Bahn eine eigene materielle und damit auch verwaltungsgerichtlich wehrfähige Rechtsposition innehat,[47] welche in mehrere Aspekte zerfällt.

Zunächst ein quasi *statischer* Aspekt, dessen Grundzüge sich v.a. aus den §§ 2,3,5,28a ff BbG ergeben. Durch das BbG wurde das Bundeseisenbahnvermögen als vom übrigen Bundesvermögen strikt getrennte Vermögensmasse geschaffen. Vor allem die Pflicht zur Leistungsabgeltung für Leistungen, die vom Sondervermögen "Bundesbahn" gegenüber anderen Verwaltungsträgern erbracht werden (vgl. § 5 BbG und weitere Vorschriften wie etwa § 60 SchwbG a.F.), aber auch die Regelungen der §§ 3 Abs.2, 28 ff BbG bewirken, daß es in seinem Bestand erhalten bleibt und sichern ihm eine gewisse Unantastbarkeit, für die die Organe der Bahn die Verantwortung tragen. Aus diesem Grund hat auch das OVG Nordrhein-Westfalen in seinem Beschluß vom 13.10.1986[48] zutreffend die Klagebefugnis der Bahn gegen Entscheidungen des Bundesverwaltungsamtes über die Erstattung von Fahrgeldausfällen für die unentgeltliche Beförderung Schwerbehinderter nach § 60 SchwbG a.F. bejaht. Der Aspekt der Vermögenstrennung bedingt m.a.W. eine eigene Rechtsposition und damit ein Klagerecht der Bahn, soweit es um die Pflicht

---

46 Vgl. unten B. VI.

47 Von dieser Frage des grundsätzlichen "Ob" ist die Frage zu differenzieren, "wie" sich diese Position auf die Tarifgenehmigung auswirkt. Diese Frage wird unter B. erörtert.

48 DÖV 1987, S. 156

zur Leistungsabgeltung zwischen dem Bund und dem hiervon getrennten Bundeseisenbahnvermögen geht.

Mit dem soeben erläuterten Aspekt nicht identisch, aber doch eng zusammenhängend, steht eine weitere Komponente der Bahnautonomie: die eigene und damit prinzipiell wehrfähige Rechtsposition der Bahn im Tarifgenehmigungsverfahren. Insoweit folgt die Rechtsposition der Bahn zunächst und vor allem aus dem Prinzip der dualistischen Interessenartikulation, welches nicht nur in § 28 Abs.1 BbG verankert ist, sondern auch aus dem systematischen Zusammenhang mit anderen Vorschriften des BbG und des AEG folgt.[49] Auch historisch-teleologisch betrachtet sollte mit dem genannten Prinzip sowie den anderweitigen Änderungen ein eigener Verantwortungsbereich der Bahn begründet werden.

Als Meilensteine dieses geschichtlichen Prozesses sind noch einmal zu nennen:

- Die Einführung der dualistischen Interessenartikulation und damit die Entbindung der Bahn von der Verpflichtung zur Beachtung politischer Ziele

- Die stufenweise erfolgte Erweiterung der Ausgleichspflicht nach § 28 a BbG und - hiermit korrespondierend - die Entpolitisierung des Verfahrens bei Meinungsdivergenzen über die Höhe des Ausgleichs durch die Einschaltung von Sachverständigen

- Die Beseitigung des allgemeinen politischen Anordnungsrechts nach § 14 Abs.1 BbG 1951

- Die Umstrukturierungen im personal-organisatorischen Bereich

Als Ergebnis ist festzuhalten, daß sich im Spannungsfeld zwischen Eigen- und Gemeinwirtschaftlichkeit die Gewichte im Zuge der Gesetzesnovellierungen deutlich zu Gunsten der Eigenwirtschaftlichkeit und damit der Bahnautonomie verschoben haben, was auch dem Willen des Gesetzgebers entsprach.[50]

Die eigene Position der Deutschen Bundesbahn im Tarifgenehmigungsverfahren beschränkt sich somit nicht nur auf die formelle Rolle des Initiativrechts. Sie hat vielmehr kraft gesetzlicher - und nicht nur kraft binnenrechtlicher - Bestimmung auch einen materiellen Gestaltungsauftrag, nämlich das

---

49 Vgl. hierzu im einzelnen oben I.

50 Zur Frage der Vereinbarkeit mit Art. 87 GG vgl. unten B. VI.

Recht und die Pflicht (!), ihre Tarife an ihren genuinen Unternehmensinteressen zu orientieren. Die Bahn muß auch dort eine kaufmännische Tarifpolitik betreiben, wo eine Genehmigung der beantragten Tarife aus politischen Gründen von vornherein ausscheidet.[51] Inhaltlich deutlich abgegrenzt ist demgegenüber der Tarifgestaltungsauftrag des Bundes , dem die Geltendmachung der gemeinwirtschaftlich-politischen Ziele obliegt. Wie in den übrigen Verkehrsgesetzen[52] findet sich auch im BbG das Prinzip einer dualistischen Interessenartikulation, d.h. der Gesetzgeber verpflichtet auch im BbG Tarifantragsteller und Genehmigungsinstanz nicht auf kongruente, identische Tarifziele. Er akzeptiert bzw. will vielmehr das Aufeinanderprallen verschiedener Maßstäbe, um durch diesen Konflikt einen adäquaten Ausgleich[53] der gegenläufigen Partikularinteressen zu gewährleisten. Die Konzeption ist somit eher mit dem Bild eines Tarifkondominiums vergleichbar, in dem jede Seite ihre eigenen und ihrer Stellung adäquaten Tarifleitbilder einbringt.

Die bisherigen Stimmen in der Literatur erkennen zwar den Grundsatz der dualistischen Interessenartikulation an, ziehen hieraus aber nicht die Konsequenz einer eigenen, materiellen Position der Bahn.[54] Diese ist indes zu bejahen, da die dualistische Interessenartikulation eine "klassische" inneradministrative Gewaltenteilung mit materiell gegenläufigen Verantwortungsbereichen beinhaltet (wobei die Gewaltenteilung hier auf der Ebene der Bahn nochmals "verfeinert" ist durch die Existenz zweier Organe, nämlich von Vorstand und Verwaltungsrat). Bahn und Bund sind die Rollen von Kontrastorganen zugewiesen, es liegt ein System von "checks and balances" im Sinne Kiskers vor.

Die Konstellation des Tarifkonfliktes zwischen Bahn und Bund erfüllt daneben auch die Voraussetzungen des zweiten (alternativ) von Kisker für das Vorliegen einer eigenen Rechtsposition im staatlichen Binnenbereich genannten Kriteriums, nämlich des Streites zwischen fiskalisch und hoheitlich han-

---

51 Oeftering, H.M., Die Verwaltung 70,464

52 Vgl. insoweit oben 1.Teil C.III.

53 Wie der Ausgleich materiell "ausgeht", wird unter B. erörtert.

54 Grund für diese Zurückhaltung ist zum einen die schon erwähnte formale Argumentation, wonach wegen der fehlenden Rechtsfähigkeit eine eigene materielle Position ausscheide, zum anderen offensichtlich die Befürchtung, daß eine eigene Position der Bahn die Realisierung der gemeinwirtschaftlichen Komponente illusorisch machen würde. Die Frage, *ob* die Bahn eine eigene Position innehat, sollte aber von der Frage, *wie* sich diese auf die Tarifgenehmigung auswirkt, getrennt werden (Vgl. zu letzterem unten B.).

delnder Behörde.[55] Durch das BbG ist die Bahn verpflichtet, ihr Handeln an privatwirtschaftlichen Kriterien zu orientieren und ein positives Jahresergebnis zu erzielen. Ihr ist die Rolle eines quasiprivatwirtschaftlichen Unternehmens zugewiesen, das zweite "Kisker-Kriterium" ist daher erfüllt.[56]

Rechtfertigender Grund für das zweite "Kisker-Kriterium" ist die Idee, daß die öffentliche Hand, soweit sie fiskalisch handelt, d.h. in Gewinnerzielungsabsicht am allgemeinen Wirtschafts- und Erwerbsleben teilnimmt, aus Gründen der Chancengleichheit wie ein Bürger zu behandeln ist, d.h. einerseits auf keine ihr als Hoheitsträger eigentlich zustehenden Privilegien zurückgreifen darf, andererseits aber auch die gleichen Rechtsschutzmöglichkeiten wie ein Bürger gegenüber dem Staat haben soll.[57] [58] Auch von dieser Intention her betrachtet liegt der Fall der Bahn parallel zu den übrigen Fiskusfällen. Die Bahn wird im Verhältnis zu Dritten grundsätzlich[59] privatrechtlich tätig und die Idee der Chancengleichheit - hier in der Form der Wettbewerbsgleichheit im Hinblick auf die anderen Verkehrsträger als Konkurrenten der Bahn - gebietet, ihr - wie den konkurrierenden Verkehrsträgern - ein Klagerecht gegen den Staat zu geben. Die Bejahung des zweiten "Kisker-Kriteriums" und damit eines Klagerechts der Bahn ist somit auch mit dem Gebot der Wettbewerbsgleichheit - zu dessen Realisierung sich der Gesetzgeber im Wettbewerbspa-

---

55 Zu diesem Kriterium vgl. Kisker,G., Insichprozeß, S. 47 ff. sowie oben 1.Kapitel B.III. Auch Kopp,F., VwGO, 8 zu § 63 ordnet den vom OVG NW entschiedenen Fall (Beschluß des OVG NW vom 13.10.86, DÖV 87,156, vgl. schon oben Fußnote 16) unter diese Kategorie ein.

56 Der potentielle Einwand, daß aufgrund der gemeinwirtschaftlichen Bindungen der Bahn das zweite "Kisker-Kriterium" nicht vorliege, geht fehl: Zum einen unterliegen alle Verkehrsunternehmen - soweit der Tarifbereich betroffen ist - ähnlichen gemeinwirtschaftlichen Bindungen wie die Bahn, zum anderen ist eine fiskalisch handelnde Behörde einem privaten Unternehmen niemals völlig gleichgestellt. Gemeinwirtschaftliche Bindungen als solche stehen daher der Bejahung des zweiten "Kisker-Kriteriums" nicht entgegen.

57 Kisker,G., Insichprozeß, S. 49 ff.

58 Wie bereits bei der Darstellung des zweiten "Kisker-Kriteriums" erwähnt, ist die Rechtsstellung der öffentlichen Hand freilich nie ganz mit der eines Bürgers identisch. So scheidet etwa nach Auffassung des BVerfG eine Berufung der öffentlichen Hand auf Art. 14 GG aus (BVerfG, Beschluß v. 8.7.82, BVerfGE 61, 82, 109). Dagegen können nach Auffassung des BayVerfG Gemeinden die Verletzung ihres Eigentums nach der bayerischen Verfassung in einem Rechtsstreit zwischen gleichgeordneten Trägern privater Rechts geltend machen (BayVerfGH, Beschluß v. 13.7.84,BayVBl 84, 655).

59 Als Ausnahme zu nennen wäre etwa das Enteignungsrecht, § 37 BbG. Die Erbringung der eigentlichen Unternehmensleistungen richtet sich dagegen ausschließlich nach Privatrecht.

ragraphen verpflichtet hat - verknüpft und eine gebotene Konsequenz aus diesem. Analog zu den anderen Verkehrsunternehmen ist daher auch für die Bahn ein Klagerecht gegen staatliche Tariffestsetzungen anzuerkennen.[60]

Dem soeben dargestellten Aspekt der Autonomie im Tarifverfahren wohnt insofern ein gewisses *dynamisches* Element inne, als er auf die Schonung des Sondervermögens über die Tarife und damit im Rahmen des laufenden Geschäftsverkehrs gerichtet ist. Anders als der erste Aspekt betrifft er auch nicht Leistungen im Binnenverhältnis gegenüber anderen Verwaltungsträgern, sondern ist auf die Drittbeziehungen der Bahn mit ihren Kunden gerichtet. In beiden Fällen - d.h. in dem (statischen) Fall der Leistungsabgeltungspflicht im Binnenbereich als auch in dem (dynamischen) Fall der eigenen Position im Tarifverfahren - geht es dagegen sachlich darum, das Sondervermögen gegenüber staatlichen Einflüssen in gewissem Umfang "abzuschirmen".

Die Bejahung einer materiellen Position der Bahn im Tarifverfahren ist auch gerade wegen des untrennbaren Zusammenhangs mit dem ersten, statischen Element der Autonomie geboten. Die dem Gesetz zugrundeliegende Konzeption der Errichtung eines Sondervermögens, die Verwaltung desselben durch Organe nach speziellen, quasiprivatwirtschaftlichen Grundsätzen unter der Verantwortung der Organe, sowie die Schonung des Sondervermögens durch die Leistungsabgeltungspflicht im staatlichen Binnenbereich bliebe unvollständig, wenn die Bahn in dem - für ihr wirtschaftliches Ergebnis ungleich bedeutenderen - Verhältnis mit ihren privaten Kunden keine eigene Position gegenüber der staatlichen Einflußnahme hätte. Die dynamische Komponente der wirtschaftlichen Autonomie ist somit die sinnvolle wie gebotene Konsequenz aus der Autonomie im statischen Sinne.

---

60 Hinzuweisen ist schließlich auch darauf, daß die Abweichung der durch Art. 87 Abs.1 GG und das BbG geprägten, einzigartigen Bahnverfassung von dem klassisch-hierarchischen Verwaltungsaufbau (und damit die Staatsdistanz der Bahn) ungleich größer ist als in den bisher anerkannten Fällen des Fiskusstreits.

V. Weitere Argumente für eine eigene Rechtsposition der Bahn im Tarifverfahren

1. Der Zusammenhang mit der Verantwortung der Organe

Ein weiterer im BbG verankerter Aspekt legt den Schluß auf eine eigene materielle Position der Bahn im Tarifverfahren nahe: Die Verantwortung der Organe für die kaufmännische Geschäftsführung, festgelegt in § 28 Abs.1 BbG und für die Vorstandsmitglieder nochmals bestätigt in § 9 Abs.2 S.2 BbG.

Nach der Konzeption des Gesetzes wird nicht nur die bloße Kompetenz im Sinne einer Entscheidungszuständigkeit auf die Organe übertragen (mit der Folge, daß nach wie vor das Muttergemeinwesen materiell berechtigt und verpflichtet wäre), vielmehr sollten eben auch die *Verantwortungs*bereiche in dem Sinne abgegrenzt werden, daß die Erfüllung der Eigenwirtschaftlichkeitsverpflichtung - von der Rechtsaufsicht des Bundesverkehrsministers nach § 14 Abs.1 a BbG abgesehen - allein in die Hände der Organe gelegt wurde. Als Korrelat dieser Verantwortung und der hiermit verbundenen *Haftung* der Organe, deren Einzelheiten durch vertragliche Vereinbarungen geregelt werden (§ 8 a Abs.3 BbG), hat man daher auch ein eigenes Recht der Organe gegenüber dem Muttergemeinwesen anzunehmen, wobei die Frage der Konsequenzen dieses Rechts hier noch offenbleiben kann.[61] Jede andere Auslegung würde auf das systemfremde Ergebnis hinauslaufen, eine Haftung der Bahnorgane zu bejahen, ohne eine damit einhergehende Rechtsstellung anzunehmen. Derartige Ausnahmen von dem Grundsatz, daß nur für den eigenen Herrschaftsbereich gehaftet wird, daß m.a.W. die Haftung regelmäßig eine damit korrelierende Einflußmöglichkeit voraussetzt, können nur kraft gesetzlicher Regelung angenommen werden.

Die Annahme einer hinter den Haftungsregeln stehenden materiellen Position[62] wird auch durch die geschichtliche Entwicklung gestützt,[63] da mit der Neufassung des § 28 Abs.1 BbG einer der zentralen Kritikpunkte am BbG 1951 beseitigt werden sollte. Nach der alten Rechtslage blieb unklar, wer für welche Geschäftsentscheidungen im Eisenbahnbereich verantwortlich war und

---

61 Vgl. unten B.

62 Hinweise auf eine Konnexität in diesem Sinne finden sich auch im Bericht über die Deutsche Bundesbahn vom 30.1.1960 (sog. "Brandgutachten"), BT-Drucks. IV/840, S. 8,46.

63 Vgl. hierzu im einzelnen oben III.

wer daher für evtl. Fehlentscheidungen in Haftung genommen werden könnte.[64] Mit der Novellierung sollten die Verantwortungs- und damit korrespondierend die Haftungssphären präzise abgegrenzt werden. Nicht gefolgt werden kann daher der Auffassung von Müller,[65] der die Bahn (auch heute noch) als ein weitgehend fremdbestimmtes Unternehmen mit unklarem Unternehmensauftrag und mangelhaft ausgeprägter Trennung von Aufsichts- und Leitungsrechten der Organe ansieht.

Der potentielle Gegeneinwand, daß gem. § 28 a BbG die politischen Einflüsse auf die Tarife ohnehin neutralisiert werden und daher trotz der statuierten Haftung diese insoweit nicht die Annahme einer konnexen materiellen Position bedingen, geht fehl. Zum einen deckt § 28 a Abs.1 BbG die Rechtsschutzinteressen der Deutschen Bundesbahn nicht in ihrer gesamten legitimen Breite ab,[66] zum anderen belegt umgekehrt gerade die Existenz sowie der historische Hintergrund des § 28 a BbG, daß eben im Rahmen des Tarifverfahrens auch materielle Interessen der Bahn tangiert sind.

2. Eigenwirtschaftlichkeitsprinzip und verfassungsrechtliches Wirtschaftlichkeitsgebot

Schließlich spricht ein weiterer Aspekt für eine eigene Rechtsposition der Bahn in Tariffragen: der Zusammenhang mit dem verfassungsrechtlichen Wirtschaftlichkeitsgebot.

a) Begriff der Wirtschaftlichkeit

Unter "Wirtschaftlichkeit" ist zunächst das allgemeine Rationalprinzip zu verstehen, welches die Realisierung einer optimalen Zweck-Mittel-Relation gebietet, d.h. entweder mit einem ex-ante vorgegebenen Mitteleinsatz ein Maximum an Zweckerreichung (sog. Maximalprinzip) oder ein ex-ante vorgegebenes Maß an Zweckerreichung mit einem Minimum an Mitteleinsatz

---

64 Vgl. Schmidt-Aßmann,E./Fromm,G., Deutsche Bundesbahn, S.23 sowie die dort in Fußnote 33 enthaltenen Nachweise.

65 Müller,J., Privatisierung, S. 328,332

66 Vgl. hierzu näher unten B.IV.

(sog. Minimalprinzip) zu erreichen.[67] Dieses allgemeine Rationalprinzip gilt als entscheidungslogischer Imperativ für jede Art menschlichen Verhaltens[68] und sollte somit auch bei jeder Art von Verwaltungstätigkeit beachtet werden. Die universelle Geltung der Handlungsmaxime beruht darauf, daß sie in dieser allgemeinen Formulierung auch bei Vorliegen nicht-monetärer Größen anwendbar ist.

Wesentlich ist weiter, daß es sich um ein formales, methodisches Prinzip in dem Sinne handelt, daß entweder Ziel oder Mittel ex-ante vorgegeben sind. Eine materielle Bewertung des Zieles bzw. des Mittels gestattet das Prinzip dagegen nicht. Ebensowenig erlaubt es, die jeweils a-priori vorgegebene Variable im Hinblick auf die erreichte bzw. erreichbare Ausprägung der Zielvariable zu verändern. Oder m.a.W.: Es setzt die Fixierung entweder des Zieles (Minimalprinzip) oder des Mittels (Maximalprinzip) voraus, gestattet jedoch nicht, das Ziel im Hinblick auf die erforderlichen Mittel bzw. die Mittel im Hinblick auf das damit erreichbare Ziel anzupassen. Es enthält weder für die Mittel noch für die Zielgröße ein materielles Korrektiv.

Der ökonomische Wirtschaftlichkeitsbegriff erschöpft sich aber darin nicht. Er gebietet darüberhinaus, auf einen möglichst großen Saldo (hilfsweise Quotienten)[69] zwischen Nutzen und Kosten hinzuwirken.[70]

---

67 Streitig ist, ob die beiden Formulierungen gleichwertig sind. Vgl. hierzu etwa Schneider,D., Betriebswirtschaftslehre, S. 66 ff.

68 Daher ist auch streitig, ob die Bezeichnung als "ökonomisches Prinzip" zutreffend ist. Vgl. hierzu Schneider,D., Betriebswirtschaftslehre, S. 63,66

69 Vgl. von Arnim,H.H., Wirtschaftlichkeit, S. 21 ff.

70 Auch hier sind die Begriffe Nutzen und Kosten nicht auf pekuniäre Größen beschränkt. Das Prinzip ist daher allgemein anwendbar und nicht mit dem Prinzip der Gewinnmaximierung identisch. Auf einer anderen Ebene liegt die Problematik der Bewertung nicht-monetärer Größen.

b) Ökonomischer versus rechtlicher Wirtschaftlichkeitsbegriff

Als Anknüpfungspunkte eines verfassungsrechtlichen[71] Wirtschaftlichkeitsprinzips kommen mehrere Vorschriften des Grundgesetzes in Betracht.[72] Zu denken ist zunächst an Art. 114 Abs.2 GG, wonach der Bundesrechnungshof die Wirtschaftlichkeit der Haushalts- und Wirtschaftsführung prüft. Nicht einheitlich beantwortet wird hierbei die Frage, ob hierdurch auch der Gesetzgeber (oder nur die Exekutive) gebunden wird.[73] Weiter sprechen für den verfassungsrechtlichen Rang des Wirtschaftlichkeitsgebots die Art. 1,20 GG. Schon die Fundamentalnorm des Art. 1 Abs.1 GG belegt die anthropozentrische Konzeption des Grundgesetzes und das staatstheoretische Leitbild, daß der Staat um der Bürger willen da ist und diesen zu dienen hat (und nicht etwa umgekehrt). Der Staat als bloßer Treuhänder der ihm anvertrauten öffentlichen Mittel hat diese daher bestmöglich, eben "wirtschaftlich" zu verwenden. In ähnlicher Weise mit der Staatsfunktion verknüpft ist die Argumentationslinie, welche auf die - durch das BVerfG anerkannte[74] - Bindung und Begrenzung jeglicher Staatstätigkeit auf die Wahrung des Gemeinwohls abstellt. Als Mindestvoraussetzung einer derart gemeinwohlorientierten Staatstätigkeit hat man die Einhaltung der Wirtschaftlichkeit - jedenfalls im Sinne einer rationalen Mittelverwendung[75] - anzusehen. Das BVerfG[76] hat eine derartige Sichtweise für den Fall einer Veräußerung öffentlichen Vermögens bestätigt, indem es dem Staat die aus der Gemeinwohlbindung resultierende Pflicht auferlegte, hierbei einen angemessenen Preis zu erstreben.

---

71 Von Arnim,H.H., Wirtschaftlichkeit, S. 21, Fußnote 9 weist zu Recht darauf hin, daß neben diesem verfassungsrechtlichen auch andere Wirtschaftlichkeitsbegriffe im Rechtssinne bestehen.

72 Zur nachfolgenden Herleitung des Wirtschaftlichkeitsprinzips aus dem Grundgesetz vgl. aus neuerer Zeit statt aller von Arnim,H.H., Wirtschaftlichkeit, S. 71 ff. m.w.N..

73 Vgl. Fischer-Menshausen,H., in: von Münch, GG, Rdnr.11 zu Art. 114; Von Arnim,H.H., Wirtschaftlichkeit, S. 71, v.a. Fußnote 21; Vogel/Kirchhof, Bonner Kommentar, Rdnr.100 zu Art. 114.

74 Beschluß des BVerfG v. 21.9.76, BVerfGE 42, 312 (332). Wörtlich heißt er dort: "Das GG hat nicht eine virtuell allumfassende Staatsgewalt verfaßt, sondern den Zweck des Staates materialiter auf die Wahrung des Gemeinwohls beschränkt,..." (a.a.O., S. 332).

75 Zur Problematik der Reichweite des verfassungsrechtlichen Wirtschaftlichkeitsbegriffs vgl. nachfolgend im Text.

76 BVerfG, Urteil v. 17.5.61, BVerfGE 12, 354 (364) - Veräußerung der VW-Aktien.

Für den vorliegenden Argumentationsgang wesentlich ist nun neben der positivrechtlichen Fundierung des Wirtschaftlichkeitsgebots[77] - die genannten Begründungen schließen sich nicht aus und können daher kumulativ herangezogen werden - die Frage, ob der verfassungsrechtliche mit dem ökonomischen Wirtschaftlichkeitsbegriff übereinstimmt. Während eine derartige Kongruenz der Begriffsinhalte für den oben erläuterten engen Begriff des ökonomischen Wirtschaftlichkeitsgebots ohne weiteres bejaht wird, ist sie für das ökonomische Wirtschaftlichkeitspostulat im weiteren Sinne fraglich. Diese Kontroverse kann hier nicht näher dargestellt werden.[78] Als wesentliche Argumente für eine derart weite Interpretation seien hier jedoch genannt:

Die enge Form des Wirtschaftlichkeitsgebots gibt nur das allgemeine Rationalprinzip als generelle Handlungsmaxime menschlichen Verhaltens wieder. Demgegenüber ergibt sich aus der Finanzverfassung des Grundgesetzes, daß mit dem Wirtschaftlichkeitsgebot dem Staat auch materielle "Fesseln" angelegt werden sollten in dem Sinne, daß die Erfüllung der Staatsaufgaben nicht ohne Rücksicht auf die Höhe der hierzu nötigen Aufwendungen erfolgen soll. Die Funktion eines *materiellen Korrektivs* kann das Wirtschaftlichkeitsgebot daher nur erfüllen, wenn man es im weiten Sinne interpretiert und auch auf die Festlegung des Umfangs der Staatsaufgaben bezieht. So entspricht es für den Bereich der Haushaltskontrolle der h.M.,[79] daß unter dem Aspekt der "Wirtschaftlichkeit" im Sinne des Art. 114 GG auch zu fragen ist, ob ein angemessenes *Verhältnis* zwischen Mitteleinsatz und erreichbarem Nutzen besteht. Auch im übrigen[80] stellt das Wirtschaftlichkeitsgebot in diesem weiten, materiellen Sinne eine verfassungsimmanente Schranke jeglicher staatlichen Verwaltungstätigkeit dar. Der rechtlichen Verbindlichkeit des Wirtschaftlich-

---

77 In der Literatur sehr kontrovers beurteilt wird die Frage, ob das Wirtschaftlichkeitsgebot auch auf Art. 14 GG i.V.m. dem Verhältnismäßigkeitsprinzip gestützt werden kann oder ob der Durchgriff von der Steuererhebung auf die Mittelverwendung durch das Nonaffektationsprinzip ausgeschlossen ist. Diese Problematik braucht hier nicht näher erörtert zu werden, da sie allenfalls einen weiteren verfassungsrechtlichen Anknüpfungspunkt liefern könnte und die Herleitung aus den genannten Verfassungsbestimmungen unberührt läßt. Vgl. zu dieser Diskussion statt aller von Arnim,H.H., Wirtschaftlichkeit, S. 72 m.w.N..

78 Vgl. etwa von Arnim,H.H., Wirtschaftlichkeit, S. 25 ff. m.w.N.

79 Vgl. etwa Vogel/Kirchhof, Bonner Kommentar, Rdnr.90 zu Art. 114; Fischer-Menshausen,H., in: von Münch, GG, Rdnr.18 zu Art. 114; Stern,K., Staatsrecht II, S. 436 m.w.N. in Fußnote 147; Kisker,G., NJW 83, 2168

80 Zur Herleitung des Wirtschaftlichkeitsgebots aus dem Grundgesetz vgl. von Arnim,H.H., Wirtschaftlichkeit, S. 67 ff.

keitsgebots steht nicht entgegen, daß der Nutzen staatlicher Tätigkeit in vielen Fällen nur schwer finanziell erfaßbar ist. Derartige Bewertungsprobleme liegen auf einer anderen Ebene. Gleiches gilt für die Frage, inwieweit man das Wirtschaftlichkeitsgebot als eindeutiges Entscheidungskriterium und vor allem als Kontrollinstrument verwenden kann.[81]

c) Bedeutung des Wirtschaftlichkeitsgebots für die Stellung der Bahn

Das Wirtschaftlichkeitsgebot sowie dessen Verankerung in der Verfassung sind für die Aufgabenerfüllung durch den Verkehrsträger Bahn in zweifacher Hinsicht von Bedeutung.

Relevant, wenn nicht sogar notwendig ist diese verfassungrechtliche Fundierung, um einen Widerspruch zwischen § 28 Abs.1 BbG und der aus Art. 87 Abs.1 GG resultierenden Pflicht des Bundes zur Vorhaltung der Einrichtung "Deutsche Bundesbahn" zu vermeiden. Da Art. 87 GG keine Einschränkung der Leistungspflicht enthalte, setze sich der darin enthaltene Gemeinnützigkeitsauftrag gegenüber dem Eigenwirtschaftlichkeitsprinzip des § 28 Abs.1 BbG aufgrund seines höheren Ranges als Verfassungsvorschrift durch, so lautet etwa die These Rottmanns,[82] der damit im Ergebnis die Zwitterstellung der Bahn vollständig negiert und ausschließlich deren Eigenschaft als Verwaltungseinrichtung anerkennt.[83] Das Eigenwirtschaftlichkeitsgebot des § 28 Abs.1 BbG steht damit im Ergebnis "auf dem Papier".

Demgegenüber ist mit der h.M. davon auszugehen, daß das Wirtschaftlichkeitsgebot schon auf der Verfassungsebene angesiedelt ist und so dem Auftrag aus Art. 87 Abs.1 GG eine immanente Schranke setzt.[84] § 28 Abs.1 BbG kann somit nicht mehr mit dem Hinweis auf eine absolute - verfassungsrechtliche - Verwaltungspflicht übergangen werden. Diese h.M. bejaht damit im-

---

81 Derartige Probleme tauchen v.a. bei Vorliegen von nicht-monetären Größen auf. In solchen Fällen läßt das Kriterium regelmäßig einen Entscheidungsspielraum zu, da die Vielzahl der im Einzelfall zu beachtenden Aspekte mehrere Lösungen gleichermaßen vertretbar erscheinen läßt. Dem ist durch eine Einschränkung der Kontrolldichte Rechnung zu tragen. Vgl. etwa Fischer-Menshausen, in von Münch,GG, 18 zu Art. 114; Kisker,G., NJW 83,2167.

82 Rottmann, J., Rechtslage, S. 20; zur Kritik vgl. Schmidt-Aßmann,E./Fromm,G., Deutsche Bundesbahn, S. 88 ff.

83 Rottmann, J., Rechtslage, S. 1,19 ff.

84 Vgl. statt aller Schmidt-Aßmann,E./Fromm,G., Deutsche Bundesbahn, S. 88. m.w.N..

plizit die Geltung des weiten ökonomischen Wirtschaftlichkeitsbegriffs auch für die Interpretation des verfassungsrechtlichen Begriffs.

In der neueren verwaltungsgerichtlichen Rechtsprechung wird denn auch anerkannt, daß das Leistungsangebot der Bahn unter dem Vorbehalt der Wirtschaftlichkeit steht.[85]

Akzeptiert man diesen Ausgangspunkt der h.M., so liegt ein weiterer Schluß nahe, nämlich das Eigenwirtschaftlichkeitsprinzip des § 28 Abs.1 BbG als Operationalisierung des verfassungsrechtlichen Wirtschaftlichkeitsgebots auf einfachgesetzlicher Ebene zu begreifen. Oder m.a.W.: § 28 Abs.1 BbG hält sich nicht nur - wie die obige Diskussion ergeben hat - im Rahmen des Art. 87 Abs.1 GG, er beinhaltet und bezweckt gerade die Realisierung eines anderen verfassungsrechtlichen Gebots, nämlich der Verpflichtung des Staates, die ihm nur als Treuhänder überlassenen Gelder möglichst effizient zu verwenden. Das in § 28 Abs. 1 BbG enthaltene Gebot, auf einen positiven *Saldo* zwischen Erträgen und Aufwendungen hinzuwirken, d.h. das Angebot und dessen nähere Ausgestaltung so festzulegen, daß ein Defizit und damit eine Belastung des Bundeshaushalts unterbleibt, steht damit in sachlichem Zusammenhang mit den GG-Bestimmungen und Verfassungsgrundsätzen, aus denen sich das Wirtschaftlichkeitsgebot ergibt[86] und ist in deren Licht zu sehen. Die Deutsche Bundesbahn wurde nach dieser Interpretation durch Gesetz zur Hüterin eines verfassungsrechtlichen, den Verwaltungsauftrag aus Art. 87 Abs.1 GG präzisierenden und ihm u.U. gegenläufigen Interesses berufen.[87] - Eine Konstruktion, die nicht nur verfassungsrechtlich unbedenklich ist, zumal hiermit noch nicht entschieden ist, wie die Entscheidung "ausgeht",[88] sondern auch jedenfalls plausibel erscheint.[89] Auch in zahlreichen anderen Vorschrif-

---

85 OVG Koblenz, Urt. vom 20.1.87 - 7 A 56/86, zitiert nach Fromm,G., NVwZ 89,17 (Fußnote 23), wobei freilich § 28 Abs.1 BbG als Grundlage für das Wirtschaftlichkeitsgebot genannt wurde.

86 Zur Herleitung vgl. oben b) und v.Arnim, H.H., Wirtschaftlichkeit, S. 67 ff.

87 Die Streitfrage, ob auch der Gesetzgeber an das Wirtschaftlichkeitsgebot gebunden ist, kann hier offen bleiben, da er sich in § 28 Abs. 1 BbG eben selbst gebunden hat. Vgl. zu diesem Problemkreis von Arnim,H.H., Wirtschaftlichkeit, S. 70 ff.

88 Vgl. unten B.

89 Freilich ist das in § 28 Abs.1 BbG enthaltene Wirtschaftlichkeitsgebot insofern gegenüber dem erläuterten umfassenden Begriff modifiziert, als es auf finanzielle Größen beschränkt ist und keine Berücksichtigung nicht-monetärer Größen gestattet.

ten - völlig unterschiedlichen Ranges - ist das Wirtschaftlichkeitsgebot verankert.[90]

Auch vor diesem verfassungsrechtlichen Hintergrund ist die Position der Bahn als materielle und damit verwaltungsgerichtlich prinzipiell wehrfähige aufzufassen.

B. Folgen der eigenen Rechtsposition der Bahn für das Tarifgenehmigungsverfahren

Nach der Untersuchung (und der Bejahung) der Frage, ob die Bahn im Tarifverfahren eine eigene materielle Position innehat, soll nun die Problematik erörtert werden, wie sich diese Position im Tarifverfahren auswirkt. Oder m.a.W.: Welche Rolle kommt der Wahrung der Eigenwirtschaftlichkeit für die letztlich zu genehmigenden Tarife zu? Vom theoretischen Standpunkt aus lassen sich hier drei mögliche Lösungswege denken:

I. Lösungsmöglichkeit (a): Strikte Wahrung[91] der Eigenwirtschaftlichkeit

Man könnte die Wahrung der Eigenwirtschaftlichkeit als strikte Nebenbedingung für die Erfüllung der Gemeinwirtschaftlichkeit betrachten. Die Bahn hat daher einen Anspruch auf Genehmigung - jedenfalls was das Gesamtergebnis betrifft[92] - kostendeckender Tarife.

---

90 Vgl. etwa die Aufzählung bei v.Arnim, H.H., Wirtschaftlichkeit, S. 18

91 Prima facie könnte man geneigt sein, diese Lösungsmöglichkeit (prägnanter) mit "Dominanz" der Eigenwirtschaftlichkeit zu umschreiben. Es wurde jedoch schon für die anderen Verkehrsgesetze dargelegt (vgl. oben 1.Teil C.III.), daß eine derartige Sicht der Dinge verkürzt wäre, da sie (jedenfalls auch) suggeriert, daß das betreffende Unternehmen in seiner Preisgestaltung völlig frei sei und damit die gemeinwirtschaftliche Bindung außer acht ließe. Gleiches hat für die Bahn zu gelten. Der Tatsache, daß die Gemeinwohlbindung eine Absenkung der auf freien Märkten erzielbaren Preise bis hin zu einem bestimmten Mindestniveau zuläßt, wird die hier verwendete Formulierung besser gerecht.

92 Man wird die materielle Position der Bahn insoweit schwerlich weiter reichen lassen können als die Stellung von privaten Unternehmen, deren *einfachgesetzlicher* Anspruch auf Kostendeckung sich auch nur auf das Gesamtergebnis bezieht (vgl. oben 1.Teil C.III.). Eine

II. Lösungsmöglichkeit (b): Berücksichtigung der Bahninteressen als abwägungserheblicher Belang im Rahmen der Tarifgenehmigung

Nach dieser Lösung hat die Bahn zwar keinen Anspruch auf kostendeckende Tarife. Ihre Interessen sind jedoch schon im Rahmen der Tariffestsetzung und damit - wie bei der Lösung (a) - auf der ersten Ebene als abwägungserheblicher Belang in die auf Gestaltungsermessen beruhende Genehmigungsentscheidung miteinzubeziehen.

III. Lösungsmöglichkeit (c): Berücksichtigung der Bahninteressen nur im Rahmen von Ausgleichsansprüchen nach § 28 a BbG

Nach dieser Lösung zeitigt die eigene Position der Bahn Rechtsfolgen nur auf der zweiten Ebene, d.h. im Rahmen der finanziellen Schadloshaltung nach § 28 a BbG. Für die erste Ebene, d.h. die Genehmigung als solche bleiben die Interessen der Bahn außen vor.

IV. Diskussion der einzelnen Lösungsmöglichkeiten

Die Argumente pro und contra die einzelnen Lösungen seien nun in der Reihenfolge a c b diskutiert.

1. Lösungsmöglichkeit (a): Strikte Wahrung der Eigenwirtschaftlichkeit

Die strikte Einbindung der gemeinwirtschaftlichen Aufgabenerfüllung in den durch die Eigenwirtschaftlichkeit vorgegebenen finanziellen Rahmen nach der Lösung (a) erscheint angesichts der Entwicklung des Bahndefizits seit dem Kriege gleichermaßen bestechend-einfach wie radikal. Diese Lösung hat auch juristisch einiges für sich.

Analogie des *verfassungsrechtlichen* Anspruchs verbietet sich mangels Grundrechtssubjektivität der Bahn ohnehin.

Für sie spricht zunächst der systematische Zusammenhang des BbG mit dem AEG. Wie schon erwähnt[93], ist in materieller Hinsicht § 6 AEG sedes materiae für die Genehmigung, da § 16 BbG nur die formelle Genehmigungspflicht statuiert. Somit findet die Tarifpolitik ihre Gestaltungsgrenze an den wirtschaftlichen Verhältnissen der beteiligten Eisenbahnen, die es zu wahren gilt. Wie dargestellt,[94] hat man diese Formulierung - entsprechend dem Wortlaut sowie in Analogie zu der zu § 39 Abs.2 PBefG ergangenen Rechtsprechung - als Gebot der Genehmigung kostendeckender Tarife zu verstehen. Trotz des systematischen Kontextes ist dieser Schluß für die Deutsche Bundesbahn jedoch nicht zwingend. Da die Rechtsprechung zu § 39 Abs.2 PBefG private Unternehmen betrifft und damit im Lichte der Art. 12,14 GG zu sehen ist, kommt für die Bahn mangels Grundrechtssubjektivität eine andere Auslegung in Frage als für andere private, aber gleichwohl öffentliche Eisenbahnen im Sinne der §§ 6 Abs.1/2 Abs.1 AEG.

Orientiert man sich an den mit den Novellierungen verbundenen Intentionen des Gesetzgebers, so würde der Primat der Eigenwirtschaftlichkeit sicherlich der angestrebten Stärkung der Autonomie entsprechen. So heißt es in der Begründung zum Entwurf des Änderungsgesetzes aus dem Jahre 1961,[95] daß der Bund als Eigentümer des Sondervermögens eine angemessene Verzinsung erwarten könne und dies auch für die Kalkulation der Preise gelten solle.

Der pauschale Einwand, mit der Lösungsmöglichkeit (a) werde die Gemeinwirtschaftlichkeit ausgehöhlt, geht fehl. Zum einen bleibt hierfür auch in diesem (wenn auch eingeschränkten) Rahmen - wie es auch § 28 Abs.1 S.2 BbG vorsieht - noch Raum.[96] Zum anderen darf noch einmal an die gleichermaßen grundlegende wie triviale - auf der Substituierbarkeit der Verkehrsleistungen beruhende - Einsicht erinnert werden, daß die gemeinwirtschaftliche Aufgabenerfüllung der Bahn auch ohne Beeinträchtigung ihrer wirtschaftlichen Basis gefördert werden kann, nämlich durch die Manipulierung der Wettbewerbsbedingungen der Bahnkonkurrenten.[97]

---

93 Vgl. oben 1.Teil B. IV.

94 Vgl. 1.Teil C.III.

95 BT-Drucks. III/2381, S. 3

96 Die Problematik, ob § 28 Abs.1 S.2 BbG auch für die unternehmensexterne Instanz Bundesverkehrsminister gilt, kann hier offenbleiben.

97 Als Beispiel sei wiederum der Fall der Mineralölsteuer erwähnt. Jede Erhöhung der Mineralölsteuer verbessert ceteris paribus die Wettbewerbslage der Bahn, ohne über das "Drücken" der Tarife ihre wirtschaftliche Substanz zu gefährden.

Zwei weitere Aspekte sprechen für die Lösung (a). Zunächst entspräche sie am besten der mit dem BbG konstituierten Haftung der Organe. Für den Bereich der Tarifgestaltung wären die Bahnorgane einem privaten Unternehmen gleichgestellt, welches ebenfalls für verfehlte Preisfestsetzungen die Verantwortung trifft. Die Haftung könnte nicht mehr unter dem Vorwand staatlicher Beeinflussung negiert werden, sie würde stattdessen mit einem entsprechenden Gestaltungsfreiraum - eingeschränkt freilich durch die Rechtmäßigkeitskontrolle nach § 14 BbG - korrelieren. Begreift man die Eigenwirtschaftlichkeit - wie hier vorgeschlagen - als Operationalisierung des verfassungsrechtlichen Wirtschaftlichkeitsgebots, so ist schließlich jedenfalls eine Berücksichtigung der Bahninteressen auf der ersten Ebene - sei es im Sinne der Lösung (a) oder (b) - geboten.

Die Reihe der möglichen Kritikpunkte an der Lösung (a) ist nicht so erdrückend wie sie auf den ersten Blick und möglicherweise intuitiv erscheinen mag.

Zunächst gibt das "verfassungsrechtliche Geschütz" des Art. 87 GG nichts gegen die Lösung (a) her. Den aufgabenrechtlichen Gehalt, der dem Art. 87 GG nach heute h.M. neben seinem zuständigkeits- und organisationsrechtlichem Gehalt innewohnt, kann man sinnvollerweise nur auf das Angebot als solches und auch insoweit nur auf das Angebot in dessen verfassungsrechtlich geschütztem Kernbestand[98] beziehen. Unabhängig davon, daß schon dieses Angebot durch das Wirtschaftlichkeitsgebot auf Verfassungsebene immanent begrenzt wird, ist die Frage nach der Ausgestaltung dieses Angebots im einzelnen und - als weiterer Teilbereich hiervon - die Frage nach der Höhe der Tarife zu stellen.

Letztere ist in Art. 87 Abs.1 GG nicht geregelt. Art. 87 GG gegen die Lösung (a) anzuführen, würde bedeuten, den Bund grundgesetzlich nicht nur zur Vorhaltung der Bahn als solcher, sondern auch gerade zur defizitären Vor-

---

98 Wegen dieser Reduktion auf den Verfassungskern wurden etwa - unter dem organisationsrechtlichen Gehalt des Art. 87 Abs.1 GG - die Auslagerung von Teilfunktionen der Bahn auf privatrechtliche Organisationseinheiten als mit Art. 87 Abs.1 GG vereinbar erklärt, vgl. BVerwG, Urteil v. 19.3.76, VerkBl. 77,35 sowie die Nachweise bei Dittmann, A., Bundesverwaltung, S. 170; Schmidt-Aßmann,E./Fromm,G., Deutsche Bundesbahn, S. 115, Fußnote 275, S. 119.

Ebenso sind - hier ist unmittelbar der aufgabenrechtliche Gehalt betroffen - Streckenstillegungen nicht a-priori verfassungswidrig, vgl. Schmidt-Aßmann,E., Informationen zur Raumentwicklung, S. 177 ff.; Steiner,U., Verkehr, Rdnr.12

haltung verpflichtet anzusehen. - Eine Interpretation, die die Grenzen zulässiger Auslegung überschreiten würde, zumal Art. 87 Abs.1 GG als Aufgabenzuweisungsnorm ohnehin tendenziell keiner extensiven Interpretation zugängig ist. Die weitere Tatsache, daß die Bahn am Markt tätig und somit auch dessen Veränderungen unterworfen ist und ihr daher ein gewisser Handlungsspielraum zugebilligt werden muß, unterscheidet die Bahn denn auch von den übrigen in Art. 87 Abs.1 GG genannten Verwaltungen und darf daher nicht zu einer verfehlten Gleichstellung der Bahn mit diesen anderen Verwaltungen führen.[99]

Unabhängig davon ist auch das Defizit bei der Erbringung der anderen Verwaltungsleistungen nach Art. 87 GG keine verfassungsrechtliche Pflicht, sondern nur die rein faktische Folge der verfassungsrechtlichen Pflicht zur Aufgabenerfüllung. Art. 87 GG kommt eben weder nach Wortlaut noch nach systematischer Stellung oder Entstehungsgeschichte ein finanzieller Gehalt zu - weder in dem Sinne, daß ein Defizit verfassungsrechtlich geboten wäre (sonst wären evtl. Erträge verfassungswidrig !) noch in dem Sinne, daß es verfassungswidrig wäre. Art. 87 Abs.1 GG statuiert die Verwaltungspflicht, über deren nähere Ausgestaltung und damit deren haushaltsmäßige Konsequenzen äußert er sich dagegen nicht. Einschlägig ist Art. 87 Abs.1 GG daher nur, wenn und soweit - wie etwa bei Streckenstillegungen - die Aufgabenerfüllung als solche tangiert ist, da Art. 87 Abs.1 GG den Bund zur Vorhaltung von solchen Verwaltungseinrichtungen verpflichten will, auf die der Bürger besonders angewiesen ist,[100] nicht aber, wenn es nur um die Ausgestaltung des Leistungsangebots geht. Im Gegensatz hierzu fordert das Wirtschaftlichkeitsgebot als generelles Prinzip auch bei der Tarifgenehmigung Beachtung. § 28 BbG als dessen Konkretisierung enthält eben - anders als Art. 87 GG - auch einen finanziellen Maßstab und beeinflußt somit auch die Tarifgenehmigung.

Ebensowenig wie die Berufung auf Art. 87 Abs.1 GG verfängt auch die These, wonach die Bahn Instrument der Verkehrspolitik des Bundes bleiben muß. Dieser verkehrspolitische Imperativ ergibt sich - seine Legitimität sei

---

99 In diesem Sinne aber die Argumentation von Rottmann, J., Rechtslage, S. 7 ff, 21 ff.; wie hier dagegen Finger,H.J., DÖV 85,229; Steiner,U., Verkehr, Rdnr. 12; Schmidt-Aßmann,E., Informationen zur Raumentwicklung, S. 175 ff.

100 Sog. "Schutzaspekt", vgl. Maunz,T., in Maunz/Dürig/Herzog, Grundgesetz, Rdnr. 31 zu Art. 87

auch hier dahingestellt - sowohl aus dem Gesetz (z.B. § 6 AEG: Tarifpolitik *für* die Eisenbahnen) als auch aus den Gesetzesmaterialien.[101] Er ist jedoch inhaltlich zu unbestimmt, als daß man hieraus zwingend Folgerungen für den tariflichen Bereich - als bloßen Teilaspekt der Aufgabenerfüllung durch das "Verkehrsinstrument" Bahn - ableiten könnte.

Das volkswirtschaftliche Argument, daß Defizite der Bahn u.U. ökonomisch sinnvoll sind, wenn sie aus einer gesamtwirtschaftlich rationalen Preisgestaltung resultieren,[102] liefert nichts für die juristische Analyse.

Schwieriger zu beurteilen ist ein aus dem Demokratieprinzip herleitbarer Einwand.[103] Art. 20 Abs.2 GG gebietet, daß für jede Verwaltungstätigkeit eine auf das Volk zurückgehende, ununterbrochene Legitimationskette vorhanden ist[104] und die Exekutive gegenüber dem Parlament sowie letzteres gegenüber dem Volk die Verantwortung für das staatliche Handeln trägt.[105] Ministerialfreie Räume sind demnach jedenfalls für Verwaltungsaufgaben von erheblicher politischer Tragweite unzulässig.[106] Die Selbständigkeit öffentlicher Unternehmen ist aus den genannten Gründen stets dergestalt eingeschränkt, daß sich, wenn es etwa um den Kurs des Unternehmens oder bedeutsame Entscheidungen geht, die öffentliche Hand durchsetzen können muß.[107] Für den Spezialfall der Bahn stehen jedoch - unabhängig davon, ob man den Tarifbereich zu dem genannten autonomiefeindlichen Kernbereich rechnet oder nicht - auch diese verfassungsrechtlichen Prämissen einer Lösung im Sinne von (a) nicht entgegen. Bezüglich des Legitimationsaspektes ist mittlerweile höchstrichterlich geklärt, daß die durch das BbG kreierten öffentlichrechtlichen Amtsverhältnisse sui generis mit dem verfassungsrechtlichem Gebot des Art. 33 Abs.4 GG (als Spezialausprägung des demokratischen Legitimationserfordernisses) vereinbar sind.[108] Auch dem Kriterium der parlamentarischen Verantwortung wird Rechnung getragen. Wesentlich ist, daß

---

101 Vgl. etwa Begründung zum Änderungsgesetz 1961, BT-Drucks. III/ 2381, Anlage 1, S.3

102 Vgl. oben 1. Teil E.

103 Zum Nachfolgenden vgl. v.a. Püttner, G., Öffentliche Unternehmen, S. 135 ff.

104 BVerfG, Beschluß vom 15.2.78, BVerfGE 47,253 (Leitsatz 2), (271, 275)

105 BVerfG, Urt. v. 27.4.59, BVerfGE 9, 268 (281 ff.)

106 BVerfG, Urt. v. 27.4.59, BVerfGE 9, 268 (282)

107 Püttner, G., Öffentliche Unternehmen, S. 137

108 BVerwG, Beschl. v. 24.8.87, DVBl. 1987, 1267 (1270)

das Parlament selbst[109] (und nicht etwa die Exekutive) der Bahn die Position durch formelles Gesetz[110] und unter Begründung einer Verantwortung der Bahnorgane übertragen hat. Den aus Art. 20 Abs.2 GG herzuleitenden Anforderungen würde daher auch die Lösung (a) entsprechen.

Entscheidend gegen die Lösung (a) spricht jedoch wohl die gesetzliche Regelung des § 28 a BbG . Zwar liefe diese nicht schlechthin leer, wenn die Bahn ohnehin in jedem Fall einen Anspruch auf Genehmigung kostendeckender Tarife hätte. § 28 a BbG greift nämlich nicht erst dann ein, wenn die Gewinnschwelle unterschritten wird, sondern schon dann, wenn eine Änderung der vorgeschlagenen Tarife aus Gründen des Gemeinwohls erfolgt (d.h. auch dann, wenn der letztlich genehmigte Tarif noch kostendeckend ist). § 28 a BbG 1969 ist insofern anders als die gesetzlichen Ausgleichsvorschriften und § 28 a BbG 1961 konzipiert. Ihren eigentlichen Sinn freilich hat die Vorschrift gerade dann zu erfüllen, wenn eben auch der kostendeckende Bereich verlassen wird. Wozu bedürfte es einer Ausgleichsregelung, wenn ohnehin kostendeckende Tarife zu genehmigen wären und der verbleibende Ausgleich nur noch für die kleine Abweichung zwischen vorgeschlagenem und genehmigtem Tarif zu erbringen wäre ? Für eine Transferzahlung an eine gewinnbringendes Unternehmen bestünde jedenfalls ein besonderer Rechtfertigungsbedarf. Mit § 28 a BbG soll dem Bundesverkehrsminister die Möglichkeit eingeräumt werden, im Einzelfall - wie sich der Minister im Regelfall zu verhalten hat, ist damit noch nicht gesagt[111] - dem Gemeinwohl auch um den Preis eines Bahndefizits durchzusetzen. Mit § 28 a BbG soll jede hoheitlich erzwungene, aus Gemeinwohlgründen erfolgende Abweichung der Bahn von einem privatwirtschaftlichen Tarifgebahren kompensiert werden. Die Errichtung einer "Grenze nach unten" dergestalt, daß mindestens kostendeckende Entgelte zu genehmigen wären, würde dem Bundesverkehrsminister einen Großteil der Gestaltungsfreiheit nehmen, die ihm einzuräumen § 28 a BbG verfolgt.

Gegen die Lösung (a) sprechen aber nicht nur § 28 a BbG, sondern - letztlich schwerwiegender - die Konzeption des BbG, die dem ambivalenten Charakter der Bahn als Verwaltungseinrichtung und quasiprivatwirtschaftlichem

---

109 Vgl. insoweit Herzog,R., in Maunz/Dürig/Herzog, Grundgesetz, Rdnr. 99 zu Art. 65

110 Zur Notwendigkeit eines formellen Gesetzes vgl. Herzog,R., in Maunz/Dürig/Herzog, Grundgesetz, Rdnr. 101 zu Art. 65

111 Vgl. hierzu näher unten VIII.

Unternehmen Rechnung zu tragen versucht. Die Lösung (a) liefe auf eine unnötige Verkürzung ministerieller Aktionsspielräume hinaus. Um der Wahrung der politischen Entscheidungsfreiheit willen wird man daher die Lösung (a) abzulehnen haben. Die mit dieser Lösung verbundene, im tariflichen Bereich vollständige Gleichstellung der Bahn mit privaten Verkehrsunternehmen trüge der öffentlichrechtlichen Bahn Komponente der Bahn nicht ausreichend Rechnung. Hiermit ist nicht ausgeschlossen, daß der Bundesverkehrsminister u.U. auf ein positives Jahresergebnis der Bahn hinwirken muß, nur ein Anspruch der Bahn hierauf ist zu verneinen.

Im Vergleich zu den übrigen Verkehrsgesetzen ist noch auf einen anderen Punkt hinzuweisen. Wegen § 28 a BbG kann man die zu § 39 Abs.2 PBefG mittlerweile ergangene Judikatur,[112] wonach Kostenunterdeckungen in Teilbereichen durch interne Subventionierung auszugleichen seien und den Anspruch auf insgesamt gewinnbringende Tarife unberührt ließen , nicht auf das BbG übertragen. Nach § 28 a BbG soll eben hinsichtlich der einzelnen Tarifabweichung ein unmittelbarer Ausgleich erfolgen und gerade nicht indirekt durch interne Subventionierung.[113]

2. Lösungsmöglichkeit (c): Berücksichtigung der Bahninteressen als abwägungserheblicher Belang im Rahmen der Tarifgenehmigung

Erörtert sei nun die andere extreme Lösungsmöglichkeit (c). Danach spielen die eigenen Interessen der Bahn für die erste Ebene der Genehmigung keine Rolle. Relevant werden sie nur auf der zweiten Ebene, d.h. insoweit , als sie einen Anspruch auf Schadloshaltung nach § 28 a BbG auslösen.

Diese Ausgleichsregelung scheint denn auch stark für die Alternative (c) zu sprechen. § 28 a BbG gilt für alle potentiellen Fälle eines Tarifkonflikts und läßt den Anspruch automatisch, kraft Gesetzes als Folge einer Tarifdivergenz

---

112 Urt. des BVerwG v. 23.3.84, BVerwGE 69, 104 ff.

113 Verständlich wird die Rechtsprechung des BVerwG denn auch vor dem Hintergrund, daß das PBefG keine umfassende Ausgleichsvorschrift wie § 28 a BbG enthält. Um dennoch der Genehmigungsbehörde einen möglichst weiten Spielraum zu erhalten, war daher der Umweg über eine interne Subventionierung nötig. Angesichts des Ausgleichs nach § 28 a BbG ist für die Bahn dieser Weg nicht nötig , aber nach der ratio legis auch offensichtlich nicht gewollt.

entstehen. Danach scheint es so, als habe sich die Bahn mit dem Trostpreis des "dulde und liquidiere"[114] abzufinden.

Dieser Schluß ist jedoch voreilig. Der Sache nach würde man mit dieser Argumentation aus der Existenz einer Ausgleichsregelung die Konsequenz ziehen, daß sich der Interessenausgleich *nur* auf dieser zweiten Ebene vollzieht. Demgegenüber entspricht es im Enteignungs- und Entschädigungsrecht geltenden allgemeinen Grundsätzen, daß die Möglichkeit einer Ersatzleistung den Rechtsschutz auf der Primärstufe nicht nur nicht ausschließt, sondern diesem gegenüber sogar nachrangig ist. Dem Primärrechtsschutz gebührt der Vorrang.[115] Fraglich ist, ob sich diese Grundsätze - unabhängig von der schwer bestimmbaren Rechtsnatur[116] des Ausgleichanspruchs - jedenfalls insoweit auf § 28 a BbG übertragen lassen, als das allgemeine Verhältnis zwischen Primär- und Sekundärrechtsschutz in Rede steht. Die Konsequenz wäre, daß, wenn und soweit ein "Primärrechtsschutz"[117] möglich wäre, diesem wegen seiner die Autonomie und deren Ziele ungleich besser sichernden Funktion der Vorrang gegenüber dem finanziellen Folgeanspruch einzuräumen wäre. Unter dem zuletzt genannten materiellen Aspekt sei nun der Vergleich zwischen der Situation bei der Bahn und dem allgemeinen Enteignungs- und Entschädigungsrecht gezogen.

Die Wahrung der materiellen Position der Bahn im Rahmen der Tariffestsetzung (und damit die Ablehnung der Lösungsmöglichkeit (c)) ist trotz bzw. gerade wegen § 28 a BbG sinnvoll und geboten, da der Anspruch nach § 28 a

---

114 Finger, H.J., BbG,4 b zu § 28 a BbG

115 BVerfG, Beschluß v. 15.7.81, BVerfGE 58, 300 (324) ("Naßauskiesung"). In Konsequenz dieser Entscheidung wird nunmehr auch vom BGH das Verhältnis Primär-Sekundärrechtsschutz verschärft im Sinne einer Subsidiarität gesehen, vgl. etwa BGH, Urteil vom 26.1.84, BGHZ 90, 17 (29); Urteil vom 29.3.84, BGHZ 91, 20 (24 ff.). Neben diesem allgemeinen Verhältnis der Subsidiarität folgt aus dieser Rechtsprechung jedenfalls, daß ein evtl. gegebener Sekundärrechtsschutz nicht den Primärrechtsschutz ausschließt (also z.B. nicht etwa insoweit das Rechtsschutzbedürfnis entfallen läßt).

116 Mangels Grundrechtssubjektivität der Bahn scheidet eine Enteignung im technischen Sinne des Art. 14 GG und damit eine Enteignungsentschädigung im klassischen Sinne aus. Für die Qualifizierung als Entschädigungsanspruch spricht andererseits, daß die Bahn als Sondervermögen eine gewisse Staatsdistanz aufweist und der Ausgleich des staatlichen Eigriffs somit durchaus Parallelen aufweist zum Fall eines Eingriffs in Rechte Privater. Vgl. zum Problem der Rechtsnatur des Ausgleichanspruchs Fromm, G., DVBl. 71, 164 m.w.N.

117 Zum Begriff vgl. nachfolgend im Text.

BbG die legitimen Rechtsschutzinteressen der Bahn nicht vollständig abdeckt. Ausgleichszahlungen sind nicht nur ein betriebswirtschaftliches wie betriebspsychologisches Aliud gegenüber der Aufwandsdeckung durch selbsterwirtschaftete Erträge - selbst wenn durch § 28 a BbG diese "unechten" Zuschüsse von dem Odium eines "echten" Verlusts befreit wurden und so zwischen politisch bedingten und quasi "hausgemachten" Defiziten differenziert wird. Sie vermögen auch betriebswirtschaftlich allenfalls zufällig genau den durch den Eingriff bedingten Schaden wieder gut zu machen, da eine korrekte Berechnung der Ausgleichshöhe eine genaue Kenntnis der Nachfragekurven in dem betreffenden Marktbereich voraussetzen würde - eine schon rein faktisch mit immensen Feststellungsproblemen verbundene Voraussetzung. Ähnlich wie im allgemeinen Enteignungsrecht der Primärrechtsschutz der freiheitssichernden Funktion des Art. 14 GG weit besser gerecht wird als die bloß finanzielle Schadloshaltung, schützt die Berücksichtigung der Bahninteressen im Tarifverfahren selbst und damit der Rechtsschutz auf der ersten Ebene die Autonomie der Bahn weit besser Rechnung als die Kompensation nach § 28 a BbG als Rechtsschutz auf der zweiten Ebene. Bezüglich der Rechtsschutzintensität sind die beiden Fälle daher vergleichbar. Den Vorrang des Rechtsschutzes auf der ersten Ebene zu leugnen würde auf eine dem Autonomiegedanken abträgliche Verkürzung der Rechtsschutzmöglichkeiten hinauslaufen. Dieser Aspekt läßt denn auch - prozessual gesprochen und auch insoweit analog zum allgemeinen Enteignungsrecht - das Rechtsschutzbedürfnis für einen Berücksichtigung der Bahninteressen auf der ersten Ebene im Sinne der Lösung (b) bestehen. Daneben geht die Frage einer Berücksichtigung der Bahninteressen im Rahmen der Tariffestsetzung schon logischerweise wie auch vom Verfahrensablauf her betrachtet, einer Hintanstellung der Bahninteressen mit der Folge einer bloßen Kompensation vor.

Es liegt nahe, wegen dieser Parallelen auch begrifflich die Analogie zum Enteignungs- und Entschädigungsrecht zu ziehen und die Ausgleichszahlung nach § 28 a BbG als "Sekundärrechtsschutz", die Berücksichtigung der Bahninteressen bei der Tariffestsetzung im Sinne der Lösung (b) dagegen als "Primärrechtsschutz" bezeichnen. Mit dieser terminologischen Anlehnung soll nicht geleugnet werden, daß § 28 a BbG auf einer *materiellen* Ebene liegt und die Rechtslage insofern mit der Enteignungsentschädigung nicht völlig identisch ist. Vergleichbar ist aber die aus Gründen der Rechtsschutzintensität gebotene Annahme der Vor- bzw. Nachrangigkeit der beiden Rechtsschutzziele. Daher erscheint es - um die Parallelen zu unterstreichen - legitim, die Begriffe

"Primär-" bzw. "Sekundärrechtsschutz" zu verwenden, anstelle neutral von einer ersten bzw. zweiten Ebene zu sprechen.

Gegen die Lösung (c) spricht weiter, daß es dem Sinn und Zweck einer inneradministrativen Gewaltenteilung entspricht, den Interessenausgleich im Rahmen der "Entscheidung als solcher", also auf der Primärebene herbeizuführen. Das Prinzip der dualistischen Interessenartikulation wäre sinnentleert, wenn die Bahn im Rahmen des Tarifgenehmigungsverfahrens "nichts mitzureden hätte". Dies gilt zum so mehr, wenn man - wie hier vorgeschlagen - die Position der Bahn auch als Operationalisierung des verfassungsrechtlichen Wirtschaftlichkeitsgebots versteht. Eine Schonung des Bundeshaushalts tritt ja nur ein, wenn man die Interessen der Bahn schon im Rahmen der Tarifbildung miteinbezieht und so die Entstehung einer Ausgleichspflicht nach § 28 a BbG verhindert.

In dem Wettbewerbsparagraphen des § 8 AEG (und damit an etwas versteckter Stelle) finden sich weitere Hinweise darauf, daß die Interessen der Bahn schon im Rahmen der Genehmigung als solcher zu beachten sind und daher die Lösung (c) unzutreffend ist. Hier ist die Verpflichtung festgeschrieben, durch "marktgerechte Entgelte" auf eine sinnvolle Aufgabenteilung der Verkehrsträger hinzuwirken. Auch wenn der Begriff "marktgerecht" nicht schlechterdings mit dem Begriff "kostengerecht" identisch ist,[118] da auf dem Markt u.U. höhere Preise durchsetzbar sind, so ist durch den Rückgriff auf einen hypothetischen Marktpreis doch insoweit eine Preisuntergrenze festgelegt, als ein Angebot auf dem Markt bei betriebswirtschaftlich rationalem Kalkül regelmäßig[119] nur dann vorhanden ist, wenn der Preis jedenfalls die variablen Kosten der Leistung abdeckt. Wegen dieses Kriteriums der Marktgerechtheit fließen daher die Kosten der einzelnen Leistungen in das Tarifverfahren ein.

Wie weiter der Begriff "Entgelt" belegt, sind auch die Tarife selbst an diesen Kostenstrukturen zu orientieren und nicht die Tarife zuzüglich evtl. Ausgleichszahlungen nach § 28 a BbG. "Marktgerecht" müssen nach § 8 Abs. 1 AEG eben die "Entgelte" und nicht nur die Entgelte zuzüglich evtl. Ausgleichszahlungen sein.

---

118 Bauer, M., Preisadministration, S. 108; V. Tegelen, GüKG, § 7 Anm. 4.

119 Von den Fällen, in denen auch auf freien Märkten ein nichtkostendeckender Angebotspreis zustandekommt, kann hier wegen ihres Ausnahmecharakters abstrahiert werden.

Auch im übrigen lassen sich - soviel sei an dieser Stelle schon vorweggenommen[120] - Beziehungen zwischen dem Wettbewerbsparagraphen und der Höhe der Bahntarife herstellen. § 28 a BbG vermag den Eingriff in den Wettbewerb nicht zu neutralisieren, da er nur der Bahn zugutekommt, die Beeinträchtigung der Konkurrenten dagegen bestehen läßt.

Zur Klarstellung ist darauf hinzuweisen, daß die beiden erläuterten Gedanken dem Bundesverkehrsminister nicht zu einer generellen Privilegierung der Eigenwirtschaftlichkeit im Sinne der Lösung (a) verpflichten. Vielmehr ist auf die Frage, welcher Stellenwert den wettbewerbsrechtlichen Zielvorstellungen des § 8 AEG für die letztlich genehmigten Tarife zukommt, an anderer Stelle zurückzukommen.[121] Die aus § 8 AEG ableitbaren Pflichten belegen aber - soviel kann an dieser Stelle bereits festgehalten werden -, daß schon die Tarife selbst nicht ohne Außerachtlassung der Bahninteressen - und das heißt vor allem der Kostenstruktur der Bahn - zu bilden sind und setzen daher der Tarifpolitik des Bundesverkehrsministers eine objektivrechtliche Schranke. Auch geht es hier nur darum, die gesetzliche Einschränkung des Gestaltungsspielraums des Bundesverkehrsministers aufzuzeigen, nicht dagegen darum, aus § 8 AEG ein eigenes Recht der Bahn herzuleiten. Für ein solches gibt schon der Wortlaut der Vorschrift nichts her.[122]

Aus den genannten Gründen verbietet sich daher die Lösung (c).

V. Ergebnis

Aus den aufgezeigten Gründen entsprechen die extremen Lösungsmöglichkeiten (a) bzw. (c) nicht der Konzeption des Gesetzes. Zutreffend ist daher der Lösungsansatz (b), wonach die eigenwirtschaftlichen Interessen der Bahn als abwägungserheblicher Belang in die auf Gestaltungsermessen beruhende Entscheidung des Bundesverkehrsministers miteingehen.

Die wesentlichen Argumente pro und contra seien hier noch einmal zusammengestellt:

---

120 Vgl. hierzu näher unten VIII. 3.a)

121 Vgl. unten VIII.3)

122 Dazu, daß die anderen Verkehrsträger, d.h. die Konkurrenten der Bahn aus § 8 AEG keine subjektiven Rechte herleiten können, vgl. BVerfG, Beschluß vom 27.4.71, BVerfGE 31, 33 (42)

Entscheidend für die Lösung (b) spricht das im BbG ausgeformte Prinzip der dualistischen Interessenartikulation sowie die weiteren, die Autonomie in finanziell-wirtschaftlicher wie auch personal-organisatorischer Hinsicht sichernden Regelungen. Wortlaut, Systematik, historische Entstehungsgeschichte der gesetzlichen Regelungen sowie der Sinn der hierin verankerten inneradministrativen Gewaltenteilung begründen die Pflicht des Bundesverkehrsministers, die Interessen der Bahn schon bei der Entscheidung über den Tarif als solchen zu berücksichtigen und verpflichten ihn insoweit quasi zu einem bahnfreundlichen Verhalten, als er nur nach pflichtgemäßem Ermessen die Bahninteressen hintanstellen darf.

Für die Lösung (b) sprechen weiter der Wettbewerbsparagraph des § 8 AEG, welcher mit der Pflicht zur Bildung marktgerechter Entgelte und zur Vermeidung von Wettbewerbsverzerrungen eine Orientierung an den unternehmerischen Selbstkosten beinhaltet.[123]

Schließlich streitet auch die Interpretation des § 28 Abs. 1 BbG als Operationalisierung des verfassungsrechtlichen Wirtschaftlichkeitsgebots für die Lösung (b). Das Wirtschaftlichkeitsgebot verlangt eine Berücksichtigung der Bahninteressen auf der ersten Ebene, da andernfalls eine Schonung des öffentlichen Haushalts angesichts der prinzipiell umfassenden Ausgleichspflicht nach § 28 a BbG illusorisch wäre.

Kein Gegenargument gegen die Lösung kann aus § 28 a BbG hergeleitet werden. Zum einen hat man den hierdurch gewährten Rechtsschutz gegenüber der Alternative "Berücksichtigung der Bahninteressen schon im Rahmen der Abwägung" als nachrangig anzusehen. Die Vorschrift gewährt eben nur eine Art "Sekundärrechtsschutz".[124] Zum anderen beseitigt sie nur die Folgen der Regulierung bei der Bahn, dagegen läßt sie die aus der Wettbewerbsverzerrung resultierenden Folgen für die Konkurrenten bestehen. Mit dem demokratischen Legitimations- und Verantwortungskriterium ist die Lösung vereinbar. Die Bahn bleibt auch nach der Lösung (b) weiterhin Instrument der Verkehrspolitik des Bundes ebenso wie die Gemeinwirtschaftlichkeit erhalten bleibt.[125] Jedoch wird diese Indienstnahme zur politischen Aufgabenerfüllung gewissen rechtlichen "Fesseln" unterworfen, die sich - analog zur Rechtslage

---

[123] Vgl. zu dem wettbewerbspolitischen Konzept näher unten VIII.3.

[124] Zur Begriffsbildung vgl. oben IV.1.

[125] Dazu, daß diese beiden Aspekte sogar nach der Lösung (a) gewahrt blieben vgl. oben 4.a)

nach den anderen Verkehrsgesetzen - aus der gebotenen Abwägung mit den eigenwirtschaftichen Belangen ergeben.

Das hier gefundene Ergebnis wurde bisher im wesentlichen - wenn auch nicht ausschließlich - aufgrund einer Analyse des BbG gewonnen. Damit taucht die noch ungeklärte Frage auf, ob sich der einfachgesetzliche Befund im Rahmen der höherrangigen - verfassungsrechtlichen wie supranationalen - Vorgaben hält. Diese Prüfung ist nun vorzunehmen. Im Anschluß hieran soll schließlich der Versuch unternommen werden, die Abwägungsentscheidung - über die Qualifizierung der Bahninteressen als abwägungserheblicher Belang hinaus - näher zu strukturieren und einzelne Abwägungsgrundsätze zu eruieren.

VI. Vereinbarkeit des Ergebnisses mit Art. 87 Abs.1 und Art. 65 GG

Der Lösungsansatz (b), wonach die Bahninteressen als abwägungserheblicher Belang in die Tarifgenehmigung eingehen, sei nun auf seine Vereinbarkeit mit dem Grundgesetz hin überprüft.

Es entspricht der schon bisher ganz h.M.,[126] daß das BbG, soweit die Kreierung des Sondervermögens als solche, die Differenzierung Eigen-Gemeinwirtschaftlichkeit , die Eigenorganschaft sowie das komplexe Steuerungssystem der Bahn in Rede stehen, eine verfassungsmäßige Umsetzung der durch Art. 87 Abs.1 GG vorgegebenen aufgaben- und organisationsrechtlichen "Eckpfeiler" darstellt.

Soweit das hier gefundene Ergebnis über diese Punkte hinausgeht, ist fraglich, ob es sich (noch) in dem durch Art. 87 Abs.1 GG gezogenen Rahmen hält.[127] Die problematisierungsbedürftigen Abweichungen liegen in zwei

---

126 Maunz, T., in Maunz/Dürig/Herzog, Grundgesetz, Rdnr. 30 ff, 44 ff zu Art. 87; Steiner, U., Verkehr, Rdnr.11; Schmidt-Aßmann,E./Fromm,G., Deutsche Bundesbahn, S. 106 ff.

127 Die nachfolgend erörterten Probleme der Vereinbarkeit des materiellen Ergebnisses wie des Klagerechts mit Art. 87 Abs.1 GG stellen sich nur, wenn man der neueren, aber mittlerweile ganz herrschenden Auffassung folgt, wonach Art. 87 GG auch einen organisations- wie auch aufgabenrechtlichen Gehalt besitzt. Für die überholte Auffassung, die Art. 87 Abs.1 GG nur einen zuständigkeitsrechtlichen Gehalt beimißt, stellt sich das Problem der Verfassungsmäßigkeit insoweit nicht.

Punkten, nämlich zum einen (in materieller Hinsicht) darin, daß im Rahmen der Tarifgenehmigung auch die ureigenen Bahninteressen zwingend zu beachten sind, sowie zum anderen in der Bejahung eines Klagerechts der Bahn.

Was die Pflicht zur Einbeziehung der Bahninteressen in die Abwägung betrifft, so ist diese mit Art. 87 Abs. 1 GG vereinbar. Wie schon erläutert,[128] ist der aufgabenrechtliche Gehalt des Art. 87 Abs.1 GG, d.h. vor allem die verfassungsrechtliche Kernpflicht zur Vorhaltung der Leistungseinrichtung "Bahn" und der hierfür nötigen Infrastruktur, durch die Tarifproblematik nicht tangiert. Art.87 GG besitzt keinen haushaltsmäßigen Regelungsgehalt in dem Sinne, daß er ein Defizit bzw. einen Gewinn aus den genannten Verwaltungszweigen gebieten würde. Selbst wenn man entgegen dem Wortlaut und der systematischen Stellung des Art. 87 GG aus ihm ein Gebot zur notfalls defizitären Erbringung der Verwaltungsleistung ableiten wollte und ihn daher (mittelbar) auch als Kriterium für die Tarifgenehmigung heranziehen möchte, so wäre das materielle Ergebnis gleichwohl wegen der verfassungsimmanenten Beschränkung durch das Wirtschaftlichkeitsgebot verfassungsmäßig.

Was die Bejahung eines Klagerechts der Bahn als Konsequenz aus der materiellen Position angeht, so steht auch insoweit Art. 87 Abs.1 GG nicht entgegen. Zwar gebietet Art. 87 Abs.1 GG eine bundeseigene Verwaltung und schließt damit eine bundesmittelbare Verwaltung durch Zwischenschaltung einer selbständigen Rechtspersönlichkeit aus.[129] Verfassungswidrig wäre daher auch eine faktische Annäherung der Bahn an eine juristische Person des öffentlichen Rechts und schon gar des Privatrechts.[130] Eine solche ist jedoch mit der Bejahung eines Klagerechts der Bahn nicht automatisch verbunden, da Rechtsfähigkeit und verwaltungsrechtliche Rechtssubjektivität nicht gleichgesetzt werden können[131] und Art. 87 GG nur die Standardformen bundesmittelbarer Verwaltung ausschließt.[132] Die Bahn besitzt schon jetzt eine Verwaltungsform sui generis mit einer ihr spezifischen Staatsdistanz und damit einer Abweichung gegenüber dem hierarchischen Verwaltungsaufbau. Entscheidend ist, daß ein Verdikt über die verfassungsrechtliche Zulässigkeit einer jedweden Bahnverfassung nur aufgrund einer *Gesamtbetrachtungsweise*

---

128 Vgl. oben IV.1.

129 Maunz, T., in: Maunz/Dürig/Herzog, Grundgesetz, Rdnr. 30 zu Art. 87

130 Schmidt-Aßmann,E./Fromm,G., Deutsche Bundesbahn, S. 107

131 Vgl. oben 2.Teil 1.Kapitel

132 Maunz, T., in: Maunz/Dürig/Herzog, GG, Rdnr. 30 zu Art. 87

gewonnen werden kann, die die staatlichen Einflußrechte umfassend würdigt und nicht isoliert auf einzelne Elemente der Verselbständigung abstellt.[133] Die Rechtslage entspricht insoweit derjenigen bei der Bundespost. Auch bei dieser kann die Frage, ob die vorgenommene Umstrukturierung der Unternehmensverfassung den grundgesetzlichen Rahmen "sprengt", nur aufgrund einer umfassenden, subtilen Untersuchung des juristischen Gesamtinstrumentariums beantwortet werden.[134] Für die gegenwärtige Unternehmensverfassung der Bahn entspricht es der ganz h.M.,[135] daß sie noch nicht die äußerste Grenze des nach Art. 87 Abs.1 GG Zulässigen erreicht hat. Dadurch, daß zu der gegebenen Verselbständigung nach der hier vertretenen Lösung mit dem Klagerecht der Bahn ein neues Element hinzukommt, schlägt die verfassungsrechtliche Einschätzung nicht in ihr Gegenteil um. Die Beurteilung des Faktors "Klagerecht" kann nur durch Rückgriff auf die hiermit verteidigte materielle Position erfolgen. Erkennt man an, daß sich diese materielle Position der Bahn, zumal sie als Operationalisierung des Wirtschaftlichkeitsgebots auch verfassungrechtlich fundiert ist, im Rahmen des Art. 87 Abs.1 GG hält, so kann sich hieran mit der Bejahung eines Klagerechts nichts ändern, da hiermit nur die legitime, ja gebotene - es erfolgt ja nur eine Rechtmäßigkeitskontrolle - prozeßrechtliche Konsequenz aus der materiellen Position gezogen wird.

Der zuletzt diskutierte organisationsrechtliche Gehalt des Art. 87 Abs.1 GG bezweckt auch - entsprechend der "Schutzfunktion"[136] des Art. 87 GG zugunsten des Bürgers - eine politische Verantwortung des zuständigen Ministers zu schaffen und steht damit in einem sachlichen Zusammenhang mit Art. 65 GG und dem hieraus ableitbaren grundsätzlichen Verbot ministerialfreier Räume. Insoweit kann auf die zum Demokratiegebot gemachten Ausführungen verwiesen werden.[137] M.a.W.: Die Verantwortung des Ministers gegenüber dem Parlament findet ihre Grenze dort, wo das Parlament selbst ihn durch Gesetz von dieser Verantwortung entbunden hat. Bezogen auf die Bahn

---

133 Schmidt-Aßmann,E./Fromm,G., Deutsche Bundesbahn, S. 107

134 Steiner,U., Verkehr, Rdnr. 42 a.E.

135 Schmidt-Aßmann,E./Fromm,G., Deutsche Bundesbahn, S. 107; Maunz, T. in: Maunz/Dürig/Herzog, GG, Rdnr.30 zu Art. 87; von Mangoldt-Klein, GG III 3c zu Art. 87.

136 Maunz, T. in: Maunz/Dürig/Herzog, Grundgesetz, Rdnr.31 zu Art. 87. Gemeint ist damit der schon erwähnte Aspekt, daß die in Art. 87 genannten Vewaltungen zwingend vorgehalten werden müssen, da sie den Lebensbereich des Bürgers wesentlich berühren.

137 Vgl. oben IV.1.

besteht sie daher nur in dem durch das BbG gezogenen Rahmen. Die Bejahung eines Klagerechts fördert sogar umgekehrt die Verantwortlichkeit des Ministers, da hierdurch aus der Gewaltenteilung die sinnvolle prozessuale Konsequenz gezogen wird, daß die Tarifentscheidung des Ministers unter rechtlichen Gesichtspunkten überprüft werden kann. Ohne ein Klagerecht der Bahn wäre der Minister zwar objektivrechtlich zur Einbeziehung der Bahninteressen in die Tarifentscheidung verpflichtet, ohne daß er jedoch bei evtl. Pflichtverletzungen mit Folgen hieraus, insbesondere einer Korrektur der Entscheidung als solcher zu rechnen hätte. Ein solches Überprüfungsbegehren ist ja primär von der Bahn als Hauptbetroffener zu erwarten. Die (auch rechtspolitische) Notwendigkeit dieser Überprüfungsmöglichkeit ist um so dringender und evidenter, wenn man der h.M.[138] folgt, die eine Überprüfung der Tarifgenehmigung der Bahn durch die übrigen Betroffenen, d.h. die Konkurrenten und die Kunden der Bahn, ablehnt.

VII. Vereinbarkeit des Ergebnisses mit supranationalem Recht

Zu erörtern bleibt, ob das hier gefundene Ergebnis mit europarechtlichen Bestimmungen vereinbar ist. Hierzu ist die Rechtsentwicklung im EG-Bereich kurz darzustellen.

Am 13.5.1965 hat der Rat der EG, gestützt auf den EWG-Vertrag, insbesondere dessen Art. 75, eine Entscheidung über die Harmonisierung bestimmter, den Wettbewerb im Eisenbahn-, Straßen- und Binnenschiffsverkehr beeinflussenden Vorschriften erlassen,[139] wonach mit dem Ziel einer finanziellen Eigenständigkeit der Eisenbahnunternehmen die Vorschriften schrittweise zu harmonisieren seien, die die finanziellen Beziehungen zwischen den Eisenbahnunternehmen und den Staaten regeln (Art. 8 der genannten Entscheidung).

Die im Jahre 1969 ergangenen Verordnungen des Rates Nr. 1191/69 vom 26.6.1969 über das Vorgehen der Mitgliedsstaaten bei mit dem Begriff des öffentlichen Dienstes verbundenen Verpflichtungen auf dem Gebiet des Ei-

---

138 Goltermann,E., EVO, II 3d zu § 6 EVO; Finger,H.J., BbG, 3 k zu § 6 AEG; für das Anfechtungsrecht der Konkurrenten vgl. BVerfG, Beschluß v. 27.4.71, BVerfGE 31, 33 (39 ff.)

139 ABl. 1965, S. 1500 ff.

senbahn-, Straßen- und Binnenschiffsverkehrs[140] sowie die Verordnung Nr. 1192/69 vom 26.6.1969 über gemeinsame Regeln für die Normalisierung der Konten der Eisenbahnunternehmen[141] enthalten keine für den tariflichen Bereich unmittelbar einschlägigen Regelungen, sehen jedoch vor, daß den Eisenbahnunternehmen als solchen die Möglichkeit einzuräumen ist, ihre Interessen hinsichtlich der aufgrund jener Verordnungen gefällten Entscheidungen mit geeigneten Mitteln geltend zu machen (Art. 16 bzw. 12 der genannten Verordnungen).

In konsequenter Fortsetzung dieser autonomieverstärkenden EG-Rechtsentwicklung erging die Entscheidung des Rates vom 20.5.1975.[142] Nach deren Art. 2 Abs.1 verfügt das Eisenbahnunternehmen im Rahmen der vom Staat festgelegten gesamtpolitischen Leitlinien im Bereich der Leitung, der Geschäftsführung, der Verwaltung und der innerbetrieblichen Wirtschafts- und Rechnungskontrolle über eine ausreichende Eigenständigkeit mit dem Blick auf die Herstellung seines finanziellen Gleichgewichts. Diese Eigenständigkeit des Unternehmens beinhaltet in jedem Falle, daß sein Vermögen, sein Haushalt und seine Rechnungsführung vom Staat im übrigen getrennt sind. Nach Art. 2 Abs.2 der genannten Verordnung ist das Eisenbahnunternehmen nach wirtschaftlichen Grundsätzen zu führen. Gem. Art. 9 Abs.1 der genannten Verordnung schließlich legt das Eisenbahnunternehmen im Rahmen der allgemeinen Preispolitik und unter Berücksichtigung der nationalen und gemeinschaftichen Regelungen die Beförderungsentgelte und -bedingungen mit dem Ziel einer Optimierung seiner finanziellen Ergebnisse und mit dem Blick auf die Herstellung des finanziellen Gleichgewichts fest. In der Begründung der Entscheidung ist ausgeführt, daß die gebotene Sanierung der Eisenbahnunternehmen es einschließe, diese Unternehmen in die Lage zu versetzen, ihre *Betriebsergebnisse* mit dem Blick auf die Herstellung des finanziellen Gleichgewichts zu verbessern. Dieses Gleichgewicht können die Unternehmen nur erreichen, wenn ihre finanzielle Eigenständigkeit und kaufmännische Verantwortlichkeit so weit gestärkt werden, wie dies mit den Aufgaben, die sie für die Allgemeinheit erfüllen, zu vereinbaren ist.

Vergleicht man diese (hier nur rudimentär skizzierte) Entwicklung im supranationalen Rechtsbereich mit den binnenrechtlichen Änderungen, so wurde

---

140 ABl. Nr. L 156 vom 28.6.1969, S. 1

141 ABl. Nr. L 156 vom 28.6.1969, S. 8

142 ABl. Nr. L 152 vom 12.6.1975, S. 3

die bundesdeutsche Bahnverfassung nicht nur oftmals nachträglich durch europarechtliche Bestimmungen festgeschrieben.[143] Man hat dieser Entwicklung auch umgekehrt Rechnung zu tragen, als man das vorrangige[144] Gemeinschaftsrecht für die Interpretation der nationalen Bestimmungen heranzieht. Das hier gefundene Ergebnis stimmt demnach nicht nur mit dem Gemeinschaftsrecht überein, es wird von dessen deregulierender, wettbewerbsfördernder Intention geradezu gefordert.[145]

VIII. Entwicklung einer "Abwägungslehre" für die Tarifgenehmigung bei der Deutschen Bundesbahn

Nach der Erörterung der Art der Tarifgenehmigungsentscheidung und der Frage, welche Bedeutung den Bahninteressen im Rahmen dieser Entscheidung zukommt, sei nun der Versuch unternommen, eine "Abwägungslehre" für die Tarifgenehmigung nach dem BbG zu konzipieren. Dabei soll insbesondere geklärt werden, ob aus den gesetzlichen Regelungen verbindliche Rechtsgrundsätze über die Bewertung der abwägungserheblichen Belange und den Ausgleich zwischen ihnen eruierbar sind.

1. Allgemeines zum Inhalt des Abwägungsgebots

Das BVerwG[146] begreift das Abwägungsgebot als Ausfluß des Rechtsstaatsprinzips. Jeder staatliche Rechtsakt mit komplexer Wirkung (und somit vor allem Planungsentscheidungen) muß auf einer möglichst umfassenden Berücksichtigung und Abwägung der berührten Belange beruhen. Im einzelnen gebietet das Abwägungsgebot nach der stereotypen Formel des BVerwG, "daß

---

[143] Beispiele wären etwa die Eigenschaft als Sondervermögen, die Trennung Eigen- und Gemeinwirtschaftlichkeit.

[144] Der Vorrang des (primären und sekundären) Gemeinschaftsrechts vor dem nationalem Recht der Mitgliedsstaaten entspricht der Rechtsprechung des EuGH und des BVerfG sowie der in der Literatur ganz h.M., vgl. hierzu statt aller Schweitzer,M./Hummer,W., Europarecht, S. 228 ff.

[145] Dagegen kann man eine strikte Dominanz der Eigenwirtschaftlichkeit im Sinne der Lösung (a) nicht als durch das Europarecht geboten ansehen, vgl. hierzu Art. 9 der Entscheidung vom 20.5.75, ABl. Nr. L 152 vom 12.6.1975, S. 3.

[146] Urteil v. 14.2.75, BVerwGE 48, 56 (63)

erstens eine Abwägung überhaupt stattfindet, daß zweitens in die Abwägung an Belangen eingestellt wird, was nach Lage der Dinge in sie eingestellt werden muß, und daß drittens weder die Bedeutung der betroffenen öffentlichen und privaten Belange verkannt noch der Ausgleich zwischen ihnen in einer Weise vorgenommen wird, die zur objektiven Gewichtigkeit einzelner Belange außer Verhältnis steht."[147] Innerhalb des so gezogenen Rahmens kann sich die planende Stelle für die Bevorzugung des einen und damit notwendig für die Zurückstellung eines anderen Belangs entscheiden.

Diese allgemeine Umschreibung bildet unstreitig den Ausgangspunkt für die gerichtliche Überprüfung von Abwägungsentscheidungen. In dem Bestreben, die Prüfungskriterien weiter zu spezifizieren, hat die Rechtsprechung nun nicht nur eine Typologie von Abwägungsfehlern, sondern darüberhinaus auch die Differenzierung zwischen dem Planungsvorgang und dem Planungsergebnis als Prüfungsobjekt entwickelt. Bezugspunkt des Abwägungsgebots - und damit auch Gegenstand verwaltungsgerichtlicher Überprüfung - sollen dabei grundsätzlich sowohl der Abwägungsvorgang als auch das Abwägungsergebnis sein. Das BVerwG hält an diesem Gebot der doppelten Prüfung zwar - nach dem Wortlaut der Entscheidungen zu urteilen - unverbrüchlich fest, der Sache nach ist die Konzeption aber wohl in Fluß geraten.[148] Dabei steht die Rechtsprechung vor einem Dilemma, das letztlich aus den von ihr selbst aufgestellten Prämissen resultiert. Einerseits erscheint eine Beschränkung der Kontrolle auf das Abwägungsergebnis unter rechtsstaatlichen Aspekten prima facie bedenklich, da sie angesichts der gegebenen Gestaltungsfreiheit der planenden Stelle notwendigerweise darauf beschränkt sein müßte, ob das Ergebnis "gerecht" sei, mithin nur eine rudimentäre Richtigkeitskontrolle erlauben würde. Einige der anerkannten Abwägungsfehler ließen sich bei solch einer eingeschränkten Überprüfung wohl nicht mehr feststellen, zudem könnten - falls eine Begründungspflicht für die konkrete Entscheidung nicht besteht - später das Abwägungsergebnis "angemessen" erscheinen lassende Argumente nachgeschoben werden. Andererseits mag das BVerwG auf eine - wenn auch nur anhand grober Eckpunkte mögliche - Ergebniskontrolle nicht verzichten. Es sei "offensichtlich sachwidrig", wenn es einzig darauf ankommen sollte,

---

147 BVerwG, a.a.O., S. 63 f.

148 Vgl. hierzu aus neuerer Zeit statt aller die eingehende Analyse bei Manssen,G., Stadtgestaltung, S. 273 ff. m.w.N.. Manssen verweist zum Beleg dafür, daß die Theorie der Doppelprüfung implizit aufgegeben wurde, auf das Urteil des BVerwG vom 5.12.86, BVerwGE 75, 215 ff. (Manssen, a.a.O., S. 277).

daß die abwägungserheblichen Belange von der planenden Stelle bedacht worden seien, nicht jedoch darauf, was bei der Planung im Ergebnis herausgekommen sei.[149] Beeinflußt wird diese Rechtsprechung nicht zuletzt von dem Verständnis des Abwägungsgebots als materiellen Rechtsprinzip.

Die Rechtsprechung sieht sich zunehmender Kritik ausgesetzt.[150] Sie ist z.T. in sich widersprüchlich. So heißt es in dem Urteil vom 5.7.74 an anderer Stelle, daß das Abwägungsgebot sowohl vom Abwägungsvorgang als auch vom Abwägungsergebnis verlange, daß gewichtige Belange nicht einfach übersehen werden.[151] Dieses "Übersehen" kann man bezüglich des Ergebnisses wohl nur im Sinne einer fehlenden inhaltlichen Berücksichtigung verstehen. "Gewichtigen Belangen" muß also - anders formuliert - im Ergebnis stets Rechnung getragen werden. Damit ist in den zahlreichen Konfliktfällen, in denen ein Belang nur unter völliger Preisgabe eines anderen realisiert werden kann, eine Kompromißlösung also nicht möglich ist, nicht nur die vom BVerwG beständig hervorgehobene Gestaltungsfreiheit illusorisch, sondern auch eine "richtige" Entscheidung unmöglich. Macht man mit der planerischen Gestaltungsfreiheit ernst, so hat man es daher auch als zulässig anzusehen, daß sich die Hintanstellung eines Belangs in dessen ergebnismäßiger Nichtberücksichtigung auswirken kann.[152]

Die Rechtsprechung leidet weiter an der fragwürdigen Vorstellung einer eindeutigen Separierbarkeit des Planungsvorgangs vom Planungsergebnis sowie dem Verständnis dieser Begriffe als dynamischen bzw. statischen Begriff. Die Unmöglichkeit einer eindeutigen zeitlichen Zäsur zeigt sich etwa an der umstrittenen Einordnung der Abwägungsdisproportionalität.[153] Die Idee - oder besser: die These - einer derartigen zeitlichen Abschichtung des Pla-

149 BVerwG, Urt. v. 5.7.74, BVerwGE 45, 309 (315)

150 Vgl. zum Nachfolgenden zusammenfassend Manssen,G., Stadtgestaltung, S. 273 ff. m.w.N.

151 BVerwG, BVerwGE 45, 309 (315)

152 Vgl. näher Manssen, G., Stadtgestaltung, S. 276 f.

153 Für die Zuordnung der Abwägungsdisproportionalität zum Abwägungsergebnis etwa Erbguth,W., DVBl 86, 1233; Blumenberg, H., DVBl 89,90. Demgegenüber weist Manssen,G., Stadtgestaltung, S. 280 zu Recht darauf hin, daß die Formulierung des Fehlers der Disproportionalität durch das BVerwG, nämlich, daß die "Vornahme des Ausgleichs zwischen verschiedenen Belangen nicht in einer Weise vorgenommen werden darf, die zur objektiven Gewichtigkeit einzelner Belange außer Verhältnis steht", eher auf ein "prozeßhaftes" als auf ein "statisches" Element schließen lasse.

nungsvorganges als Prozeß von dem Planungsergebnis als dessen Resultat findet sich freilich auch in der Literatur, ohne daß hieraus einheitliche Konsequenzen für die gerichtliche Überprüfung gezogen würden.[154] So wird z.T. für eine Beschränkung der Kontrolle auf den Abwägungsvorgang bzw. das Abwägungsergebnis plädiert, andere stellen für die Frage der Kontrolle die einzelnen Abwägungsfehler in den Vordergrund und nehmen z.T. eine hieran orientierte Aufteilung der Fehler (und damit der Kontrolle) auf den Vorgang bzw. das Ergebnis vor.[155]

Zutreffend dürfte die Auffassung sein,[156] die die Abwägung als einheitlichen Prozeß begreift und das Abwägungsergebnis somit nur als Teil dieses Prozesses versteht. Schon begrifflich bedeutet "Abwägen" das Inbeziehungsetzen von mehreren, mindestens zwei Belangen. Der Begriff enthält damit ein Element des wertenden Vergleichens. Mit diesem Vorgang wird aber auch zugleich das Ergebnis in dem Sinne festgelegt, daß das relative Gewicht der betrachteten Belange zueinander feststeht. In dieser Kernphase jeder Abwägungsentscheidung lassen sich diese beiden Elemente nicht mehr sinnvoll trennen, sie fallen zeitlich zusammen. In zeitlicher Hinsicht separierbar ist nur die vorangehende Ermittlung der abwägungserheblichen Belange und die isolierte Zuordnung von "Gewichten" zu diesen Belangen. Den eigentlichen Kern und das Wesen einer Abwägungsentscheidung bildet indes die Frage, wie der Ausgleich zwischen den konfligierenden Belangen vorzunehmen ist, d.h. welchen Belangen letztlich die Priorität von anderen einzuräumen ist, obwohl diesen Belangen - isoliert für sich betrachtet - a priori die gleiche Bedeutung zuzumessen war. Dieses Erstellen einer "Reihenfolge" beinhaltet den Vorgang wie auch gleichzeitig dessen Ergebnis.

Dieses Verständnis von Abwägungsentscheidungen stimmt mit einem Ergebnis überein, das in der Diskussion um Ermessens- und Beurteilungsspielräume allgemein anerkannt wird. Wie schon erwähnt,[157] ist die Unterscheidung zwischen Tatbestand und Rechtsfolge für final strukturierte Normen

---

154 Eine eingehende Darstellung der Theorien soll hier unterbleiben. Vgl. hierzu die Übersicht bei Manssen,G., Stadtgestaltung, S. 278 ff. mit kritischer Würdigung der einzelnen Auffassungen.

155 Vgl. Manssen,G., a.a.O., S.278 ff.

156 So insbesondere Manssen,G., a.a.O., S. 281 f.

157 Vgl. oben 1.Teil C.V.2.; aus der Literatur vgl. etwa Schenke, W.R., Bonner Kommentar, Zweitbearbeitung, Rdnr. 308 zu Art. 19 Abs. 4 m.w.N..

nicht nachvollziehbar. Solche Normen sind nicht in dem Sinne logisch stringent konzipiert, daß aus einem Tatbestand "X" zwingend die Rechtsfolge "Y" folgt. Die planerischen Abwägungsentscheidungen beruhen nun auf derart final-strukturierten Normen. Die Bejahung eines einheitlichen Abwägungsprozesses trägt dieser Struktur der Planungsnormen und der hieran geknüpften dogmatischen Erkenntnis Rechnung.

Für die gerichtliche Überprüfung folgt hieraus, daß man sich an der allgemeinen Formulierung des BVerwG zu orientieren hat. Die Anforderungen des Abwägungsgebots werden nur einmal gestellt.[158] Jedoch kann (und ist) die Frage, ob die Rechtsgrundsätze des Abwägungsgebots eingehalten wurden, anhand *aller* Emanationen des Abwägungsprozesses, also auch anhand des Abwägungsergebnisses zu untersuchen.

Eine Doppelprüfung von Abwägungsvorgang und -ergebnis wird schließlich auch von dem Urteil des BVerwG vom 29.9.78[159] nicht zwingend gefordert, obwohl diese Entscheidung die Theorie der Doppelprüfung maßgeblich beeinflußt zu haben scheint. In dem entschiedenen Fall lagen zwischen Beschlußfassung eines Bebauungsplans und dessen Bekanntmachung (und damit Inkrafttreten) über zwei Jahre. Das Gericht hat - auf der Grundlage seiner Theorie der Doppelprüfung - entschieden, daß für die Prüfung des Abwägungs*vorgangs* auf den Zeitpunkt der letzten Beschlußfassung, für die Prüfung des Abwägungs*ergebnisses* dagegen auf die abschließende Bekanntmachung abzustellen sei.[160] Auch wenn die Pflicht zur Doppelprüfung allgemein konstituiert wurde, so schien die Notwendigkeit hierzu doch gerade für den Fall eines erheblichen zeitlichen Abstandes zwischen Beschlußfassung über einen Plan und dessen Inkrafttreten besonders evident zu sein. Mit der Vorstellung eines einheitlichen Abwägungsprozesses läßt sich auch dieser Sachverhalt vereinbaren.[161] Wesentlich ist, daß das Abwägungsgebot Pflichten beinhaltet, welche über den Zeitpunkt der erstmals erfolgten Abwägung hinaus fortwirken. Zwar findet hierin die Abwägungspflicht im engeren Sinne (zunächst) ihr "natürliches" Ende. Bestehen bleibt indes die Pflicht der planenden Stelle zur Sachverhaltsbeobachtung und damit die Prüfung der Frage,

---

158 Manssen, G., Stadtgestaltung, S. 282

159 BVerwGE 56, 283 ff.

160 BVerwG, a.a.O., S. 288

161 Die nachfolgenden Ausführungen gelten für den vom BVerwG entschiedenen Fall, daß die Planungsentscheidung erst später wirksam wird.

ob sich an der zugrundeliegenden Sach- und Interessenlage relevante Änderungen ergeben. Ist dies der Fall, so aktualisiert sich eine erneute Pflicht zur Abwägung im engeren Sinne. Klargestellt ist damit auch, daß diese "Beobachtungspflicht" einen *materiellen* Gehalt insofern hat, als eine Bewertung der eintretenden Änderungen nötig ist. Bei dieser "Beobachtungspflicht" handelt es sich letztlich um eine Nachwirkung der vom BVerwG stets propagierten Pflicht, wonach in die Entscheidung an Belangen einzustellen sei, was nach Lage der Dinge in sie eingestellt werden müsse. Rechnet man auch diese "Beobachtungspflicht" und die hieraus unter Umständen resultierende Pflicht zur erneuten Abwägung zum Inhalt des Abwägungsgebots und zieht damit den Kreis der aus dem Abwägungsgebot folgenden Pflichten weiter als dies bisher üblicherweise getan wird, so läßt sich auch der dem genannten Urteil vom 29.9.78 zugrundeliegende Fall zwanglos mit der Vorstellung des Abwägungsprozesses als einheitlichem Vorgang vereinbaren. Eine derartige Sicht der Dinge wird letztlich - wenn auch offensichtlich ungewollt - vom BVerwG angedeutet, wenn es ausführt, daß eine Gemeinde einen Bebauungsplan zwischen Beschlußfassung und Bekanntmachung "nicht völlig aus den Augen verlieren" dürfe.[162] Vielmehr muß die Gemeinde, je größer der zeitliche Abstand werde bzw. je deutlicher es sei, daß zwischenzeitliche Ereignisse die bisher gegebene Sach- und Interessenlage erschüttert haben könnten, erneut prüfen, ob der Inhalt des Bebauungsplans noch vertretbar sei oder ob nicht in eine neue Abwägung eingetreten werden müsse.[163] In der Entscheidung des Gerichts wird der Blick auf diese umfassende Pflichtenstellung indes dadurch verstellt, daß das Gericht von der Prämisse einer doppelten Prüfung ausgeht und hieraus die "Beobachtungspflicht" herleitet, statt - wie hier vorgeschlagen - den Bogen weiter zu spannen und umgekehrt eine globale Pflichtenstellung anzunehmen, woraus unter Umständen eine Pflicht zur erneuten Abwägung resultiere. Für die Annahme eines derart umfassenden Abwägungsgebots spricht auch die Formulierung des Gerichts, daß die Gemeinde "prüfen müsse", ob der Inhalt des Bebauungsplans noch vertretbar sei oder ob nicht in eine neue Abwägung eingetreten werden müsse.[164] Auch diese Prüfung setzt denknotwendig eine kursorische, wertende Beurteilung - quasi eine "Abwägung im Kleinen" - voraus. Die "Beobachtungspflicht" hat mit anderen Worten auch eine gewisses materielles Element.

---

[162] BVerwGE 56, 283 (288)

[163] BVerwG, a.a.O., S. 288

[164] BVerwG, a.a.O., S. 288

Zusammenfassend ist festzuhalten, daß man sich für die gerichtliche Überprüfung von Abwägungsentscheidungen an der allgemeinen Begriffsdefinition, wie sie vom BVerwG stets vertreten wurde, zu orientieren hat. Eine getrennte Betrachtung von Abwägungsvorgang und Abwägungsergebnis bedeutet eine künstliche Aufspaltung eines als einheitlich zu verstehenden Vorgangs, welche auch in dem erörterten Sonderfall nicht geboten ist. Stattdessen ist der Kreis der durch das Abwägungsgebot erfassten Pflichten weiter zu ziehen. Die Pflicht, in die Abwägung all die Belange einzustellen, die nach Lage der Dinge in sie eingestellt werden müssen, besteht nach der erstmaligen Abwägung in modifizierter Form als "Beobachtungspflicht" fort, welche sich bei relevanten Änderungen in eine Pflicht zur erneuten Abwägung aktualisiert.

2. Das Abwägungsmaterial im Fall der Deutschen Bundesbahn

Nach diesen Erörterungen zum allgemeinen Inhalt des Abwägungsgebots seien nun die Abwägungsdirektiven für die Tarifgenehmigung nach dem BbG noch einmal kurz zusammengestellt.

Das gesetzliche Abwägungsmaterial für die Tarifgenehmigung findet sich verstreut an mehreren Stellen. In der Zentralnorm des § 6 AEG sind neben den "Bedürfnissen des allgemeinen Wohls", worunter man Gesichtspunkte der Verkehrs-, Wirtschafts-, Sozial- und Strukturpolitik sowie der Landesverteidigung, der Raumordnung und der Landesplanung zu verstehen hat,[165] der Grundsatz der Gleichmäßigkeit der Tarife sowie das Gebot der Wahrung der wirtschaftlichen Verhältnisse der beteiligten Eisenbahnen genannt. Der Wettbewerbsparagraph des § 8 AEG verpflichtet in Absatz 1 die Bundesregierung zur Angleichung der Wettbewerbsbedingungen der Verkehrsträger und zur Ermöglichung einer volkswirtschaftlich sinnvollen Aufgabenteilung sowie in Absatz 2 den Bundesverkehrsminister zur Abstimmung der Leistungen und Entgelte der verschiedenen Verkehrsträger insoweit, als es die Verhinderung eines unbilligen Wettbewerbs erfordert. Eine Abwägungsdirektive bilden schließlich nach § 46 BbG auch die besonderen Verkehrsbedürfnisse der Länder, namentlich auf dem Gebiet der Rohstoffversorgung. Wie bereits hervorgehoben wurde, ist die Verantwortung für die Geltendmachung dieser Abwägungsbelange auf die Bahnorgane und den Bundesverkehrsminister verteilt.

---

165 Finger, H.J., BbG, 1 d zu § 6 AEG sowie oben 1.Teil C.V.2.b)

3. Zur Existenz von rechtsverbindlichen Abwägungsgrundsätzen

Die Höhe der Tarife hängt maßgeblich davon ab, ob sich - über die Qualifizierung der Bahninteressen als abwägungserheblicher Belang hinaus - rechtsverbindliche Abwägungsgrundsätze eruieren lassen. Die Frage, ob sich gesetzliche Anhaltspunkte dafür finden lassen, wie die einzelnen Abwägungsdirektiven im Verhältnis zueinander zu gewichten sind, und damit die nähere Stuktur der Abwägungsentscheidung werden nachfolgend erörtert.

Von zentralem Interesse ist dabei, wie der Ausgleich der Bahninteressen mit all den anderen, in die Verantwortung des Ministers fallenden Abwägungsbelangen (also dem "Gemeinwohl" im untechnischen Sinne) vorzunehmen ist. Dabei ist daran zu erinnern,[166] daß das "allgemeine Wohl" im Sinne des § 6 Abs.1 AEG selbst aufgrund eines Abwägungsvorganges zu ermitteln ist. Für den Kreis der hierbei zu beachtenden Belange, welche fast ausschließlich politischen Charakter haben, wird man im Grundsatz davon auszugehen haben, daß keiner der Belange als solcher einen natürlichen Vorrang von einem anderen haben kann. Vielmehr obliegt die Konkretisierung des Gemeinwohls dem Verkehrsminister. Seine Gemeinwohlauffassung ist grundsätzlich zu akzeptieren, sofern alle abwägungsrelevanten Belange berücksichtigt wurden und plausibel dargelegt werden kann,[167] warum und wie der Ausgleich zwischen den Belangen in der konkreten Form vorgenommen wurde. Da das "allgemeine Wohl" im nächsten Schritt mit den Bahninteressen abgewogen wird und potentiell einen Eingriff in diese legitimiert, wird man in einer Art "Verhältnismäßigkeitsprüfung" sodann zu prüfen haben, ob das in Aussicht genommene Mittel zur Erreichung des angestrebten Zwecks tauglich und erforderlich ist.[168] Soweit dabei verkehrsfremde Gemeinwohlziele verfolgt werden, gilt tendenziell ein strengerer Maßstab. Auch insoweit darf jedoch der Grundsatz nicht aus den Augen verloren werden, daß die Wahl des Mittels zur Gemeinwohlrealisierung im politischen Gestaltungsspielraum des Staates steht. Zur Qualifizierung als rechtswidrig wird man auf

---

166 Vgl. oben 1.Teil C.V.2.b)

167 Zur Frage der Begründungspflicht vgl. unten 6)

168 Die "Zumutbarkeit", d.h. die Verhältnismäßigkeit im engeren Sinne ist dagegen an dieser Stelle nicht zu prüfen, da sie ja allenfalls im Hinblick auf die bei der Bahn eintretenden Nachteile zu ermitteln wäre. Diese Prüfung findet im Rahmen der Abwägung statt. Vgl. nachfolgend im Text.

das Kriterium der Evidenz abstellen können. Rechtswidrig wären demnach offensichtlich unverhältnismäßige Maßnahmen.

Die Rolle der - nach § 46 BbG einzubeziehenden - besonderen Verkehrsbedürfnisse der Länder kann dahin umschrieben werden, daß sich der Verkehrsminister hierüber im Rahmen seiner Gestaltungsfreiheit aus vernünftigen Gründen hinwegsetzen kann. Die Zuordnung einer derart untergeordneten Bedeutung ist durch den Wortlaut der Vorschrift, wonach die genannten Bedürfnisse nur "nach Möglichkeit" Rechnung getragen werden soll, gerechtfertigt. Konträr hierzu ist dem Grundsatz der Gleichmäßigkeit der Tarife aller Eisenbahnen (§ 6 Abs.1 AEG) der Rang eines zwingend zu wahrenden Abwägungsgrundsatzes zuzuschreiben. Für eine Disponibilität gibt weder der Wortlaut des § 6 Abs.1 AEG etwas her noch ist materiell eine Grund ersichtlich, der ein Abweichen hiervon legitimieren könnte.

Juristischer wie ökonomischer Kristallisationspunkt der Tarifgenehmigungsentscheidung ist indes die Abwägung der bahneigenen Interessen mit den übrigen Abwägungsdirektiven. Ein wesentliches Ergebnis der bisherigen Analyse ist, daß der Bahn zwar kein Anspruch auf kostendeckende Tarife zusteht, daß die Bahn jedoch einen Anspruch darauf hat, daß ihre Interessen im Rahmen der Tarifgenehmigung angemessen berücksichtigt werden. Die Bahninteressen sind mit anderen Worten Teil des notwendigen Abwägungsmaterials. Mit dem Anspruch der Bahn korrespondiert eine Pflicht des Verkehrsministers, eben diese Interessen in die Entscheidung einfließen zu lassen. Man kann insoweit von einer *Verpflichtung zu einem bahnfreundlichen Verhalten* sprechen.

Aus dieser Feststellung läßt sich jedoch die Frage noch nicht beantworten, welches Gewicht den Bahninteressen nun letztlich zukommt. Eine Antwort hierauf läßt sich unter Umständen durch einen Rückgriff auf die wettbewerbspolitische Konzeption der Verkehrsgesetze geben. Es leuchtet schon intuitiv ein, daß staatliche Tarifmanipulation und wettbewerbsrechtliche Ordnungsvorstellungen untrennbar miteinander verknüpft sind. Zur Verdeutlichung dieser Zusammenhänge soll nachfolgend kurz das - primär in den Wettbewerbsparagraphen verankerte - Wettbewerbskonzept der Verkehrsgesetze dargestellt werden und sodann auf die Bedeutung hiervon für die staatliche Tariffestsetzung eingegangen werden.

a) Das Wettbewerbskonzept nach den Verkehrsgesetzen

Die wesentlichen, übereinstimmend akzeptierten Grundsätze der Wettbewerbsordnung in der Verkehrswirtschaft können wie folgt umschrieben werden. Durch § 99 GWB sind die Verkehrsunternehmen in weitem Umfang[169] von der allgemeinen Wettbewerbsaufsicht der Kartellbehörden freigestellt. Die Bedeutung des GWB ist für die Sicherung des Preiswettbewerbs in der Verkehrswirtschaft auf Ausnahmefälle begrenzt.[170] Begründet wird die Bereichsausnahme unter anderem damit, daß das allgemeine Wettbewerbsrecht den strukturellen Besonderheiten der Verkehrswirtschaft nicht gerecht werde.[171] Wichtiger als die Begründung für die Freistellung ist, daß die Verkehrswirtschaft stattdessen einem ihr adäquaten Spezialregime unterstellt wurde. Die wesentlichen Grundsätze dieser Aufsicht durch die jeweiligen Verkehrsbehörden sind in den Wettbewerbsparagraphen festgeschrieben. Als einen wesentlichen Leitsatz dieses Wettbewerbskonzeptes hat man dabei zunächst das Bekenntnis des Gesetzgebers zum Wettbewerb als autonomen, effizienzsteigernden Marktsteuerungsmechanismus anzusehen. So heißt es etwa im Bericht des Verkehrsausschusses zu den Verkehrsnovellen aus dem Jahre 1961:

> *"Der Ausschuß erwartet von einem verstärktem Wettbewerb zwischen den Verkehrsträgern auf der Basis marktgerechter Entgelte, daß als Folge einer größeren Beweglichkeit in der Tarifgestaltung alle Verkehrsträger in größerem Maße als bisher von den ihnen arteigenen Möglichkeiten zum Nutzen der Allgemeinheit Gebrauch machen. Dies dürfte zu einer wesentlichen Einsparung von Produktionskosten führen und damit zugleich einen gewissen Druck auf das Preisniveau ausüben. Zugleich kann angenommen werden, daß auf diesem Wege eine volkswirtschaftlich sinnvollere und den spezifischen Eigenheiten und Leistungsmöglichkeiten der Verkehrsträger besser entsprechende Aufgabenteilung zwischen den Verkehrsträgern erreicht wird, als dies über Verwaltungsentscheidungen möglich wäre."*[172]

---

169 Vgl. zur Abgrenzung im einzelnen Immenga, U., Wettbewerbsbeschränkungen, S. 13 ff.; Storsberg, G., Verkehrsreform, S. 42 f.. sowie die Kommentierungen zu § 99 GWB.

170 Immenga,U., a.a.O., S. 15

171 Zur Begründung im einzelnen vgl. Immenga, U., a.a.O., S. 4 ff; Emmerich,V., Kartellrecht, § 27, 1; o.V., Preis- und Wettbewerbsfreiheit, S. 26 ff.

172 Schriftlicher Bericht des Verkehrsausschusses, BT-Drucks. III/ zu Drucks. 2830 ff., S.4

Klargestellt ist damit auch, daß die Institutionalisierung von Wettbewerb kein Selbstzweck ist, sondern nur - vgl. den Wortlaut der Wettbewerbsparagraphen - das Mittel zur Erreichung der Ziele "beste Verkehrsbedienung" bzw. "volkswirtschaftlich sinnvolle Aufgabenteilung" darstellt. Parallel zum allgemeinen Wettbewerbsrecht bedurfte es indes auch für den Bereich der Verkehrswirtschaft der Errichtung einer Wettbewerbsaufsicht, um die Funktionsfähigkeit des Wettbewerbs zu erhalten. Motiv hierfür ist die der Wettbewerbsfreiheit immanente Gefahr, daß eben diese Freiheit zu Machtkonzentrationen und damit zur Zerstörung des Wettbewerbs als solchen führt. Ziel der Aufsicht ist daher, die Wettbewerbsfreiheit für den Verkehrsbereich vor der ihr innewohnenden Gefahren der Selbstzerstörung zu schützen. Die inhaltlichen Grenzen der Wettbewerbsfreiheit und damit die materiellen Entscheidungsmaßstäbe für die staatliche Aufsicht sind dabei ebenfalls in den Wettbewerbsparagraphen festgeschrieben.

Nun gibt der Wettbewerbsparagraph als solches und das in ihm enthaltene - bislang nur rudimentär skizzierte - Wettbewerbsmodell sicher keine Befugnis zu Einzelmaßnahmen her.[173] Jedoch haben die Verkehrsbehörden im Rahmen der anderweitig gegebenen aufsichtlichen Maßnahmen - und damit auch der Bundesverkehrsminister bei der Tarifgenehmigung - beide Absätze des Wettbewerbsparagraphen und die darin enthaltenen Gebote politisch-programmierender Art zu beachten. Dies ist für den Absatz 1 des Wettbewerbsparagraphen nicht unstreitig.[174] Anders als im Rahmen der jeweiligen Einzelmaßnahmen können indes die Vorstellungen des Gesetzgebers nicht realisiert werden.[175] Was die Tarifgenehmigung betrifft, so gibt schon der Gesetzeswortlaut für einen Vorrang des Absatzes 2 vor dem Absatz 1 nichts her.[176] Verständlich wird die Differenzierung in den beiden Absätzen vor dem Hintergrund, daß für die in Absatz 1 geforderte Angleichung der Wettbewerbsbedingungen neben dem Bundesverkehrsminister zahlreiche andere Ressorts zuständig sind.[177] Für die dem Bundesverkehrsminister obliegende Tarifaufsicht kann hieraus aber nicht geschlossen werden, daß dieser - als Teil der Bundes-

---

173 Storsberg, G., Verkehrsreform, S. 60

174 Vgl. zu dieser Diskussion etwa die Nachweise bei Immenga, U., Wettbewerbsbeschränkungen, S. 25 f.

175 Immenga, U., a.a.O., S. 26; Storsberg,G., Verkehrsreform, S. 60

176 In diesem Sinne aber offensichtlich Most, O., Gutachten, S. 39 f. für das in Absatz 1 geregelte Kriterium der "Marktgerechtigkeit".

177 Storsberg,G., Verkehrsreform, S. 60

regierung - aus den in Absatz 1 geregelten Pflichten entlassen werden sollte. Zusammenfassend ist festzuhalten, daß der Bundesverkehrsminister bei der Tarifgenehmigung somit auch die im Wettbewerbsparagraph enthaltenen Grundsätze zu beachten hat.[178]

Ein Bezug zwischen dem dargestellten Wettbewerbskonzept und der Höhe der Bahntarife läßt sich nun in mehrfacher Hinsicht denken.

aa) Die Sicherung der Funktionsfähigkeit der Verkehrsträger als Teilaspekt des Wettbewerbsparagraphen und die Auswirkungen hiervon auf die Höhe der Bahntarife

Zunächst sei die These aufgestellt, daß der Wettbewerbsparagraph die Sicherung der Funktionsfähigkeit des Verkehrsträgers Bahn beinhalte und daher regelmäßig kostendeckende Tarife festzusetzen seien.

Es entspricht der allgemeinen Meinung, daß mit dem Wettbewerbsparagraphen vor allem[179] - wenn nicht sogar ausschließlich[180] - der Wettbewerb der Verkehrsträger *untereinander* geregelt wird.[181] Dies gilt auch für den Absatz 1 des Wettbewerbsparagraphen, da auch hierin die Beziehungen der Verkehrsträger zueinander angesprochen sind.[182] Die Beantwortung der Frage, ob die Sicherung der Existenz und der Funktionsfähigkeit einzelner Verkehrsträger ein Postulat des Wettbewerbsparagraphen ist, richtet sich

---

178 In diesem Sinne etwa auch Immenga,U., Wettbewerbsbeschränkungen, S. 27; Storsberg, G., Verkehrsreform, S. 60

179 Vgl. etwa Storsberg,G., Verkehrsreform, S. 25 ff.

180 So Most, O., Gutachten, S. 7; o.V., Preis- und Wettbewerbsfreiheit, S. 6, 15; im Hinblich auf die Beförderungsentgelte auch Storsberg,G., Verkehrsreform, S. 27.

181 Entsprechend dieser Kontroverse sind auch die Schlußfolgerungen, die für den Wettbewerb zwischen den einzelnen Verkehrsunternehmen gezogen werden, sehr unterschiedlich. So geht etwa Most (Gutachten, S. 7,19) davon aus, daß die Verkehrsnovellen den Wettbewerb zwischen den Unternehmen nicht erfassen und nur die "Freigabe" und Ordnung des Wettbewerbs von Verkehrsträger zu Verkehrsträger zum Gegenstand haben. Vgl. demgegenüber zutreffend Storsberg (Verkehrsreform, S. 26): "Es kommt nicht darauf an, inwieweit der Wettbewerb durch durch die neuen Vorschriften \`freigegeben\` worden ist, sondern allein darauf, inwieweit er nach diesen Vorschriften noch beschränkt ist. Soweit keine Beschränkung besteht, ..., ist der Wettbewerb frei. Freier Wettbewerb ist aber natürlicherweise ein Wettbewerb zwischen einzelnen Unternehmen".

182 Wie hier Lange, K., Verkehr, S. 82; unklar dagegen Fikentscher,W., Gutachten, S. 20.

danach, was unter "unlauterem" bzw. "unbilligem" Wettbewerb im Sinne des Gesetzes zu verstehen ist. Hierbei besteht Übereinstimmung insoweit, als - erstens - mit dem Begriff "unlauter" eine Anlehnung an das UWG erfolgte und daher dessen Grundsätze zur näheren Inhaltsbestimmung im Kern[183] übernommen werden können und - zweitens - mit dem Begriff "unbillig" hierüber (d.h. über die Kriterien des UWG) hinausgehende Anforderungen an den Wettbewerb gestellt werden.[184] Allen Unterschieden in den Begriffsdefinitionen und in den Begründungen zum Trotz wird man es als einhellige Meinung bezeichnen können, daß der Schutz der Funktionsfähigkeit eines Verkehrsträgers *im Ganzen* ein aus dem Wettbewerbsparagraphenen resultierendes Gebot ist.[185] Der Wettbewerbsparagraph setzt die Existenz

---

183 Streitig ist dagegen, ob auch das subjektive Erfordernis übernommen werden kann bzw. zu übernehmen ist (bejahend Most, O., Gutachten, S. 19; verneinend Lange,K., Verkehr, S. 82).

184 Lange,K., Verkehr, S. 82 f.; Fikentscher,W., Gutachten, S. 19 f.; Most, O., Gutachten, S. 19; Storsberg,G., Verkehrsreform, S. 98, 105; o.V., Grenzen der Preis- und Wettbewerbsfreiheit, S. 14.

185 Explizit in diesem Sinne o.V., Preis- und Wettbewerbsfreiheit, S. 14 ff.; Fikentscher (Gutachten, S. 22) geht sogar darüber hinaus, indem er auch einzelne Verkehrsunternehmen in diese Schutzpflicht einbezieht. Most (Gutachen, S. 34 f.) vertritt, was die Zulässigkeit von Wettbewerb angeht, einen sehr restriktiven Standpunkt. Er hält für den Begriff "unbillig" einen "dem allgemeinen Rechtsgefühl irgenwie zuwiderlaufenden Nichtausgleich von Gegensätzen" maßgeblich. Das Ausscheiden eines Anbieters insgesamt sei demnach "unbillig" (a.a.O.,S. 35). Storsberg (Verkehrsreform, S. 108 ff.) will zwar nicht auf den Schutz der Funktionsfähigkeit der Verkehrsträger abstellen, sondern auf bestimmte, volkswirtschaftlich unerwünschte Erscheinungen des Wettbewerbs. Das Ausscheiden der Bahn als Verkehrsträger insgesamt wird man aber als solchen Fall eines unerwünschten Schadens bei allen Beteiligten anzusehen haben. Die Argumentation von Storsberg trifft im übrigen für den Fall der DB nicht zu, da sich Storsberg primär gegen den Schutz der einzelnen Verkehrsunternehmen wendet, im Falle der Bahn dagegen auch der Verkehrsträger als solcher in Rede steht. Fehl geht insbesondere auch die weitere These von Storsberg (a.a.O. S. 110), daß der Übergang von Verkehrsaufgaben von einem auf den anderen Verkehrsträger die Entbehrlichkeit des ersteren beweise. Diese Auffassung verkennt die seit jeher vorhandene staatliche Manipulation der Wettbewerbsbedingungen, weshalb von einem "natürlichen" Ausscheiden keine Rede sein kann. Immenga (Wettbewerbsbeschränkungen, S. 36 ff., 62 ff.) stellt für das Kriterium "unbillig" darauf ab, ob Wettbewerbs*entartungen* im Sinne eines ruinösen Wettbewerbs verhindert werden sollen. Auch von diesem anderen Ausgangspunkt her hält er jedoch die Bedrohung der Funktionsfähigkeit eines Verkehrsträgers *im Ganzen* für einen "unbilligen" Wettbewerb im Sinne des Wettbewerbsparagraphen (a.a.O., S. 68).

mehrerer, miteinander konkurrierender Verkehrsträger voraus.[186] Selbst von dieser Prämisse ausgehend ist jedoch der Rückschluß auf ein Gebot kostendeckender Tarife nicht zwingend. Eine solche Schlußfolgerung mag für private Verkehrsunternehmen stringent sein, für die Bahn als letztlich staatsgetragenes Unternehmen verfängt sie jedoch nicht, wie anhand der Vorschrift des § 28 a BbG als auch der allgemeinen Subventionen zugunsten der Bahn zu belegen ist. Schon die traditionell defizitären Jahresergebnisse der Bahn in den letzten Jahrzehnten belegen, daß ein Junktim zwischen der wettbewerbsrechtlich gebotenen Sicherung der Funktionsfähigkeit des Verkehrsträgers Bahn und der Höhe der Bahntarife nicht besteht.

bb) Die wettbewerbsrechtlichen Kriterien "unbillig" und "unlauter" als mögliche Bestimmungskriterien für die Höhe der Tarife

Eine Konnexität zwischen der Höhe der Bahntarife und dem Wettbewerbskonzept ließe sich ferner dann herstellen, wenn aus den Begriffen "unlauter" bzw. "unbillig" unmittelbar Rückschlüsse auf die Entgelte für die einzelnen Dienstleistungen möglich wären. Derartige Beziehungszusammenhänge werden in der Literatur auch tatsächlich diskutiert. So sieht etwa Most[187] sogenannte Unterkostentarife zwar als solche als wettbewerbsneutral an. "Unbillig" seien sie aber dann, wenn sie den Wettbewerber zwängen, zur Aufrechterhaltung seiner Konkurrenzmöglichkeit auch seinerseits unter die Kosten herunterzugehen oder aber aus dem Wettbewerb, sei es im Ganzen oder in bestimmten Relationen, auszuscheiden.[188] Andererseits könne auch ein "kostenechter" Tarif "unbillig" sein, insbesondere dann, wenn der Mitbewerber dadurch gezwungen würde, seinerseits einen "unzumutbaren" Verlust in Kauf zu nehmen oder aus dem Markt auszuscheiden.

---

186 Dabei kann die Problematik, ob als Verkehrsträger in diesem Sinne auch der Luftverkehr und die Seeschiffahrt anzusehen sind, hier offenbleiben. Vgl. hierzu etwa Storsberg,G., Verkehrsreform, S. 23. Nach Storsberg habe der Gesetzgeber bei der Novellierung der Verkehrsgesetze jedenfalls primär an Eisenbahn, Güterkraftverkehr und Binnenschiffahrt gedacht.

187 Most, O., Gutachten, S. 34 ff.

188 Ähnlich für den Fall, daß der antragstellende Verkehrsträger auf dem betreffenden Markt eine beherrschende Position innehat und die langfristigen Grenzkosten nicht gedeckt werden Storsberg,G., Verkehrsreform, S. 104. Storsberg subsumiert diesen Fall freilich unter das Merkmal "unlauter".

Andere Autoren nehmen einen weniger restriktiven Standpunkt ein und bejahen einen größeren Spielraum für den Preiswettbewerb.[189] Auf diese Problematik und damit die präzise Auslegung der Begriffe "unbillig" bzw. "unlauter" soll hier nicht näher eingegangen werden. Bei der Herstellung eines Zusammenhangs zwischen den genannten Wettbewerbspostulaten und den Tarifen für Verkehrsleistungen wird man aber folgendes zu beachten haben. Zunächst wird man ein allein auf die Kostengerechtigkeit gestütztes Urteil der Wettbewerbswidrigkeit hinsichtlich einer einzelnen Verkehrsdienstleistung nur mit Vorsicht treffen können. Ist die Erbringung einer Transportdienstleistung beispielsweise durch alle drei (bzw. unter Einbeziehung der Luftfahrt: aller vier) Verkehrsträger möglich, so kann und wird eine Preisdifferenz oft, wenn nicht sogar regelmäßig, auf die spezifische Kostenstruktur jedes Verkehrsträgers für das konkrete Produkt zurückzuführen sein. Jeder Verkehrsträger hat aufgrund seiner spezifischen Eigenarten in der Leistungserbringung bereichsbezogene Kostenvorteile und daher "natürliche Märkte". Die Bevorzugung des kostengünstigsten Anbieters ist daher geboten, um die erwünschte, volkswirtschaftlich sinnvolle Aufgabenteilung zu realisieren. Jede Egalisierung oder auch nur "Verwässerung" dieser Tarifunterschiede würde der mit dem Wettbewerb angestrebten Effizienzsteigerung zuwiderlaufen. Ein Urteil über die Wettbewerbswidrigkeit kann daher nicht unter Außerachtlassung dieser marktspezifischen Gegebenheiten getroffen werden. Verkannt werden darf hierbei jedoch nicht, daß diese Rahmenbedingungen für die Ordnung der Märkte ebenfalls maßgeblich durch den Staat determiniert werden. Der Staat beschränkt sich im Verkehrsbereich nicht auf die Überwachung eines im übrigen freien Wettbewerbs, sondern setzt - in einer im Vergleich zu anderen Wirtschaftszweigen weit intensiveren Weise - auch die Eckdaten für den Wettbewerb fest. Dies gestattet es, für die Bestimmung der Grenzen des Wettbewerbs tendenziell strengere Maßstäbe anzulegen als in anderen Wirtschaftsbereichen.

cc) Weitere Zusammenhänge zwischen dem Wettbewerbskonzept der Verkehrsgesetze und der Tarifhöhe

Es erwies sich jedenfalls als problematisch, aus den beiden bislang erörterten Gedanken einen Schluß auf die Tarifhöhe herzuleiten. Es existieren aber nun - um damit zur "Positivliste" zu kommen - staatliche Ordnungsideen für

---

[189] Vgl. statt aller Immenga,U., Wettbewerbsbeschränkungen, S. 36

den Wettbewerb der Verkehrsträger, welche im Zusammenhang mit der Tarifhöhe der Bahn stehen.

Zunächst das Postulat zur *Angleichung der Wettbewerbsbedingungen*. Nach dem erklärten Willen des Gesetzgebers ist es Teil dieser Angleichung, daß der Staat als Träger des Bundesbahnvermögens eine angemessene Verzinsung des zur Verfügung gestellten Kapitals erwarten könne und dies auch für die Kalkulation der Preise gelten solle.[190] Der Wettbewerb soll also zwischen mehreren, finanziell nicht nur "lebensfähigen", sondern auch gewinnbringenden Verkehrsträgern stattfinden. Die Preise und deren Beeinflussung durch den Staat sind nicht nur ein Mittel des Wettbewerbs der Verkehrsträger untereinander, sondern auch ein Mittel des Staates, um eine annähernd gleiche Ausgangslage zu schaffen. Die gleiche Ausgangslage wird mithin auf das *Gesamt*ergebnis des Unternehmens bezogen. Erst nach Sicherung dieser "Grenze nach unten" und damit der Gewährleistung der Konkurrenzfähigkeit ist Wettbewerb sinnvoll, da dieser seine positiven Wirkungen nur dann zeitigt, wenn die Konkurrenten unter gleichen Bedingungen antreten.[191]

Ein weiterer Aspekt hängt mit dem soeben erläuterten eng zusammen. Unabhängig davon, wie man die Begriffe "unbillig" bzw. "unlauter" im einzelnen präzisieren kann, hat sich der Staat jedenfalls solcher Eingriffe zu enthalten, die die Wettbewerbsbedingungen *verzerren* würden. Eine solche Verzerrung läge nun nach Auffassung der Bundesregierung auch dann vor, wenn auf eine Verzinsung des Eigenkapitals der DB verzichtet werden würde.[192] Auch dieser Erwägung liegt die Idee zugrunde, daß ein funktionsfähiger Wettbewerb eine Gleichstellung der Konkurrenten und daher jedenfalls für das *Gesamt*ergebnis eine Kostendeckung und eine angemessene Verzinsung erfordere.

Die beiden obigen Argumente belegen insofern plastisch den Wandel der Volkswirtschaft, als sie ursprünglich (jedenfalls auch) wesentlich dazu dienten, die mit der Bahn konkurrierenden Verkehrsträger zu schützen und eine Privilegierung der Bahn zu verhindern. Dementsprechend lag das Schwerge-

---

190 Begründung zum Entwurf des Änderungsgesetzes 1961 (hier zu § 28 BbG 1961), BT-Drucks. III/2381, S. 3. Vgl. auch die Stellungnahme des Bundesrats und die Gegenäußerung der Bundesregierung, a.a.O., S. 5.

191 Lange,K., Verkehr, S. 83

192 Begründung zum Entwurf des Änderungsgesetzes 1961 (hier zu § 28 BbG 1961), BT-Drucks. III/2381, Anl. 3, S. 5

wicht der wettbewerbsrechtlichen Untersuchungen bei Erlaß der Verkehrsrechtsnovellen im Jahre 1961 auf der Frage, welchen Grenzen das nach wie vor als dominant angesehene Unternehmen Bundesbahn unterworfen sei.[193]

Schließlich enthält der Wettbewerbsparagraph ein letztes Element, das einen Bezug zur Höhe der Bahntarife aufweist, nämlich die Pflicht, auf "marktgerechte Entgelte" hinzuwirken. Nun ist dieser Begriff sicher nicht mit dem Begriff "kostengerecht" - welcher in den Vorbereitungen zu den Novellen eine Rolle spielte, aber in die endgültigen Gesetze nicht aufgenommen wurde[194] - identisch.[195] Letzterer rekurriert auf den betriebsinternen, durch eine bestimmte Leistung verursachten Aufwand, wobei die Reichweite des einzubeziehenden Aufwands je nach dem verwendeten Kostenzurechnungskonzept schwankt. Dagegen nimmt der Begriff "marktgerecht" auf einen externen Maßstab, nämlich auf den - auf dem jeweiligen Markt herbeizuführenden - Ausgleich zwischen Nachfrage- und Angebotsverhalten Bezug. Nach Storsberg bedeutet "marktgerecht" etwa, daß "die Tarife ... in einem bestimmten Verhältnis zur Nachfrage nach Beförderungsleistungen der betreffenden Art stehen müssen".[196] [197] Der auf einem Markt für eine Leistung erzielbare Preis mag nun zwar unter Umständen erheblich über dem betrieblich verursachten Aufwand liegen, längerfristig vermag er jedoch regelmäßig[198]

---

193 Vgl. etwa Most, O., Gutachten, S. 23 f.; Fikentscher,W., Gutachten, S. 21 f. sowie die Stellungnahme zu diesen Gutachten: o.V., Preis- und Wettbewerbsfreiheit, passim.

194 Most, O., Gutachten, S. 39

195 Storsberg,G., Verkehrsreform, S. 77; Most, O., Gutachten, S. 39; o.V., Preis- und Wettbewerbsfreiheit, S. 21

196 Storsberg,G., Verkehrsreform, S. 77

197 Nur hingewiesen sei darauf, daß die Bestimmung des Begriffs "marktgerecht" die vorherige Abgrenzung des relevanten Marktes voraussetzt. Von den beiden Alternativen, nämlich den Verkehrsmarkt als einheitlichen Markt oder als eine Summe von Teilmärkten zu begreifen, kommt nach allgemeiner Auffassung (vgl. etwa Most, O., Gutachten, S. 24 m.w.N.; Storsberg,G., Verkehrsreform, S. 76) nur die letztere in Betracht. Diese Auffassung ist schon deshalb richtig, da sich nach der anderen Meinung kaum ein Bezug zwischen Tarif und Markt herstellen ließe. Abzustellen ist m.a.W. nur auf den "Markt", für den der Tarif gelten soll.

198 Wird eine Leistung längerfristig unter Kosten erbracht, so kann dies unter Umständen daran liegen, daß sie im Hinblick auf eine andere, gewinnbringende Anschlußleistung aufrechterhalten wird. Durch Abstellen auf eine höhere Ebene in der Bezugsgrößenhierarchie wird somit das Erfordernis der Kostendeckung gewahrt. Bei den übrigen Fällen, d.h. den Fällen, in denen aus übergeordneten Gesichtspunkten auf Dauer ein Verlust in Kauf genommen wird, handelt es sich um Ausnahmefälle, von denen daher hier abstrahiert wird, zumal das Gebot der

nicht unter den "break-even-Punkt" zu sinken,da sonst Verluste entstünden, welche die betreffenden Unternehmen - falls eine Preiserhöhung nicht in Frage kommt - zum Ausscheiden aus dem Markt veranlassen würden. "Marktgerecht" bedeutet somit jedenfalls längerfristig mindestens "kostengerecht". "Marktgerechte" Tarife tragen eine Tendenz zur "Kostengerechtigkeit" in sich.[199] Übertragen auf den Fall der Bahn bedeutet dies, daß sich - da Konkurrenten nicht vorhanden sind[200] - die Tarifbildung an der Kostenstruktur der Bahn zu orientieren hat und (jedenfalls längerfristig) zu einer Deckung der gesamten Kosten führen muß.

dd) Zusammenfassung

Zusammenfassend ist festzustellen, daß die wettbewerbspolitische Konzeption dahin geht, daß alle Verkehrsträger auf der Grundlage gleicher Ausgangsbedingungen miteinander konkurrieren sollen. Die Sicherung der Wettbewerbsfähigkeit und damit die Angleichung der Rahmenbedingungen obliegt der staatlichen Behörde und impliziert gewinnbringende Tarife.

b) Der Stellenwert der wettbewerbspolitischen Intentionen im Rahmen der Tarifgenehmigungsentscheidung

Die dargelegten Zusammenhänge zwischen dem Wettbewerbskonzept und der Tarifhöhe kontrastieren mit dem oben gefundenen Ergebnis,[201] wonach die Tarifbeeinflussung aus Gründen des allgemeinen Wohls auch zu einem negativen Gesamtergebnis führen kann und darf. Zu klären bleibt daher, welcher "Rang" den wettbewerbspolitischen Intentionen zuzumessen ist.

Kostendeckung für das *Gesamt*ergebnis eine zwingende Nebenbedingung für den Fortbestand des Unternehmens darstellt.

199 So zu Recht Most, O., Gutachten, S. 39. A.A. Storsberg,G., Verkehrsreform, S. 77 ff. An anderer Stelle gesteht jedoch auch Storsberg ein, daß der Marktpreis jedenfalls kostendeckend ist, "sofern keine extremen Angebots- und Nachfragbedingungen herrschen" (a.a.O., S. 87).

200 Als "relevanten Markt" im Sinne des § 8 Abs. 1 AEG kann man wohl nur auf den betreffenden Markt für Bahnleistungen abstellen. Vgl. zum Begriff des "relevanten Marktes" o.V., Preis- und Wettbewerbsfreiheit, S. 29 ff.

201 Vgl. oben B.V.

Klarzustellen ist dabei zunächst, daß mit der Verneinung eines Anspruchs der Bahn auf kostendeckende Tarife noch nichts darüber gesagt ist, welche Bindungen der Bundesverkehrsminister objektivrechtlich bei der Tarifgenehmigung zu beachten hat. Im übrigen hat man sich zu vergegenwärtigen, daß mit dem Wettbewerbsparagraphen ein längerfristig anzustrebendes (vgl. "hinzuwirken") Idealkonzept verankert wurde, aufgrund dessen man gewinnbringende Tarife bei allen Verkehrsträgern als intendiert anzusehen hat. Dieser "Endzustand" soll und kann indes nur durch die flankierenden Maßnahmen zur Angleichung der Startbedingungen erreicht werden, deren Realisierung bisher vernachlässigt wurde. Die Nichtangleichung der Wettbewerbsbedingungen mag daher gegen die objektivrechtliche Verpflichtung aus dem Wettbewerbsparagraphen verstoßen. Solange sie indes nicht erfolgt ist, kann auch eine Pflicht zur Zurückhaltung bei der Preisbeeinflussung nur eingeschränkt angenommen werden, da die "Segnungen des Wettbewerbs" nur bei annähernd gleicher Ausgangslage der Konkurrenten auftreten können. Für die Vergangenheit wird man an der Feststellung nicht vorbeikommen, daß die Entwicklung zwischen den beiden Geboten zur Angleichung der Wettbewerbsbedingungen und zur Steuerung über die Tarifgenehmigung asynchron verlaufen ist. Die Crux des im Wettbewerbsparagraphen konzipierten Modells liegt letztlich darin, daß man sich einerseits aus der Freigabe des Wettbewerbs und der damit verbundenen autonomen Steuerung Effizienzgewinne verspricht, daß andererseits die Verkehrsträger spezifische Eigentümlichkeiten im Hinblick auf ihre Leistungserbringung besitzen, mithin eine radikal andere wirtschaftliche Ausgangslage aufweisen und daher die Startbedingungen erst angepaßt werden müssen, um einen funktionstüchtigen Wettbewerb zu ermöglichen. Unabhängig davon, daß sich trefflich darüber streiten läßt, wann nun gleiche Ausgangsbedingungen herrschen, darf nicht übersehen werden, daß mit dieser Manipulation eben mittelbar auch das Ergebnis des Wettbewerbsprozesses selbst und damit die Aufgabenteilung zwischen den Verkehrsträgern beeinflußt wird.

Um die Bedeutung des Wettbewerbsmodells im Rahmen der Tarifgenehmigung richtig einschätzen zu können, ist die weitere Erkenntnis wesentlich, daß § 8 AEG die wettbewerbspolitischen Zielvorstellungen, aber auch eben nur diese beinhaltet. Hinzu tritt in § 6 AEG die Verpflichtung, das "allgemeine Wohl" und damit eine Vielzahl an weiteren Kriterien in die Tarifbildung miteinfließen zu lassen. Über diese "Schiene" gehen die Ziele in die Tarifbildung ein, die über den Wettbewerb und seine erwarteteten Wirkungen nicht realisiert werden können.[202] Die Haltung des Gesetzgebers ist "unentschieden". Auf der einen Seite setzt er auf einen verstärkten Wettbewerb, auf der anderen mißtraut er dem Wettbewerb, indem er die Sorge für das allgemeine Wohl in die Hände der Genehmigungsbehörde legt.[203]

Für ein Rangverhältnis zwischen beiden Vorschriften ergibt sich aus dem Gesetz nichts.[204] Somit verbleiben zwei Möglichkeiten. Man könnte die Grundsätze des § 8 AEG als zwingenden Abwägungsgrundsatz ansehen, mithin die Implementierung des allgemeinen Wohls regelmäßig nur noch im Rahmen der gebotenen Kostendeckung für zulässig zu erachten. Oder man betrachtet die wettbewerbspolitischen Vorstellungen nur als einen Belang, welcher im Einzelfall aufgrund einer pflichtgemäßen Abwägung hintangestellt werden kann. Man wird die Entscheidung zwischen diesen beiden Alternativen für die Bahn nur unter Berücksichtigung des ambivalenten Charakters ihrer Unternehmensstruktur und ihrer verfassungsrechtlich zwingenden Vorhaltung als Einrichtung der Leistungsverwaltung treffen können. Nur die zweite Auffassung erhält dem Bundesverkehrsminister den Freiraum politischer Gestaltungsfreiheit, der ihm nach dem Gesamtgefüge der eisenbahnrechtlichen Vorschriften, insbesondere etwa nach der Intention des § 28 a BbG zugestanden werden soll. Auch der Sache nach kann ein Vorrang der wettbewerbspolitischen Ordnungsideen vor anderen Zielen nicht anerkannt werden. Letztere sind vielmehr in gleicher Weise legitimiert und unter Umständen sogar - hinsichtlich der Normhierarchie - auf höherer Ebene verankert (vgl. nur das Sozialstaatprinzip). Geht man zutreffend davon aus, daß das Sozialstaatprinzip (Art. 20,28 GG) auch die allgemeine Legitimationsgrundlage für die staatliche Verantwortung auf dem Gebiet des Umweltschutzes abgibt,[205] so kann dem umweltpolitischen Ziel, durch tendenziell niedrige Tarife die Wettbewerbsfähigkeit des umweltfreundlichen Verkehrsträgers Bahn vor einer weiteren Schmälerung zu bewahren, nicht a-priori ein geringerer

---

[202] Immenga, U., Wettbewerbsbeschränkungen, S. 71; o.V., Preis- und Wettbewerbsfreiheit, S. 44 ff.

[203] Storsberg, G., Verkehrsreform, S. 154 f..

[204] Immenga, U., Wettbewerbsbeschränkungen, S. 73 bejaht zwar - für das GüKG - einen Vorrang der wettbewerbspolitischen Ziele vor dem allgemeinen Wohl. Für diese (privaten) Unternehmen ist die Frage freilich weniger virulent, da sie ja ohnehin - und zwar aus anderen, nicht-wettbewerbsrechtlichen Gründen - einen Anspruch auf Kostendeckung haben. Für die Lage bei der Bahn ergibt sich hieraus aber nichts.

[205] Vgl. statt aller Soell, H., WiR 1973, 85 ff.; ders., NuR 85, 211 f.

Rang zugewiesen werden, als dem liberalen Wettbewerbskonzept des § 8 AEG. Der systematische wie historische Befund, wonach mit dem Wettbewerbskonzept nur ein "Surrogat" für das allgemeine Wettbewerbs- und Kartellrecht geschaffen wurde, spricht ebenfalls gegen eine Aufwertung dieser wettbewerbspolitischen Leitmotive zu einem besonders qualifizierten Abwägungsbelang. Auch wenn mit den Wettbewerbsparagraphen für alle Verkehrsträger ein inhaltlich gleiches Ordnungsmodell verankert wurde, so hindert dies nicht daran, den Stellenwert dieses einen Aspekts im Verhältnis zu den anderen Tarifbildungskriterien für die einzelnen Tarifgenehmigungen anders zu beurteilen. Für die Bahn kann daher dem Wettbewerbskonzept nur eine relative Bedeutung in dem Sinne der zweiten Lösung beigemessen werden, d.h. daß die Wettbewerbsideen zusammen mit den bahneigenen Interessen, für die sie regelmäßig "streiten", nur angemessen zu berücksichtigen sind.

Positiv besteht die Bedeutung des Wettbewerbsparagraphen für die Tarifgenehmigung vornehmlich darin, daß die Wettbewerbsaspekte mit einem gesetzlichen, für den Bundesverkehrsminister verbindlichen Inhalt in den Rang des notwendigen Abwägungsmaterials erhoben wurden. Eine vom Gesetz abweichende Beurteilung durch den Bundesverkehrsminister ist unzulässig. Weiter wurde die gesamte Bundesregierung zur Realisierung des Wettbewerbsmodells verpflichtet. Schließlich wird man aus Wortlaut und Intention des Wettbewerbsparagraphen einen rechtsverbindlichen Grundsatz für die intertemporale Rechtsanwendung dahingehend entnehmen können, daß sich längerfristig die Akzente zugunsten der Wettbewerbsbelange verschieben und diesen daher tendenziell ein stärkeres Gewicht beizumessen ist. Dieser Abwägungsgrundsatz gilt für alle Verkehrsträger in gleicher Weise, wenngleich auch hier für die Bahn zeitlich längere Anpassungsfristen anzunehmen sein werden.

4. Zusammenfassung

Die nähere Durchleuchtung der rechtlichen Struktur der Tarifgenehmigungsentscheidung für die Bundesbahn brachte im wesentlichen folgende Ergebnisse.

Der Bundesverkehrsminister ist zu einer umfassenden Abwägung verpflichtet. Kardinalproblem der Abwägung ist dabei die Einordnung und Bewertung der bahneigenen Interessen im Verhältnis zu den anderen Abwägungsdirektiven. Die Tatsache, daß die Bahninteressen zum notwendigen Abwägungsmaterial gehören, der Bundesverkehrsminister sich daher mit ihnen auseinandersetzen muß und sie nur nach pflichtgemäßen Ermessen hintanstellen darf, kann als Pflicht zu einem bahnfreundlichen Verhalten umschrieben werden. Antipode zu den Bahninteressen sind die Gemeinwohlaspekte, welche tendenziell eine preisgünstige Tarifgestaltung verlangen. Um zu bestimmen, wie dieser Interessenausgleich im Ergebnis auszugehen hat, wurde auf das in den Wettbewerbsparagraphen verlautbarte Wettbewerbskonzept zurückgegriffen. Dies führte zwar zu eine Erhellung der Struktur der Entscheidung dahingehend, daß auch nach diesen ordnungspolitischen Ideen regelmäßig gewinnbringende Tarife festzusetzen wären und dieser Abwägungsbelang damit prinzipiell die Bahninteressen stützt. Die Bedeutung der wettbewerbspolitischen Ziele mußte indes sofort relativiert werden. Zum einen enthält der Wettbewerbsparagraph selbst Vorbehalte, zum anderen - und dies ist wesentlich wichtiger - handelt es sich bei den wettbewerbsrechtlichen Zielen auch nur um "schlichte" abwägungserhebliche Belange, denen (trotz ihrer expliziten Nennung im Gesetz) als solchen kein höheres Gewicht als anderen Belangen - wie etwa umwelt- oder sozialpolitischen Gesichtspunkten - zuzumessen ist. Freilich kann man aus Intention und Wortlaut des Wettbewerbsparagraphen den Schluß ziehen, daß den darin enthaltenen Zielen im Zeitablauf ein größeres Gewicht zukommt. Daneben enthält das AEG mit dem Grundsatz der Gleichmäßigkeit der Tarife in § 6 AEG einen zwingend zu wahrenden Abwägungsgrundsatz. Dagegen kommt dem § 46 BbG als Abwägungsdirektive nur eine untergeordnete Bedeutung zu.

5. Der materielle Gestaltungsspielraum bei Tarifgenehmigungen - ein Vergleich der Regelungen nach den Verkehrsgesetzen.

Vergleicht man den Gestaltungsspielraum, der dem Bundesverkehrsminister bei der Erteilung der Tarifgenehmigung für die Bahn zusteht, mit dem Gestaltungsspielraum der jeweiligen Genehmigungsbehörde nach den anderen Verkehrsgesetzen, so reicht die Entscheidungsfreiheit bei der Bundesbahn wesentlich weiter. Die Wahrung der Eigenwirtschaftlichkeit ist nach dem BbG - anders als nach den anderen Verkehrsgesetzen - nicht schlechthin zur conditio sine qua non der Tarifgenehmigung erhoben. Diese Lösung trägt dem ambivalenten Charakter der Unternehmensverfassung der Bahn und ihrer Eigenschaft als Verwaltungseinrichtung Rechnung[206] und tangiert nicht die Entscheidungsfreiheit des Bundesverkehrsministers, die ihm nach der Gesamtkonzeption der eisenbahnrechtlichen Vorschriften offensichtlich zustehen soll. Trotz der prinzipiellen Zulässigkeit einer nicht-kostendeckenden Tarifgestaltung kann ein solcher Eingriff in die finanzielle Autonomie der Bahn nur nach pflichtgemäßer Abwägung aller Belange erfolgen. Unter wettbewerbspolitischen Aspekten sind kostendeckende Tarife intendiert. Im Zeitablauf ist diesen Zielen ein größeres Gewicht beizumessen. Jedoch spielen sie, obwohl sie mit dem Wettbewerbsparagraphen formell für alle Verkehrsträger in gleicher Weise verpflichtend vorgeschrieben wurden, für die Bahn eine geringere Rolle als für die anderen Verkehrsträger. Oder mit anderen Worten: Die Tarifbeeinflussung aus Gründen des Gemeinwohls kann bei der Bundesbahn eher und inhaltlich in größerem Umfang erfolgen als bei anderen Verkehrsunternehmen.[207]

6. Zur Problematik der Begründungspflicht für die Tarifgenehmigung nach dem BbG

Angesprochen sei nun ein letzter Aspekt allgemein-verwaltungsrechtlicher Art: Bedarf die Tarifgenehmigung eine Begründung, welche die nach den obigen Ausführungen nötigen, komplexen Gedankengänge erkennen läßt ? Daß eine solche Begründung wünschenswert ist, ist nach dem Gesagten evident. Sinnvoll ist die Erläuterung der Erwägungen im Rahmen einer Begründung schon deshalb, um der Gefahr zu begegnen, daß später Erwägungen nachgeschoben werden, die ursprünglich gar nicht angestellt worden waren. Fraglich ist jedoch, ob insoweit eine Rechtspflicht oder nur ein schlichtes nobile officium vorliegt. Anders als die Frage der Veröffentlichung der Tarife[208] wird die Frage der Begründungspflicht weder in den gesetzlichen Grundlagen noch - soweit ersichtlich - in der Literatur erwähnt.

---

206 Würde man einen Anspruch der Bahn auf gewinnbringende Tarife bejahen und die Bahn damit letztlich einem privaten Verkehrsträger völlig gleichstellen, so bedürfte insbesondere die Frage der Vereinbarkeit mit Art. 87 Abs. 1 GG sorgfältiger Prüfung.

207 Für eine vorsichtige Handhabung von Tarifeingriffen aus Gründen des allgemeinen Wohls (im Rahmen der übrigen Verkehrsgesetze) vgl. etwa Storsberg, G., Verkehrsreform, S. 119, Most, O., Gutachten, S. 16.

208 Vgl. §§ 6,7 EVO sowie die Kommentarliteratur hierzu.

Angesichts der gegebenen finanziellen Autonomie der Bahn hat man die Tarifgenehmigung wohl als Verwaltungsakt im Sinne des § 35 VwVfG anzusehen. Dann ergibt sich, da das Verfahren auf der Erlaß eines Verwaltungsaktes gerichtet ist und der Bundesverkehrsminister die Merkmale des funktionalen Behördenbegriffs im Sinne des § 1 Abs. 4 VwVfG erfüllt, die Begründungspflicht zwanglos aus § 39 VwVfG. Daß hier eine Planungsentscheidung vorliegt, steht dem nicht entgegen. Angesichts des schon erwähnten, bloß graduellen Unterschiedes zwischen Planungs- und Ermessensentscheidungen und angesichts der höheren Komplexität von Planungsentscheidungen sind diese ebenfalls - man möchte sagen: erst recht - zu begründen.[209] Dabei soll nicht einer uneingeschränkten Anwendung des VwVfG auf die Tarifgenehmigung das Wort geredet werden, da zahlreiche Einzelvorschriften nicht für gegenüber einem Verwaltungsträger erfolgende Verfahren konzipiert sind und daher nicht "passen". Legitim erscheint aber die Übernahme der Begründungserfordernisse aus § 39 VwVfG. In Anbetracht der gesetzlichen Grundlage bedarf es somit nicht der Herleitung einer Begründungspflicht aus allgemeinen Rechtsgrundsätzen.

C. Rechtsschutzfragen im Falle des § 28 a BbG

Für Rechtsschutzmöglichkeiten der Bahn im Falle von Ausgleichsverpflichtungen nach § 28 a BbG ist zunächst klarzustellen, daß durch § 28 a Abs. 1 BbG der Bahn ein öffentlichrechtlicher Leistungsanspruch eingeräumt wurde. Diese Annahme ist - auch wenn die Vorschrift eher anspruchsneutral gefaßt ist - aufgrund der Funktion der Vorschrift (finanzielle Neutralisierung der politischen Einflußnahme), ihres systematischen Zusammenhangs mit den anderen, die Substanz des Sondervermögens sichernden Vorschriften, sowie der geschichtlichen Entwicklung[210] geboten. Für die Ausgleichszahlung an das Sondervermögen Bundesbahn nach § 28 a BbG kann insoweit nichts anderes gelten als für Zahlungsverpflichtungen nach § 5 BbG oder den anderen

---

209 Dazu, daß § 39 Abs. 1 S. 3 VwVfG auch für Planungsentscheidungen gilt vgl. Kopp, F., VwVfG, 12 zu § 39 m.w.N..

210 Vgl. zur geschichtlichen Entwicklung zusammenfassend etwa Fromm, G., BB 1969, 338

Vorschriften, die Abgeltungspflichten für Leistungen der Bahn an andere Verwaltungsträger konstituieren.[211]

Problematisch ist sodann, ob im Falle von Meinungsdivergenzen darüber, ob bzw. in welcher Höhe eine Ausgleichspflicht nach § 28 a Abs.1 BbG besteht, verwaltungsgerichtliche Klagemöglichkeiten durch § 28 a Abs.2 S.4 BbG, wonach die zur Entscheidung zuständige Einigungsstelle endgültig mit Stimmenmehrheit entscheidet, ausgeschlossen werden. Bedenken erweckt dieser Ausschluß der Klagemöglichkeit im Hinblick auf die Rechtsschutzgewährleistung des Art. 19 Abs.4 GG. Die Frage der Vereinbarkeit von § 28 a Abs.2 S.4 BbG mit Art. 19 Abs.4 GG konzentriert sich auf zwei Problemkreise: Zum einen ist der Begriff "Jemand" i.S.d. Art. 19 Abs.4 GG präzisierungsbedürftig, zum anderen ist zu klären, was der Begriff "Rechte" in dieser Vorschrift bedeutet.

I. "Jemand" im Sinne des Art. 19 Abs.4 GG

In der Literatur umstritten ist die Frage, worauf der Begriff "Jemand" in Art. 19 Abs.4 GG zu beziehen ist.

Ausgehend von der - auch von der ganz h.M. anerkannten[212] - Grundrechtsqualität des Art. 19 Abs.4 GG wird - wegen des funktionellen Zusammenhangs des formalen Hauptgrundrechts des Art. 19 Abs.4 GG mit den materiellen Grundrechten - z.T. angenommen, daß "Jemand" in diesem Sinne nur ein Gebilde sein kann, dem nach Art. 19 Abs.3 GG Grundrechtssubjektivität zukomme.[213] Öffentlichrechtliche Institutionen scheiden demnach grundsätzlich aus.[214] Neben der grundsätzlichen Unanwendbarkeit von Grundrech-

---

[211] Zu diesem statischen Aspekt der Autonomie vgl. näher oben A.IV.

[212] Dürig,G., in Maunz/Dürig/Herzog, Grundgesetz, Erstbearbeitung, Rdnr. 1 b zu Art.19; Bachof,O., Klage, S. 13, Fußnote 6 und S. 84; Menger, C.-F., Grundrechte III/2. S. 733; Bettermann, K.A., Grundrechte III/2, S. 783; Klein,F., Generalklausel, S. 67,88; Herzog,R., in Maunz/Dürig/Herzog, Grundgesetz, Rdnr. 5 vor Art.19

[213] so v.a. Schenke, W.-R., Bonner Kommentar, Zweitbearbeitung, Rdnr. 31 ff zu Art. 19 Abs.4; Hamann/Lenz, GG, Rdnr. 13 zu Art. 19

[214] Auf die streitige Frage der Grundrechtssubjektivität öffentlichrechtlicher Gebilde braucht an dieser Stelle nicht eingegangen werden. Vgl. hierzu etwa von Mutius,A., Bonner Kommentar, Zweitbearbeitung, 78 ff. zu Art. 19 Abs.3; Dürig,G., in Maunz/Dürig/Herzog, Grundgesetz, Rdnr. 33 ff. zu Art. 19 Abs.3.

ten auf öffentlichrechtliche Gebilde weist Schenke zur Begründung dieser Auffassung weiter darauf hin,[215] daß bei juristischen Personen des öffentlichen Rechts sogar deren Bestand als solcher der Dispositionsbefugnis des einfachen Gesetzgebers unterliege und es daher wenig sinnvoll erscheine, die ihnen eingeräumte materielle Befugnis als bloßes Minus verfassungsrechtlich zu bewehren. Da im übrigen auch die materielle Position der Gestaltungsbefugnis des Gesetzgebers unterworfen sei, könnten, so Schenke, juristische Personen des öffentlichen Rechts wegen der engen Verzahnung von materiellem und prozessualem Recht auch durch Bewehrung ihrer Stellung mit Art. 19 Abs.4 GG nur unvollkommen geschützt werden. Eine evtl. Beschränkung oder sogar ein Ausschluß des Rechtsweges ließen sich im Wege verfassungskonformer Auslegung als zulässige Einschränkung der materiellen Rechtsposition der juristischen Person aufrechterhalten.[216]

Die dargestellte Auffassung verdient keine Zustimmung, da sie in unzulässiger Weise zwei zu trennende Ebenen des Art. 19 Abs.4 GG vermengt.[217]

Soweit die Rechtsnatur des Art. 19 Abs.4 GG als Grundrecht in Rede steht, können sich auf ihn - etwa im Rahmen einer Verfassungsbeschwerde nach Art. 93 Abs.1 Nr.4a GG - grundsätzlich[218] nur grundrechtsfähige

---

215 Schenke, W.-R., Bonner Kommentar, Zweitbearbeitung, Rdnr. 34 zu Art. 19 Abs.4. Zur Kritik an diesem Argument vgl. unten III.

216 Schenke, W.-R., a.a.O., Rdnr. 33 zu Art. 19 Abs.4. Zur Kritik an diesem Argument vgl. unten III.

217 Vgl. für die Notwendigkeit dieser Differenzierung auch Bethge, H., Grundrechtsträgerschaft, S. 296

218 Für Art. 19 Abs.4 GG wird jedoch auch die Auffassung vertreten, daß diese Bestimmung (auch) in ihrer Funktion als Grundrecht dem Inhaber des betroffenen subjektiven Rechts - ähnlich wie die formal-prozessualen Grundrechte der Art. 101,103 GG - unabhängig von der Frage der Grundrechtssubjektivität im Sinne des Art. 19 Abs.3 GG zugute kommt. Danach wären v.a. alle öffentlichrechtlichen Gebilde Träger des Grundrechts aus Art. 19 Abs.4 GG, auch wenn sie im übrigen wegen Art. 19 Abs.3 GG nicht Grundrechtsinhaber sein können.
Zu dieser Diskussion vgl. etwa Bleckmann, Staatsrecht II, 991; Hendrichs, S., in: von Münch, I., GG, Rdnr. 41 zu Art. 19 (beide Autoren bejahen eine Loslösung des Art. 19 Abs.4 von Abs. 3 GG). Dagegen wird eine Verknüpfung beider Absätze u.a. bejaht von Jarass, H.-D., in: Jarass-Pieroth, GG, Rdnr. 29 zu Art. 19; Bethge,H., Grundrechtsträgerschaft, S. 293. Die Haltung des BVerfG hierzu kommt in dem "AOK-Beschluß" vom 9.4.75, BVerfGE 39, 302 (316), nicht eindeutig zum Ausdruck (vgl. auch nachfolgend im Text).
Zutreffend dürfte wohl die Auffassung sein (vgl. Bethge, H., Grundrechtsträgerschaft, S. 293 f. und Fußnote 446), welche Art. 19 Abs.4 GG als *materielles* Grundrecht begreift, da es in Art.

Gebilde im Sinne des Art. 19 Abs.3 GG berufen und so eine verfassungswidrige Beschneidung des Justizgewährleistungsanspruchs geltend machen. Für diese Konstellation fungiert die Grundrechtssubjektivität nach Art. 19 Abs.3 GG schon als verfahrensrechtliche Zulässigkeitsvoraussetzung für die Verfassungsbeschwerde nach Art. 93 Abs.1 Nr.4a GG. Schon an dieser verfahrensrechtlichen Zulässigkeitsvoraussetzung ließ das BVerfG die mit Beschluß vom 9.4.1975[219] abgewiesene Verfassungsbeschwerde mehrerer allgemeiner Ortskrankenkassen scheitern. Eine eingehendere Prüfung, ob das gerügte Grundrecht des Art. 19 Abs.4 GG nicht doch ausnahmsweise (auch) der öffentlichen Hand zusteht, findet sich in dem Urteil nicht. Eine implizite Stellungnahme hierzu kann allenfalls in der pauschalen Formulierung gesehen werden, wonach jeder Anhaltspunkt dafür fehle, daß den allgemeinen Ortskrankenkassen die Grundrechte aus Art. ..., 19 Abs.4, ... GG zustehen.[220] [221]

Von dieser Möglichkeit der Inanspruchnahme des Art. 19 Abs.4 GG als Grundrecht strikt zu differenzieren ist die auf einer anderen Ebene liegende Frage, welchen Gebilden Art. 19 Abs.4 GG eine verfassungsmäßige Rechtsschutzgarantie hinsichtlich ihrer Rechte einräumen will. Für die Beantwortung dieser Frage - und damit die Auslegung des Begriffs "Jemand" - muß - mit der ganz h.M.[222] - auf den Begriff der "Rechte" im Sinne des Art. 19 Abs.4 GG zurückgegriffen werden. Das subjektive Recht ist "Angelpunkt"[223] und Schutzziel des Art. 19 Abs.4 GG. Die Art. 19 Abs.4 GG zugrundeliegende materielle Konzeption gebietet es, dort, wo ein subjektives Recht in diesem Sinne in Rede steht, die Justizgewährleistungspflicht eingreifen zu lassen.

---

19 Abs.4 GG um den Zugang zum Richter geht. Die Qualifizierung als "formelles" Hauptgrundrecht ist nur als Kontrast zum "materiellen" Hauptgrundrecht des Art. 2 Abs.1 GG zu verstehen und liegt daher auf einer anderen Ebene. Nach dieser Ansicht ist, soweit Art. 19 Abs.4 GG *als Grundrecht* in Anspruch genommen werden soll (aber auch nur dann), Grundrechtssubjektivität im Sinne des Art. 19 Abs.3 GG nötig.

219 BVerfGE 39,302

220 BVerfG, a.a.O., S. 316

221 Zu dem Urteil vgl. auch die detaillierte Analyse bei Bethge, H., Grundrechtsträgerschaft, S. 290 ff.

222 Klein,F., Generalklausel, S.102; Bettermann,K.A., Grundrechte III/2, S.786; Hendrichs,S. in von Münch,I., Grundgesetz, 41 zu Art.19; von Mangoldt/Klein, Grundgesetz, VII 1 zu Art. 19; Bethge,H., Grundrechtsträgerschaft, S. 296; Schmelter,H., Rechtsschutz, S. 109 ff. jeweils m.w.N.

223 Schmidt-Aßmann,E. in Maunz/Dürig, Grundgesetz, 117 zu Art. 19 Abs.4

Daher ist unter "Jemand" - entsprechend der ganz h.M.[224] - Jeder bzw. jedes Substrat zu verstehen, der bzw. das Inhaber eines Rechts im Sinne des Art. 19 Abs.4 GG sein kann. Entscheidend ist m.a.W. der materielle Charakter der Rechtsbeziehung und damit das Vorliegen eines Subjektionsverhältnisses zwischen Gewaltunterworfenem und der öffentlichen Gewalt, nicht dagegen die rechtliche Organisationsstruktur des Adressaten.

Durch diese Interpretation kommt es zwar zu einer quasi inkongruenten Reichweite des Art. 19 Abs.4 GG. In seiner grundrechtlichen Funktion reicht der Schutz wegen der nach (wohl) herrschender Meinung[225] notwendigen Voraussetzung der Grundrechtssubjektivität und damit der Verknüpfung mit Art. 19 Abs.3 GG nicht so weit wie die (quasi "objektivrechtliche")[226] Verpflichtung zur Rechtsschutzgewährleistung, welche nur an das Vorliegen eines Rechts im Sinne des Art. 19 Abs.4 gebunden ist.[227] Diese Differenzierung entspricht aber nicht nur der sonst üblichen Unterscheidung zwischen Grundrechten und ("bloß") objektivem Verfassungsrecht, sie wird auch der intendierten, möglichst weiten Geltung des Art. 19 Abs.4 GG gerecht. Nicht angängig erscheint es daher - worauf die Auffassung von Schenke hinausläuft -, nur um des Zieles einer Konkordanz der Reichweite beider Aspekte willen, die objektivrechtliche Justizgewährleistungspflicht auf den grundrechtlichen Rahmen zu beschränken. Beide Aspekte des Art. 19 Abs.4 GG bestehen unabhängig voneinander, ihre inhaltlichen Grenzen bestimmen sich nach unterschiedlichen Regeln.

Fehl geht daher auch ein weiteres Argument von Schenke.[228] Schenke erkennt zwar - konform mit der h.M.[229] - an, daß Art. 19 Abs.4 GG nicht nur

---

224 Vgl. die Nachweise oben Fußnote 222

225 Vgl. zu dieser Problematik oben Fußnote 218

226 "Objektivrechtlich" ist hier nur im Gegensatz zu grundrechtlich zu verstehen, d.h. auch in dieser zweiten Funktion dient Art. 19 Abs.4 GG dem Schutz des subjektiven, außerhalb des Art. 19 Abs.4 GG angesiedelten und von dieser Bestimmung vorausgesetzten Rechts und ist daher kein objektivrechtliches Verfahren im eigentlichen Sinne.

227 Wegen dieser Diskrepanz bemerkt dann auch Bethge,H., Grundrechtsträgerschaft, S.296, daß der Rechtswegartikel doch nicht so ganz das Meisterwerk juristischer Formulierungskunst ist, als das er bereits bezeichnet wurde.

228 Schenke, W.-R., Bonner Kommentar, Zweitbearbeitung, Rdnr. 35 zu Art. 19 Abs.4

229 Bettermann, K.A., Grundrechte III/2, S. 531; Bethge,H., Grundrechtsträgerschaft, S. 296; Dürig,G., in Maunz/Dürig/Herzog, Grundgesetz, Erstbearbeitung, Rdnr. V 1a zu Art. 19 Abs.4

auf den Schutz von Grundrechten beschränkt ist. Die Schlußfolgerung der h.M., wonach deshalb auch juristische Personen des öffentlichen Rechts unter Art. 19 Abs.4 GG fallen, da auch diese (unstreitig) Inhaber solcher unterverfassungsgesetzlicher Rechte sein können, lehnt er jedoch ab. Aus dieser Einbeziehung einfachgesetzlicher Rechte in Art. 19 Abs.4 GG lasse sich - so Schenke - für die Erstreckung des Art. 19 Abs.4 GG auf juristische Personen des öffentlichen Rechts genausowenig etwas ableiten wie aus dem Umstand, daß juristische Personen des öffentlichen Rechts Eigentümer zu sein vermögen, etwas für den Grundrechtsschutz gem. Art. 14 GG gefolgert werden kann. Die Auffassung geht fehl, da sie nicht zwischen dem grundrechtlichen und dem objektivrechtlichen Gehalt des Art. 19 Abs.4 GG differenziert.

Das Ergebnis der Disskussion läßt sich wie folgt zusammenfassen. Art. 19 Abs.4 GG besitzt zwei Komponenten. Zunächst enthält er eine objektivrechtliche Verpflichtung zur Rechtsschutzgewährleistung, wenn und soweit (subjektive) "Rechte" im Sinne des Art. 19 Abs.4 GG verletzt werden. Unabhängig davon beinhaltet er ein Grundrecht in dem Sinne, daß eine verfassungswidrige Einschränkung des Justizgewährleistungsanspruchs von dem betroffenen Rechtsinhaber auch - notfalls durch Verfassungsbeschwerde - durchgesetzt werden kann. Auf dieser (zweiten) Stufe der Realisierung der objektivrechtlichen Komponente sind freilich nach der herrschenden Meinung[230] noch weitere Voraussetzungen wie etwa die Grundrechtssubjektivität nötig, die sich aber nicht aus Art. 19 Abs.4 GG ergeben. Wegen dieser Divergenz der materiellen Gewährleistungen sind beide getrennt zu beurteilen. Verfehlt ist es, Aspekte der zweiten Zielrichtung, die zudem u.U. auch noch außerhalb des Art. 19 Abs.4 GG angesiedelt sind, zur Interpretation und zur materiellen Einschränkung des ersten Gehalts heranzuziehen.

Übertragen auf die Problematik des § 28 a Abs.2 S.4 BbG ist festzuhalten, daß auch die Bahn - trotz ihrer Eigenschaft als öffentlichrechtliches Gebilde - prinzipiell unter die Justizgewährleistungspflicht des Art. 19 Abs.4 GG fällt, wenn und soweit ihr "Rechte" in diesem Sinne zustehen. Letzteres ist sogleich im Anschluß zu untersuchen. Mangels Grundrechtssubjektivität im Sinne des Art. 19 Abs.3 GG kann sich die Bahn dagegen nicht auf Art. 19 Abs.4 GG in seiner Eigenschaft als Grundrecht berufen, wenn man nicht mit Teilen der

230 Zur Problematik, ob Art. 19 Abs.4 GG auch in seiner Funktion als Grundrecht mit Art. 19 Abs.3 GG verknüpft ist vgl. oben Fußnote 218

Literatur die Inhaberschaft des Grundrechts aus Art. 19 Abs.4 GG losgelöst von Art. 19 Abs.3 GG beurteilt.[231]

II. "Rechte" im Sinne des Art. 19 Abs.4 GG

Für die nunmehr entscheidende Frage, wie der Begriff "Rechte" im Sinne des Art. 19 Abs.4 GG auszulegen ist, kann zunächst als einhelliges Ergebnis der Kommentierungen[232] festgehalten werden, daß mit den "Rechten" in diesem Sinne nicht nur Grundrechte, sondern auch andere, unterverfassungsrechtlich begründete subjektive Rechte erfaßt sind. In dieser Allgemeinheit kann man die eigene Rechtsposition der Bahn ohne Probleme als durch Art. 19 Abs.4 GG geschützt ansehen.

1. Einschränkungen durch das Erfordernis weiterer Kriterien?

Kontrovers wird dagegen die Frage beurteilt, ob nicht für das "Recht" im Sinne des Art. 19 Abs.4 GG noch weitere Elemente vorhanden sein müssen. Nach Schmidt-Aßmann[233] etwa ist Art. 19 Abs.4 eine Bastion des Bürgerschutzes und entsprechend enthalte der von ihm zugrundegelegte Begriff des subjektiven Rechts ein spezifisch personales Element. Fehle es hieran, so mögen sonstige einfachgesetzliche subjektive Rechte vorliegen. Es handele sich dann aber nicht um subjektive Rechte im Sinne des Art. 19 Abs.4 GG. Negativ aus dem Schutzbereich ausgeschieden werden hiermit v.a. die Rechte verselbständigter Verwaltungsträger.[234] Ungeachtet der lebhaften terminologischen Diskussion, ob man in Zusammenhang mit den eigenen Rechten im staatlichen Binnenbereich überhaupt legitimerweise von "subjektiven Rechten" sprechen kann, umfaßt der Begriff "Rechte" im Sinne des Art. 19 Abs.4

---

[231] Vgl. zu dieser Diskussion die Nachweise in Fußnote 218

[232] Vgl. etwa Schenke, W.-R., Bonner Kommentar, Zweitbearbeitung, Rdnr. 285 zu Art. 19 Abs.4; Schmidt-Aßmann,E. in Maunz/Dürig/Herzog, Grundgesetz, Rdnr. 116 ff. zu Art. 19 Abs.4; Dürig,G., in Maunz/Dürig/Herzog, Grundgesetz, Erstbearbeitung, V 1 zu Art. 19 Abs.4; Hendrichs,S., in von Münch,I., Grundgesetz, Rdnr. 44 zu Art. 19

[233] Schmidt-Aßmann,E. in Maunz/Dürig/Herzog, Grundgesetz, Rdnr. 147 ff. und 117 zu Art. 19 Abs.4

[234] Schmidt-Aßmann,E., a.a.O., Rdnr. 148

GG nach dieser Auffassung zwar - entsprechend der allgemeinen Terminologie - nicht nur Grundrechte, er wird aber durch ein weiteres, personal-individualistisches Kriterium eingegrenzt.[235] Auch im übrigen finden sich vereinzelt Simmen in der Literatur, die einer Anwendung von Art. 19 Abs.4 GG auf andere als Außenrechtsstreitigkeiten im klassischen Sinne vorsichtig gegenüberstehen.[236] Als Argument für die genannten Meinungen läßt sich - neben der systematischen Stellung[237] - die Funktion des Art. 19 Abs.4 GG als Komplementärnorm zum Hauptfreiheitsgrundrecht der Art. 2 Abs.1 GG ins Feld führen.

2. Kritische Stellungnahme

Gegen eine derartige Einschränkung des Art. 19 Abs.4 GG durch das Erfordernis eines personalen Elementes sprechen im wesentlichen vier Argumente.

a) Die Auflösung der Dichotomie Innen-Außenrecht und ihre Auswirkung auf das Verständnis des Art. 19 Abs.4 GG

Unstreitig liegt die Bedeutung des Art. 19 Abs.4 GG vornehmlich darin, die "Selbstherrlichkeit" der vollziehenden Gewalt im Verhältnis zum Bürger zu beseitigen.[238] Maßgebliches Leitmotiv für die Interpretation des Art. 19

---

235 Im Ergebnis dürfte diese Auffassung denn auch weitgehend mit der Lehre übereinstimmen, die schon öffentlichrechtliche Gebilde als solche nicht durch Art. 19 Abs.4 GG geschützt ansieht (Vgl. hierzu oben I.).

236 Vgl. etwa Krebs,W., VerwArch 77, S. 196 für den Kommunalverfassungsstreit; Kisker,G., Insichprozeß, S. 42, Fußnote 110 für den Fall des Organstreits; Ule, C.H., Stichwort "Rechtsweggarantie" in Evangelisches Staatslexikon, 2. Auflage, 1975; Lorenz,D., Insichprozeß,S. 325 ff.

Gleichwohl erkennt auch Lorenz,D., a.a.O., S. 327 an, daß es legitim sei, die Schutzfunktion des Art. 19 Abs.4 GG auch auf funktionell in den Bereich des Staatsganzen eingegliederte Träger öffentlicher Gewalt zu übertragen, soweit nur das von Art. 19 Abs.4 GG vorausgesetzte Subjektionsverhältnis besteht.

237 Krebs, W., VerwArch 1977, 196

238 Ständige Rechtsprechung des BVerfG, vgl. etwa Beschluß vom 13.6.1979, BVerfGE 51, 268 (284)

Abs.4 GG und Beweggrund für obige Formulierung ist indes nicht die formelle Beziehung Staat auf der einen - Bürger auf der anderen Seite, sondern die zugrunde liegende Idee, daß bei Beeinträchtigung subjektiver Rechte ein Rechtsschutz zu gewährleisten sei. Die Aufgabe des Impermeabilitätsdogmas, die Anerkennung echter Rechtsbeziehungen im staatlichen Binnenbereich und als Schlußpunkt die Bejahung echter, verteidigungsfähiger Rechtspositionen innerhalb dieses Bereiches kann für diese materiell determinierte Auslegung des Art. 19 Abs.4 GG nicht ohne Folgen sein. Aus der Erkenntnis, daß es zwischen der bloß dienenden Kompetenz und dem rein partikularinteressennützigen subjektiven Recht offenbar vielerlei Zwischenstufen gibt[239] und der damit verbundenen Auflösung der Dichotomie Innen-Außenrecht hat man vielmehr die Konsequenz zu ziehen, daß auch Art. 19 Abs.4 GG keine Exklusivität für die klassischen Außenrechtskonflikte mehr beanspruchen kann, auch wenn er ursprünglich (und wohl auch konform mit dem damaligen Stand der Lehre) primär für solche Konstellationen gedacht war und in diesem Bereich auch heute noch seine Hauptbedeutung zu erfüllen hat.

Dementsprechend halten es denn auch zahlreiche Stimmen in der Literatur für legitim, die Schutzfunktion des Art. 19 Abs.4 GG auf funktionell in den Bereich des Staatsganzen eingegliederte Träger öffentlicher Gewalt zu übertragen, soweit nur das von Art. 19 Abs.4 GG vorausgesetzte Subjektionsverhältnis besteht.[240] Der Begriff des "subjektiven Rechts" im Sinne des Art. 19 Abs.4 GG ist daher nicht auf die klassischen Außenrechtskonflikte beschränkt.

Diese weite Auslegung entspricht auch der Entwicklung, die im übrigen verwaltungsprozessualen Bereich stattgefunden hat. In letzterem führte die Relativierung des Dualismus Innen-Außenrecht zu einer zunehmenden Übertragung von Außenrechtsgrundsätzen auf Innenrechtsstreitigkeiten und so zu einer fortschreitenden Assimilierung des prozessualen Instrumentariums.[241]

---

239 Kisker,G., Insichprozeß, S. 58

240 Lorenz,D., Insichprozeß, S. 327; Bettermann,K.A., Grundrechte III/2, S. 786

241 Vgl. schon oben 1.Kapitel B.

b) Funktionsgleichheit von bestimmten Binnenrechtspositionen mit "klassischen" subjektiven Rechten von Bürgern

Die von Schmidt-Aßmann propagierte pauschale Herausnahme von Rechten verselbständigter Verwaltungseinheiten aus dem Schutzbereich des Art. 19 Abs.4 GG trägt den spezifischen Besonderheiten dieser Rechtspositionen nicht gebührend Rechnung. Augenfällig ist dies - ohne daß hier über die übrigen Fälle ein abschließendes Urteil gefällt werden soll - für das Verhältnis zwischen Fiskus und Hoheitsverwaltung. Kennzeichnend für diese Konstellation ist, daß der Verwaltungsträger in den an wirtschaftlichen Partikularinteressen orientierten Kategorien des Bürgers denken und handeln darf und am Wirtschaftsleben teilnimmt.[242] Diese Einweisung des Verwaltungsträgers in die Rolle eines Quasibürgers bedingt, um der Wahrung der Chancen- und der Wettbewerbsgleichheit mit privaten Unternehmen willen,[243] die verwaltungsrechtliche "Bewehrung" der Rechtsposition des Verwaltungsträgers. Diese bewußte Assimilierung der Rechtsposition hat man daher auch auf Art. 19 Abs.4 GG zu übertragen mit der Konsequenz, daß auch die Rechte der Fiskalverwaltung gegenüber dem Hoheitsträger unter die Rechtsschutzgewährleistungspflicht fallen. Die in beiden Fällen identische Interessenlage sowie das in gleicher Weise bestehende Subjektionsverhältnis bedingen jedenfalls für die Fälle Fiskus-Hoheitsverwaltung, den Rechtsschutz des Fiskus als durch Art. 19 Abs.4 GG verbürgt anzusehen.[244]

c) Art. 19 Abs.4 GG als Element des Gewaltenteilungsprinzips

Art. 19 Abs.4 GG steht mit dem in Art. 20 Abs.2 GG verankerten Grundsatz der Gewaltenteilung in einem untrennbaren Zusammenhang. Art. 20 Abs.2 GG beinhaltet nur die formale Organisationsstruktur, sagt selbst aber nichts über den materiellen Gehalt der Gewaltenteilung aus.[245] Demgegenüber enthält Art. 19 Abs. 4 GG für das Verhältnis der Gerichte zu den Verwaltungsbehörden eine spezielle Ausprägung dieses zentralen rechtsstaatlichen

---

242 Kisker,G., Insichprozeß, S. 47 ff.

243 Vgl. im Einzelnen Kisker,G., a.a.O., S. 47 ff.

244 Dagegen kann man für die Fälle des ersten "Kisker-Kriteriums" (Vorliegen von Kontrastorganen) nicht generell eine Funktionsgleichheit der Position der Verwaltung mit der eines Bürgers und daher eine Anwendung des Art. 19 Abs.4 GG bejahen.

245 Vgl. hierzu näher Hesse, K., Grundzüge, § 13 I

Gebots.[246] Art. 19 Abs.4 GG beinhaltet nicht nur eine Garantie des Individualrechtsschutzes, er grenzt vielmehr auch Stellung und Kompetenzen der beiden rechtsanwendenden Gewalten zueinander ab[247] und "mobilisiert"[248] den Richter gegen die anderen Träger öffentlicher Gewalt.

Die eigenen Rechtspositionen im staatlichen Binnenbereich bezwecken nun nicht nur eine Dezentralisierung der staatlichen Verwaltung durch Erhöhung der Verwaltungsagenden, sondern gerade auch eine Machtbegrenzung. In der Qualifizierung als inneradministrative Gewaltenteilung kommt dies plastisch zum Ausdruck. Der Allmacht der Exekutive sollen auch im Binnenraum materielle Gegengewichte entgegengestellt werden.

Zur Realisierung und zum Schutz der Gewaltenteilung erscheint es daher sinnvoll, auch im staatsinternen Bereich Art. 19 Abs.4 GG anzuwenden und daher die Judikative als zur "Maßregelung" der Exekutive ermächtigt anzusehen. Oder m.a.W.: Der funktionale Aspekt des Art. 19 Abs.4 GG, nämlich das Gewaltenteilungsprinzip in einem Teilbereich umzusetzen, verlangt für die Fälle der inneradministrativen Gewaltenteilung in gleicher Weise Beachtung wie für die Fälle der extraadministrativen Gewaltenteilung. Die bloße Andersartigkeit der betroffenen materiellen Interessen (subjektive Rechte des Bürgers im einen bzw. eigene Rechte der Verwaltungseinheit im anderen Falle) begründet keinen entscheidungsrelevanten Unterschied. Aus der Eigenart der inneradministrativen Gewaltenteilung hat man daher auch die Konsequenz einer Streitentscheidung durch die dritte Gewalt zu ziehen. Diese Kompetenzzuweisung systematisch in Art. 19 Abs.4 GG zu verankern, ist legitim, da beide Fälle der Gewaltenteilung in Art. 20 Abs.2 S.2 GG angesiedelt sind und Art. 19 Abs.4 GG hierzu in unmittelbarem Zusammenhang steht. Ohne die "Bewehrung" der inneradministrativen Gewaltenteilung wäre diese beliebig aushöhlbar und liefe Gefahr, oftmals nur auf dem Papier zu stehen.[249]

---

246 Jesch,D., Unbestimmter Rechtsbegriff, S. 236

247 Jesch,D., a.a.O., S. 236

248 Bettermann,K.A., Grundrechte III/2, S. 783

249 Zu dem Argument von Schenke, W.-R., Bonner Kommentar, Zweitbearbeitung, Rdnr. 33 zu Art. 19 Abs.4, wonach wegen der Disponibilität der materiellen Position auch Rechtsschutzverkürzungen möglich sind vgl. nachfolgend im Text unter III.

d) Vergleich mit dem besonderen Gewaltverhältnis

Ein letztes Argument spricht gegen die These, daß Rechte von verselbständigten Verwaltungseinheiten aus Art. 19 Abs.4 GG auszuklammern sind: der Vergleich mit dem besonderen Gewaltverhältnis.

Die heute h.M.[250] mißt die Ausgestaltung der Rechtsschutzmöglichkeiten - unabhängig davon, ob das "Grund"- oder "Betriebsverhältnis" betroffen ist - an dem Imperativ des Art. 19 Abs.4 GG, wenn und soweit ein Eingriff in die subjektive Rechtsposition des Gewaltunterworfenen vorliegt. Zwar weisen die Fälle des besonderen Gewaltverhältnisses - anders als diejenigen der Verwaltungseinheiten - durchweg einen individuell-personalen Bezug auf. Gemeinsam ist beiden Fällen jedoch, daß es sich um Rechtsverhältnisse handelt, die sich der überkommenen Dichotomie Innen-Außenrecht entziehen. Auch die Konflikte im besonderen Gewaltverhältnis gehören nicht zum Außenrecht im klassischen Sinne, das besondere Gewaltverhältnis weist vielmehr gegenüber letzterem eine größere Staatsnähe auf. Angesichts der materiellen, auf den Schutz des betroffenen Rechts angelegten Konzeption des Art. 19 Abs.4 GG hat man dessen Anwendung auf das besondere Gewaltverhältnis auch für die hier fraglichen Rechtspositionen fruchtbar zu machen und diese Positionen als durch Art. 19 Abs.4 GG geschützt anzusehen. Die Gemeinsamkeit hinsichtlich des materiellen Schutzbedürfnisses wiegt schwerer als der eher formale Unterschied zwischen natürlicher Person und dem Substrat "Verwaltungseinheit".

3. Ergebnis

Die genannten Gründe lassen es legitim erscheinen, jedenfalls die Streitigkeiten zwischen Fiskus und Hoheitsverwaltung[251] dem Rechtsschutzpostulat des Art. 19 Abs.4 GG zu unterwerfen. Von dieser Einbeziehung in den objektivrechtlichen Schutzbereich strikt zu differenzieren sind die Fragen der Reichweite des Art. 19 Abs.4 GG in seiner grundrechtlichen Qualität sowie die Frage, ob hinsichtlich der Inanspruchnahme als Grundrecht von dem Erfordernis der generellen Grundrechtssubjektivität abgesehen werden kann.

---

250 Vgl. statt aller Schenke, W.-R., Bonner Kommentar, Zweitbearbeitung, Rdnr. 197 ff. zu Art. 19 Abs.4 m.w.N.

251 Außen vor bleibt damit insbesondere die Einordnung der Organstreitigkeiten.

III. Vereinbarkeit der Einigungsstelle mit Art. 19 Abs. 4 GG

Die Position der Bahn unterfällt somit nach den dargelegten Grundsätzen der verfassungsrechtlichen Justizgewährleistungspflicht. Dagegen kommt der grundrechtliche Gehalt des Art. 19 Abs.4 GG der Bahn nicht zugute, sofern man nicht auf das Junktim zwischen Art. 19 Abs.4 und Abs.3 GG verzichtet. Für die Rechtsschutzmöglichkeiten der Bahn erörterungsbedürftig ist somit, ob die in § 28 a Abs. 2 S. 1 BbG vorgesehene Einigungsstelle den aus Art. 19 Abs. 4 GG resultierenden Anforderungen Genüge tut.

In diesem Zusammenhang ist auf zwei Punkte einzugehen, die gegen eine Anwendung von Art. 19 Abs. 4 GG auf öffentlichrechtliche Gebilde vorgebracht werden. Zum einen wird vorgetragen, daß bei öffentlichrechtlichen Substraten eine eventuelle Einschränkung bzw. ein Ausschluß des Rechtsweges bezüglich bestimmter Rechte im Wege verfassungskonformer Auslegung in der Regel als zulässige Einschränkung der materiellrechtlichen Position des jeweiligen Gebildes aufrechterhalten werden könnten.[252] Die Disponibilität der materiellen Position gestatte m.a.W. Rechtsschutzverkürzungen bis hin zum Ausschluß des Rechtsweges. Zum anderen wird argumentiert, daß bei öffentlichrechtlich-strukturierten Einheiten - von dem Sonderfall des Art. 28 Abs. 2 GG abgesehen - sogar deren Bestand als solcher (also nicht nur einzelne Rechte) der einfachgesetzlichen Dispositionsbefugnis unterliege und dies daher nach dem argumentum a maiore ad minus erst recht für den Umfang einzelner Rechte zu gelten habe.[253] Es erscheine daher wenig sinnvoll anzunehmen, daß eine derart in das Belieben des Gesetzgebers gestellte Entscheidung stets die verfassungsrechtliche Garantie des Rechtsschutzes nach sich ziehe.[254]

Gerade wegen Art. 19 Abs. 4 GG ist indes die Frage, welche Rechte ein bestimmtes Rechtssubjekt innehat und ob bzw. in welchem Umfang diese Rechtsstellung der gesetzgeberischen Regelungsbefugnis unterworfen ist, von der auf einer anderen (nämlich verfassungsrechtlichen !) Ebene liegenden Frage, ob diese Rechte gerichtlich verteidigt werden können, strikt zu trennen. Die obige Meinung trägt dieser von Art. 19 Abs. 4 GG her zwingenden Differenzierung nicht gebührend Rechnung. So unterliegen z.B. auch zahl-

252 Schenke, W.R., Bonner Kommentar, Rdnr. 33 zu Art. 19 Abs.4 GG

253 Schenke, W.R., Bonner Kommentar, Rdnr. 34 zu Art. 19 Abs.4 GG

254 Schenke, W.R., Bonner Kommentar, Rdnr. 34 zu Art. 19 Abs.4 GG

reiche private Rechte, soweit sie nicht empirisch vorgegeben sind, sondern normativ konkretisierungsbedürftig sind - wie etwa das Eigentum -, der gesetzgeberischen Regelungsbefugnis. Für den genannten Fall des Eigentums sind freilich weitere verfassungsrechtliche Vorgaben - Art. 14 GG - zu beachten sind, die Regelungsbefugnis reicht daher inhaltlich weniger weit als bei - verfassungsrechtlich "neutralen" - Rechtsinhaltsbestimmungen im öffentlichen Recht. Die - wie auch immer eingegrenzte - private Rechtsposition kann dann aber gegen Beeinträchtigungen gem. Art. 19 Abs. 4 GG gerichtlich verteidigt werden. Die Differenzierung zwischen der - einer Gestaltungsbefugnis unterworfenen - Inhaltsbestimmung und der verfassungsrechtlich geschützten, gerichtlichen Verteidigungsfähigkeit einer einmal definierten Rechtsstellung ist somit für öffentliches wie privates Recht in gleicher Weise geboten wie unter gewaltenteilerischen Aspekten sinnvoll. Für den staatlichen Binnenbereich würde die inneradministrative Gewaltenteilung ihres Sinnes entleert, wenn man die Überwachung ihrer strikten Einhaltung nicht in die Kompetenz der Judikative fallen ließe.

Festzuhalten bleibt, daß die in § 28 a Abs. 2 BbG institutionalisierte Einigungsstelle somit die aus Art. 19 Abs. 4 GG ableitbaren Anforderungen für den "Rechtsweg" erfüllen muß und nicht als verfassungskonforme Einschränkung der materiellrechtlichen Bahnposition aufrechterhalten werden kann. Diese Prüfung am Maßstab des Art. 19 Abs.4 GG ergibt, daß die Einigungsstelle die verfassungsrechtlichen Vorgaben verfehlt, da ihre Mitglieder nicht die in Art. 19 Abs. 4 i.V.m. Art. 92/97 GG geforderte persönliche und sachliche Unabhängigkeit aufweisen. Eine der richterlichen Unabhängigkeit in Sinne der genannten Vorschriften annähernd adäquate Stellung weist allenfalls der zu berufende Wirtschaftssachverständige auf, welcher dementsprechend im Gesetz auch als "unabhängig" bezeichnet wird. Im Umkehrschluß folgt hieraus, daß auch das Gesetz selbst von der "Abhängigkeit" der anderen Mitglieder ausgeht.

Somit verstößt die Einigungsstelle in § 28 a Abs. 2 S. 1 BbG nach der hier vertretenen Auffassung gegen Art. 19 Abs. 4 GG. Der Hinweis auf die Sachnähe und Sachkunde der Mitglieder verfängt demgegenüber nicht. Zum einen können diese Elemente das verfassungsrechtliche Verdikt nicht heilen, zum anderen ist nicht einzusehen, warum nicht auch ein Gericht - etwa über Sachverständige - sich die nötige Sachkompetenz verschaffen können soll. Die bloße Komplexität einer Entscheidung kann und darf nicht zu einem Verzicht auf gerichtliche Kontrolle führen. In diesem Zusammenhang ist schließlich auf § 28 a Abs. 2 S. 4 BbG hinzuweisen, wonach die Einigungsstelle für ihre Entscheidung Gutachten von wirtschaftserfahrenen und unabhängigen (! - wiederum ein Beleg für die anderweitig vorhandene Unabhängigkeit) Sachverständigen einholen kann. Hält man das Einigungsverfahren daher für verfassungswidrig, so vermag es den Weg zu einer verwaltungsgerichtlichen Kontrolle der Tarifgenehmigungsentscheidungen des Bundesverkehrsministers seitens der Deutschen Bundesbahn nicht zu sperren.

Zusammenfassung der wesentlichen Ergebnisse

1.Im Rahmen der in den Jahren 1961 und 1969 erfolgten Novellierungen der Verkehrsgesetze wurde in allen Verkehrsgesetzen eine verfahrensrechtlich wie auch inhaltlich weitgehend ähnliche Tarifaufsicht verankert. Danach verbleibt das "Initiativrecht" zwar grundsätzlich bei den Unternehmen selbst bzw. bei einer auf einer überbetrieblichen Ebene operierenden, staatlich noch weitgehend unbeeinflußten Instanz. Von wenigen, volkswirtschaftlich und damit politisch untergeordneten Fällen abgesehen, werden diese Tarife jedoch einem staatlichen Genehmigungsvorbehalt unterworfen. Erst mit der hoheitlichen Tarifgenehmigung werden die Tarife verbindlich bzw. können sie im Rechtsverkehr mit Kunden zulässigerweise zugrundegelegt werden.

2. Die am Tarifverfahren Beteiligten sind zur Geltendmachung eigener und ihnen wesensgemäßer Belange berechtigt und verpflichtet. Diese Aufteilung der materiellen Tarifgenehmigungskriterien auf zwei getrennte Instanzen und deren Verantwortlichkeit für die Interessenwahrnehmung kann als *Prinzip der dualistischen Interessenartikulation* beschrieben werden. Den Unternehmen obliegt die Verfolgung eigenwirtschaftlicher Ziele, der staatlichen Genehmigungsbehörde die Wahrung der gemeinwirtschaftlichen Komponente, zu welcher auch die im Wettbewerbsparagraphen verankerten wettbewerbspolitischen Maximen zu zählen sind. Ausnahmen von diesem Prinzip der dualistischen Interessenartikulation gelten nur für enge Teilbereiche. So ist den Frachtenausschüssen bzw. den Tarifkommissionen jedenfalls auch die angemessene Beachtung *bestimmter* politischer Ziele anvertraut.

3. Für den Regelfall, daß die Verkehrsunternehmen sich in privater Trägerschaft befinden, wird sowohl die Institution der vorhandenen Tarifaufsicht als auch der materielle Interessenausgleich im Spannungsfeld zwischen Eigen- und Gemeinwirtschaftlichkeit maßgeblich von verfassungsrechtlichen Vorgaben mitbestimmt und präjudiziert. So ist die derzeit gegebene Organisationsstruktur der Verkehrsträger und Verkehrsunternehmen - jedenfalls solange die Gemeinwohlimplementierung noch über die Regulierung erfolgen kann -

"verfassungsfest". Weiter bestimmen etwa die Grundrechte der Art. 12, 14 GG die inhaltliche Ausgestaltung der Tarifaufsicht insofern, als sie den privaten Unternehmen einen angemessenen Gewinn sichern.

4. Ziel der dualistischen Interessenartikulation ist es, zu einer ausgewogenen Synthese zwischen (i.d.R. privat-) unternehmerischem, ökonomisch-rationalem Kalkül und nicht-monetären, ordnungspolitischen Zielvorgaben zu gelangen. Es stellt daher eine unzulässige Simplifizierung dar, einseitig die eigenwirtschaftlichen Aspekte oder die gemeinwirtschaftliche Einbindung in den Vordergrund zu stellen. Eine derartige Sicht der Dinge trägt weder der gesetzlichen Ausgangslage noch den - vor allem durch die volkswirtschaftlichen Eigentümlichkeiten und die gesamtwirtschaftliche Bedeutung der Verkehrswirtschaft geprägten - gesetzgeberischen Intentionen gebührend Rechnung.

5. Form und inhaltliche Reichweite des Rechtsschutzes werden maßgeblich von der Struktur der Entscheidung und der juristischen Eigenart der Genehmigungskriterien determiniert. Im Mittelpunkt stehen dabei die Begriffe "öffentliche Verkehrsinteressen" sowie "Allgemeinwohl".

a) Für die "öffentlichen Verkehrsinteressen" kann man die Rechtslage angesichts der in der Rechtsprechung zu verzeichnenden und wohl auch abgeschlossenen Entwicklung als weitgehend geklärt ansehen. Danach handelt es sich hierbei um ein aufgrund einer planerischen Abwägung zu ermittelndes Konstrukt, wobei der Behörde für die in die Abwägung eingehenden Abwägungskriterien ein Beurteilungsspielraum zuerkannt werden muß.

b) Die Bestimmung der juristischen Eigenart des Begriffes "Allgemeinwohl" kann nicht ohne Inbezugnahme des funktionalen Gehalts, den dieser Begriff im Rahmen der staatlichen Tarifaufsicht zu erfüllen hat, erfolgen. Zu berücksichtigen ist, daß die staatliche Tarifgenehmigungsbehörde zur planerisch-konzeptionellen Gestaltung der Verkehrsmärkte berechtigt und verpflichtet ist, und daß das "Gemeinwohl" - ähnlich wie die "öffentlichen Verkehrsinteressen" - nur ein Aggregat aus einer Vielzahl von politisch determinierten Elementen darstellt, welche zum Teil miteinander konfligieren und im übrigen häufig prognostische Züge aufweisen.Daher hat man auch für die Bestimmung des "Gemeinwohls" die gleiche Entscheidungsstruktur wie im Falle der "öffentlichen Verkehrsinteressen" anzunehmen. Es handelt sich ebenfalls um eine planerische Abwägungsentscheidung, wobei zugleich für einzelne Teilelemente des Abwägungsmaterials ein Beurteilungsspielraum anzuerkennen ist. Die Genehmigungsbehörde hat das Problem zu lösen, wie einzelne Gemeinwohlaspekte je für sich genommen als auch im Verhältnis zu anderen zu bewerten sind.

6. In einer nächsten Stufe des Entscheidungsprozesses - und diese Stufe bildet den juristischen wie wirtschaftlichen Kristallisationspunkt des Entscheidungsfindung - sind die so determinierten öffentlichen Verkehrsinteressen bzw. das Gemeinwohl mit den wirtschaftlichen Verhältnissen der betroffenen Unternehmen abzustimmen. Aufgrund der Eigenart der Tarifgenehmigung als konzeptionell-programmierender , politisch beeinflußter Entscheidung handelt es sich insoweit um eine planerische Abwägungsentscheidung, die auf Grund dieser rechtlichen Strukturierung nur eingeschränkt Raum für eine verwaltungsgerichtliche Kontrolle eröffnet. Die Qualifizierung als schlichte Ermessensentscheidung verkennt die planerisch-gestaltende Funktion der Tarifgenehmigung.

7. Die Separierung mehrerer, hintereinander geschalteter Abwägungsentscheidungen erscheint gegenüber der denkbaren Alternative - nämlich nur eine allumfassende Abwägungsentscheidung anzuerkennen - angesichts der gesetzgeberischen Konzeption, wonach die Planungsdirektiven "Allgemeinwohl" bzw. "öffentliche Verkehrsinteressen" als Datum für die Abwägung mit den wirtschaftlichen Verhältnissen vorausgesetzt werden, vorzugswürdig, auch wenn die beiden Arten von Entscheidungsprozessen in der Realität nur schwer unterscheidbar sein mögen.

8. Die Entscheidungsstruktur der Tarifgenehmigung bedingt eine nur eingeschränkte gerichtliche Prüfungskompetenz. Der Vorwurf, der Gesetzgeber sei seiner Pflicht zur Gemeinwohlkonkretisierung nicht ausreichend nachgekommen, verkennt die Eigentümlichkeit des betroffenen Sachbereichs. Der Exekutive sind für diesen genuin-politischen Bereich, der durch einen raschen Wandel geprägt ist und für den daher die Gemeinwohlvorstellungen ein gewisses Mindestmaß an Flexibilität aufweisen müssen, Entscheidungsfreiräume zu belassen. Verfassungsrechtspolitisch "tragbar" ist dieses Ergebnis, da über die rechtliche Strukturierung der Entscheidung auch die Judikative als letzte Gewalt in den Prozeß der Gemeinwohlkonkretisierung eingebunden ist.

Die Lösung erscheint daher als ausgewogener Mittelweg zwischen einer Usurpation originärer politischer Machtbefugnisse durch die Verwaltungsgerichtsbarkeit und dem Gespenst eines kontrollfreien Verwaltungsstaates.

9. Die dargestellte Entscheidungsstruktur - und insbesondere die Beschränkung der verwaltungsgerichtlichen Prüfungskompetenz - erscheint für die makroadministrative Ebene - und damit auch für die Entscheidung über die Bundesbahntarife - als eine gebotene Konsequenz aus den Eigentümlichkeiten der Entscheidung, hat aber in gleicher Weise für die bundespolitisch weniger gravierenden Tarifgenehmigungen auf der mikroadministrativen Ebene zu gelten.

10. Die kursorische Erörterung der volkswirtschaftlichen Regulierungsdiskussion hat ergeben, daß man an der Legitimation und sogar der Notwendigkeit von staatlichen Eingriffen im Verkehrsbereich vernünftigerweise nicht zweifeln kann. Gesamtwirtschaftlich unzutreffend ist insbesondere eine ausschließliche Orientierung an den auf einzelwirtschaftlicher Ebene erzielten Gewinnen bzw. Verlusten. Im Rahmen der zunehmenden umweltpolitischen Diskussion geraten die volkswirtschaftlichen Kosten und Wirkungszusammenhänge des Verkehrs zunehmend ins Bewußtsein der Öffentlichkeit.

11. Zwischen der Organisationsstruktur der Deutschen Bundesbahn als "nichtrechtsfähigem Sondervermögen" und der Prüfung eines Klagerechts der Bahn gegenüber dem Staat besteht kein Junktim. Die Qualifizierung als "rechtsfähig" bzw. "nichtrechtsfähig" ist vielmehr für die Beurteilung der verwaltungsrechtlichen Stellung schlechterdings irrelevant. Die verwaltungsrechtliche Rechtssubjektivität der Bahn ist ausschließlich aufgrund einer materiellen Analyse der eisenbahnrechtlichen Vorschriften zu beurteilen. Der Schluß von der Organisationsform auf die materielle verwaltungsrechtliche Position ist eine unzulässige Vermengung der öffentlich- und der zivilrechtlichen Ebene.

Positiv gewendet liegt die Bedeutung der Qualifizierung als nichtrechtsfähiges Sondervermögen in § 1 BbG (nur) darin, daß sie die zivilrechtliche Unselbständigkeit der Bahn im Verhältnis zum Anstaltsträger Bund klarstellt. Sinnvoll ist dies im Hinblick auf Art. 87 Abs. 1 GG, wonach die Errichtung einer juristischen Person der öffentlichen Rechts mit den ihr regelmäßig eigenen Charakteristika der Selbstverwaltung und einer auf die Rechtsaufsicht begrenzten Staatsaufsicht unzulässig wäre.

12. Die Analyse der eisenbahnrechtlichen Bestimmungen nach den vier anerkannten Auslegungsmethoden führt dazu, eine eigene materielle - und damit grundsätzlich auch verwaltungsgerichtlich wehrfähige - Rechtsposition der Bahn im finanziell-wirtschaftlichen Bereich anzuerkennen.

13. Der historische Abriß ergibt, daß sich die Gewichte zwischen politischer Beeinflussung der Bahn und eigenverantwortlichem Handeln derselben kontinuierlich zugunsten letzterem verschoben haben. Der Schwerpunkt der Entwicklung liegt in der im Jahre 1961 - in Analogie zu den anderen Verkehrsgesetzen - erfolgten Übernahme des Prinzips der dualistischen Interessenartikulation sowie in der Verankerung einer mittlerweile umfassenden Ausgleichspflicht. Mit der Implementierung des Prinzips der dualistischen Interessenartikulation sollten die beiderseitigen Verantwortungsbereiche klar abgegrenzt werden. Bahn und Bundesverkehrsminister sind nicht auf identische Tarifziele verpflichtet. Die Situation ist eher mit dem Bild eines Tarifkondominiums zu vergleichen, in dem jede Seite die ihr adäquaten Tarifziele einbringt. Wie in den anderen Verkehrsgesetzen akzeptiert bzw. intendiert der Gesetzgeber auch im BbG das Aufeinanderprallen verschiedener Maßstäbe, um durch diesen Konflikt einen adäquaten Ausgleich der gegenläufigen Partikularinteressen zu gewährleisten.

14. Anders als nach der bislang einhelligen Meinung hat die Verpflichtung der Bahn auf eigenwirtschaftliche Ziele damit nicht nur einen rein objektivrechtlichen Charakter. Der Bahn sollte hiermit eine eigene Pflichten- und Rechtssphäre eingeräumt werden. Die These von der eigenen materiellen Position der Bahn im vermögensrechtlichen Bereich wird durch den historisch-teleologischen Hintergrund nahegelegt und durch den Wortlaut sowie den systematischen Zusammenhang der Vorschriften zusätzlich gestützt.

15. Bei der Deutschen Bundesbahn liegen die beiden Sachverhaltsgestaltungen vor, in denen die Zulässigkeit eines verwaltungsinternen Prozesses bejaht wird.

Zunächst besteht ein Konflikt materiell gegenläufiger Verantwortungsbereiche, ein System von "checks and balances".

Die Lage der Bahn erfüllt indes auch das zweite anerkannte Kriterium für die Zulässigkeit eines Insichprozesses, nämlich das des Fiskusstreits. Die Bahn wird im Verhältnis zu ihren Kunden privatwirtschaftlich tätig; ihr ist die Rolle eines quasiprivatwirtschaftlichen Unternehmens zugewiesen. Auch gebietet die Idee der Chancengleichheit - hier in Form der Wettbewerbsgleichheit im Hinblick auf die anderen Verkehrsträger als Konkurrenten der Bahn -, ihr - ebenso wie den konkurrierenden Verkehrsträgern - ein Klagerecht gegen den Staat zu geben. Die Bejahung des zweiten Kriteriums und damit eines Klagerechts der Bahn ist somit auch mit dem Gebot der Wettbewerbsgleichheit - zu dessen Realisierung sich der Gesetzgeber im Wettbewerbsparagraphen (Vgl. §§ 8 AEG, 7 GüKG, 33 BSchVG) verpflichtet hat - verknüpft und eine gebotene Konsequenz aus diesem.

16. Die eigene Position der Bahn im wirtschaftlich-finanziellen Bereich äußert sich in zwei Aspekten:

a) Mit dem hier als "statisch" bezeichneten Aspekt ist die gesetzgeberische Konzeption gemeint, wonach das Bundeseisenbahnvermögen als eine vom übrigen Bundesvermögen strikt getrennte Vermögensmasse geschaffen wurde und von besonderen Organen nach speziellen, quasiprivatwirtschaftlichen Grundsätzen und unter Haftung der Organe geleitet wird. Insbesondere die Pflicht zur Abgeltung für Leistungen im Verhältnis zwischen Bundesbahn und übriger Verwaltung führt dazu, daß das Bundesbahnvermögen in seinem Bestand geschützt und gegen hoheitliche Beeinflussung "abgeschirmt" wird.

b) Demgegenüber betrifft die "dynamische" Komponente der Autonomie der Bahn die eigene Stellung der Bahn im Tarifgenehmigungsverfahren. Sie beinhaltet die "Schonung" des Bundesbahnvermögens im Rahmen des laufenden Geschäftsverkehrs der Bahn mit ihren Kunden und ist die sinnvolle wie gebotene Konsequenz aus der "statischen" Autonomie.

17. Weitere Argumente für eine eigene Rechtsposition der Bahn sind die im BbG vorgesehene Verantwortung der Organe, welche ohne eine damit korrelierende Rechtsstellung systemfremd erschiene sowie der Zusammenhang mit dem verfassungsrechtlichen Wirtschaftlichkeitsgebot. Letzteres wurde durch die Verpflichtung der Bahn auf eigenwirtschaftliche Ziele einfachge-

setzlich operationalisiert. Mit der eigenen Rechtsstellung der Bahn wurde ein verfassungsrechtlicher "Imperativ" als materielles Gegengewicht zur - gleichfalls verfassungsrechtlich verankerten - Verwaltungspflicht des Bundes geschaffen.

18. Die Bahninteressen sind schon auf der ersten Ebene, d.h. der Entscheidung über den Tarif selbst zu berücksichtigen; andererseits stellen sie nur einen von vielen abwägungserheblichen Belangen dar. Eine Analogie zu den anderen Verkehrsgesetzen und damit ein Gebot kostendeckender Tarife kommt nicht in Betracht, da hiermit letztlich die öffentlich-rechtlichen Besonderheiten der Stellung der Bahn verkannt würden. Der hier entwickelte Lösungsansatz steht mit Art. 87 Abs. 1, 65 GG in Einklang und wird durch die deregulierende Intention der supranationalen Rechtsentwicklung gestützt.

19. Für die Abwägungsentscheidung des Bundesverkehrsministers lassen sich folgende rechtsverbindliche Grundsätze aufstellen.

a) Der Bundesminister für Verkehr ist insofern zu einem "bahnfreundlichen Verhalten" verpflichtet, als die Bahninteressen zum notwendigen Abwägungsmaterial gehören und er sie daher nur nach pflichtgemäßer Abwägung hintanstellen darf.

b) Das Kardinalproblem, nämlich wie der Ausgleich zwischen den bahneigenen Interessen und den Gemeinwohlaspekten zu treffen ist, läßt sich auch durch einen Rückgriff auf die wettbewerbsrechtliche Konzeption der Verkehrsgesetze nicht eindeutig lösen. Zwar geht das wettbewerbsrechtliche Ordnungsmodell davon aus, daß mehrere konkurrenzfähige und damit gewinnbringende Verkehrsträger vorhanden sind. Indes kommt dem Wettbewerbsmodell lediglich eine eingeschränkte Bedeutung insofern zu, als es sich bei ihm ebenfalls nur um einen schlichten abwägungserheblichen Belang handelt, welcher als solcher keinen Vorrang vor anderen, etwa umwelt- und sozialpolitischen Belangen beanspruchen kann.

c) Der Wettbewerbsparagraph gebietet darüberhinaus, im Zeitablauf den Wettbewerbsbelangen ein größeres Gewicht beizumessen. Dieser Grundsatz gilt für alle Verkehrsgesetze, wenngleich im Falle der Bahn zeitlich längere Fristen gelten mögen, wie auch im übrigen den Wettbewerbsaspekten bei der Bahn eine geringere Rolle zuzuweisen ist als bei den anderen Verkehrsträgern.

d) Alle anderen Abwägungsgrundsätze spielen nur eine untergeordnete Rolle.

20. Im Vergleich zu den anderen Verkehrsgesetzen reicht der Gestaltungsspielraum des Bundesverkehrsministers bei der Genehmigung der Bundesbahntarife erheblich weiter. Die Wahrung der Eigenwirtschaftlichkeit ist nach dem BbG - abweichend von den übrigen Verkehrsgesetzen, bei denen freilich die Frage der Tarifhöhe durch andere, verfassungsrechtliche Regulierungsgrenzen überlagert wird - nicht zur conditio sine qua non der Tarifgenehmigung erhoben. Eingriffe in die finanzielle Autonomie der Bahn im Sinne der Festsetzung nicht-kostendeckender Tarife sind nicht prinzipiell unzulässig, dürfen jedoch nur nach pflichtgemäßer Abwägung aller erheblichen Belange erfolgen. Eine gemeinwohlorientierte Tarifbeeinflussung kann bei der Bundesbahn eher und inhaltlich in größerem Umfang erfolgen als bei anderen Verkehrsunternehmen.

21. Die Tarifgenehmigung für die Bundesbahn ist umfassend zu begründen (§ 39 VwVfG).

22. Die Position der Bahn im Tarifgenehmigungsverfahren fällt - wegen des Vorliegens eines "Fiskusstreits" - unter die objektivrechtliche Komponente des Rechtsschutzpostulates des Art. 19 Abs. 4 GG. Dagegen kommt eine Berufung der Bahn auf den grundrechtlichen Gehalt des Art. 19 Abs. 4 GG nicht in Betracht.

23. Mißt man die in § 28 a Abs.2 BbG enthaltene Einigungsstelle an den Maßstäben des Art. 19 Abs.4 GG, so ergibt sich, daß diese die verfassungsrechtlichen Vorgaben nicht zu erfüllen vermag. Das Einigungsverfahren verstößt daher gegen Art. 19 Abs. 4 GG und vermag die verwaltungsgerichtliche Kontrolle der Tarifentscheidungen des Bundesverkehrsministers durch die Deutsche Bundesbahn nicht zu sperren.

Zusammenstellung der häufig zitierten Gesetzesbestimmungen

(In Klammern ist jeweils angegeben, ob die zitierte Gesetzesbestimmung noch unverändert gilt.)

BbG 1951

§ 1 Sondervermögen

(unverändert)

Die Bundesrepublik Deutschland verwaltet unter dem Namen

"Deutsche Bundesbahn"

das Bundeseisenbahnvermögen als nicht rechtsfähiges Sondervermögen des Bundes mit eigener Wirtschafts- und Rechnungsführung.

§ 2 Stellung im gerichtlichen und außergerichtlichen Verkehr

(unverändert)

(1) Die Deutsche Bundesbahn kann im Rechtsverkehr unter ihrem Namen handeln, klagen und verklagt werden.

(2) Der allgemeine Gerichtsstand der Deutschen Bundesbahn wird durch den Sitz der Behörde …

§ 3 Bundeseisenbahnvermögen

(unverändert)

(1) Das Bundeseisenbahnvermögen ist von dem übrigen Vermögen des Bundes, seinen Rechten und Verbindlichkeiten getrennt zu halten.

(2) Für die Verbindlichkeiten der Deutschen Bundesbahn haftet der Bund nur mit dem Bundeseisenbahnvermögen; …

§ 4 Verwaltung und Betriebsführung

(1) Die Deutsche Bundesbahn ist unter Wahrung der Interessen der deutschen Volkswirtschaft nach kaufmännischen Grundsätzen zu verwalten. Den Anforderungen des Verkehrs ist Rechnung zu tragen. ...

(2) Solange die Deutsche Bundesbahn ihren Geldbedarf zur Wiederherstellung ihrer Leistungsfähigkeit und Betriebssicherheit nicht aus eigenen Mitteln oder durch Aufnahme von Krediten decken kann, soll der Bund dem Sondervermögen "Deutsche Bundesbahn" Darlehen ... gewähren, soweit die Haushaltslage es gestattet.

§ 5 Leistungen für andere Verwaltungen

(unverändert)

Leistungen der Deutsche Bundesbahn für den Bund und seine Unternehmen, für die Länder, für die Gemeinden (...) und für die Körperschaften und Anstalten des öffentlichen Rrechts und deren Leistungen für die Deutsche Bundesbahn sind angemessen abzugelten.

§ 14 Aufsichtrecht des Bundesministers für Verkehr

(1) Der Bundesminister für Verkehr erläßt die allgemeinen Anordnungen, die erforderlich sind,

a, um den Grundsätzen der Politik der Bundesrepublik Deutschland, insbesondere der Verkehrs-, Wirtschafts-, Finanz- und Sozialpolitik, Geltung zu verschaffen,

b, um die Interessen der Deutschen Bundesbahn und der übrigen Verkehrsträger miteinander in Einklang zu bringen.

(2) Der Bundesminister für Verkehr ist insbesondere dafür verantwortlich,

a, daß die Deutsche Bundesbahn nach den geltenden Gesetzen und sonstigen Vorschriften verwaltet wird,

b, daß der Betrieb nach den geltenden Vorschriften ordnungsgemäß geführt wird.

(4) Dem Bundesminister für Verkehr bleibt vorbehalten die Genehmigung

§ 16 Tarife

(1) Ausführungsbestimmungen ... , Änderungen der Regeltarife einschließlich der allgemeinen Tarifvorschriften ... bedürfen der Genehmigung durch den Bundesminister für Verkehr. ...

(3) Der Bundesminister für Verkehr kann bei Tarifmaßnahmen von geringerem öffentlichen Interesse auf seine Befugnis zur Genehmigung verzichten.

(4) Der Bundesminister für Verkehr kann Änderungen von Verkehrstarifen der Deutschen Bundesbahn verlangen, die er im öffentlichen Verkehrsinteresse oder im Interesse der deutschen Volkswirtschaft für notwendig erachtet. § 28 Abs. 2 bleibt unberührt.

§ 28 Geschäftsführung

(1) Die Deutsche Bundesbahn hat ihre Wirtschaft so zu führen, daß sie die zur Erfüllung ihrer Aufgaben und Verpflichtungen notwendigen Aufwendungen selbst bestreiten kann.

(2) Die Durchführung oder Unterlassung tariflicher Maßnahmen darf der Deutschen Bundesbahn nur insoweit auferlegt werden, als sie für sie unter Berücksichtigung ihrer Pflichten gemäß Absatz 1 und § 4 zumutbar ist. Gegen Auflagen, die darüber hinausgehen, kann die Deutsche Bundesbahn Einspruch erheben. Über den Einspruch entscheidet die Bundesregierung. Der Einspruch hat aufschiebende Wirkung, es sei denn, daß die Bundesregierung die Vollziehung der Auflage anordnet.

(3) Wenn die Bundesregierung den Einspruch gegen die Auflage der Durchführung einer tariflichen Maßnahme zurückweist, so ist die Mehrbelastung, die der Deutschen Bundesbahn hierdurch entsteht, auf den Bundeshaushalt zu übernehmen.

(4) Eine Übernahme auf den Bundeshaushalt unterbleibt, wenn die im Laufe eines Wirtschaftsjahres gemachten Auflagen in ihrer Gesamtheit den Wirtschaftsplan nur unwesentlich beeinflussen.

(5) Die Übernahme unterbleibt auch, wenn die Mehrbelastung aus einem Überschuß des Jahresabschlusses gedeckt werden kann. Der Erstattungsbetrag darf den ausgewiesenen Fehlbetrag nicht übersteigen.

(6) Über die Höhe des zu übernehmenden Betrages entscheidet die Bundesregierung unter Berücksichtigung aller Umstände endgültig.

AEG 1951

§ 6 Tarifwesen

(1) Ziel der Tarifpolitik der öffentlichen Eisenbahnen ist, gleichmäßige und volkswirtschaftlich vertretbare Tarife für alle Eisenbahnen zu schaffen und sie den Bedürfnissen des Verkehrs, der Wirtschaft und der Verkehrsträger anzupassen. Hierbei sind insbesondere die wirtschaftlichen Verhältnisse der betroffenen Eisenbahnen angemessen zu berücksichtigen.

BbG 1961

§ 4 Betriebsführung

(unverändert)

Die Deutsche Bundesbahn ist verpflichtet, ihren Betrieb sicher zu führen, die Anlagen, die Fahrzeuge .. in gutem ... Zustand zu erhalten und ... zu ersetzen und weiterzuentwickeln.

§ 16 Tarife

...

(4) (geändert) Der Bundesminister für Verkehr kann Änderungen von Verkehrstarifen der Deutschen Bundesbahn verlangen, wenn dies aus Gründen des allgemeinen Wohls erforderlich ist. § 28 a bleibt unberührt.

(5) (neu eingefügt) Änderungen von Verkehrstarifen nach Absatz 4 dürfen nicht einer wesentlichen Beeinträchtigung der Wettbewerber auf dem Verkehrsmarkt dienen.

§ 28 Wirtschaftsführung

(geändert, aktuelle Fassung)

(1) Die Deutsche Bundesbahn ist unter der Verantwortung ihrer Organe wie ein Wirtschaftsunternehmen mit dem Ziel bester Verkehrsbedienung nach kaufmännischen Grundsätzen so zu führen, daß die Erträge die Aufwendungen einschließlich der erforderlichen Rückstellungen decken; eine angemessene Verzinsung des Eigenkapitals ist anzustreben. In diesem Rahmen hat sie ihre gemeinwirtschafliche Aufgabe zu erfüllen.

(2) Die Deutsche Bundesbahn beschafft sich die erforderlichen Mittel zur Erfüllung ihrer Aufgaben selbst. Ist sie hierzu nicht in der Lage, soll der Bund das Eigenkapital verstärken oder ihr Darlehen aus Haushaltsmitteln gewähren.

§ 28 a Auflagen

(neu eingefügt)

(1) Wird eine Auflage nach § 16 Abs. 4 gemacht oder eine Genehmigung für eine bestimmte tarifliche Maßnahme aus Gründen des allgemeinen Wohls versagt und führt dies nachweislich dazu, daß in diesem Einzelfalle die Aufwendungen der Deutschen Bundesbahn nicht gedeckt werden, so gewährt der Bund der Deutschen Bundesbahn einen entsprechenden Ausgleich. ...

(2) Die Ausgleichspflicht entfällt, wenn und soweit die Deutsche Bundesbahn am Ende des Wirtschaftsjahres einen Überschuß im Sinne des § 33 Abs. 1 Nr. 3 erzielt hat.

(3) Der Bundesminister für Verkehr und der Bundesminister für Finanzen können gemeinsame Richtlinien für die Ermittlung des Ausgleichs nach Absatz 1 aufstellen.

(4) Bei Meinungsverschiedenheiten darüber, ob und in welcher Höhe ein Ausgleich zu gewähren ist, entscheidet die Bundesregierung auf Antrag der Deutschen Bundesbahn auf Grund eines Gutachtens von wirtschaftserfahrenen und unabhängigen Sachverständigen, die die Bundesregierung bestellt.

(5) ...

AEG 1961

§ 6 Tarife

(derzeit gültige Fassung)

(1) Ziel der Tarifpolitik für die öffentlichen Eisenbahnen ist, unter Wahrung der wirtschaftlichen Verhältnisse der beteiligten Eisenbahnen gleichmäßige Tarife für alle Eisenbahnen zu schaffen und sie den Bedürfnissen des allgemeinen Wohls, insbesondere der wirtschaftlich schwachen und verkehrsungünstig gelegenen Gebiete, anzupassen.

(2) (unverändert)

§ 8 Wettbewerbsbedingungen

("Wettbewerbsparagraph, gleichlautend mit §§ 7 GüKG, 33 BSchVG)

(1) Mit dem Ziel bester Verkehrsbedienung hat die Bundesregierung darauf hinzuwirken, daß die Wettbewerbsbedingungen der Verkehrsträger angeglichen werden und daß durch marktgerechte Entgelte und einen lauteren Wettbewerb der Verkehrsträger eine volkswirtschaftlich sinnvolle Aufgabenteilung ermöglicht wird.

(2) Die Leistungen und Entgelte der verschiedenen Verkehrsträger hat der Bundesminister für Verkehr insoweit aufeinander abzustimmen, als es die Verhinderung eines unbilligen Wettbewerbs erfordert.

(3) Der Bundesminister für Verkehr kann Richtlinien über die Genehmigung der Verkehrstarife bekanntmachen.

BbG 1969

§ 14 Aufsichtsrecht des Bundesministers für Verkehr

(geändert)

(1) Der Bundesminister für Verkehr ist dafür verantwortlich,

a) daß die Deutsche Bundesbahn nach den geltenden Gesetzen und sonstigen Vorschriften verwaltet wird,

b) daß der Betrieb nach den geltenden Vorschriften ordnungsgemäß geführt wird.

(2) Der Bundesminister für Verkehr soll darauf hinwirken, daß die Anlagen und Betriebsmittel der Deutschen Bndesbahn der technischen Entwicklung angepaßt und laufend weiterentwickelt werden.

(3) Dem Bundesminister für Verkehr bleibt die Genehmigung vorbehalten ...

Der Bundesminister für Verkehr kann die Genehmigung insbesondere versagen, wenn die Deutsche Bundesbahn mit der genehmigungsbedürftigen Maßnahme den Grundsätzen der Politik der Bundesrepublik Deutschland, vor allem der Verkehrs-, Wirtschafts-, Finanz- und Sozialpolitik, nicht Rechnung trägt.

§ 28 a Ausgleich

(geändert)

(1) Soweit der Bundesminister für Verkehr

a) aus Gründen des allgemeinen Wohles von der Deutschen Bundesbahn die Änderung von Verkehrstarifen verlangt oder ihr die Genehmigung für eine tarifliche Maßnahme versagt,

b) eine nach § 14 Abs. 3 Satz 1 erforderliche Genehmigung aus den in § 14 Abs. 3 Satz 2 genannten Gründen versagt oder von Auflagen abhängig macht,

übernimmt der Bund den Ausgleich für die damit verbundenen Mehraufwendungen, Investitionsausgaben oder Mindererträge. Entscheidungen nach den Buchstaben a und b trifft der Bundesminister für Verkehr im Einvernehmen mit dem Bundesminister der Finanzen.

(2) Bei Meinungsverschiedenheiten darüber, ob und in welcher Höhe ein Ausgleich nach Absatz 1 zu gewähren ist, entscheidet auf Antrag der Bundesregierung oder der Deutschen Bundesbahn eine Einigungsstelle. Sie besteht aus je einem Vertreter des Bundesministers für Verkehr, des Bundesministers der Finanzen, zwei Vertretern der Deutschen Bundesbahn sowie einem vom Bundesminister für Verkehr im Einvernehmen mit dem Bundesminister der Finanzen zu berufenden unabhängigen Wirtschaftssachverständigen (Wirtschaftsprüfer). Die Mitglieder der Einigungsstelle wählen einen Vorsitzenden

aus ihrer Mitte. Die Einigungsstelle entscheidet endgültig mit Stimmenmehrheit. Die Einigungsstelle kann Gutachten von wirtschaftserfahrenen und unabhängigen Sachverständigen einholen.

(3) Die Bestimmuingen der Absätze 1 und 2 gelten auch für die anderen Eisenbahnen des öffentlichen Verkehrs, wenn und soweit durch eine Auflage nach § 16 Abs. 4 oder die Versagung einer Genehmigung für eine tarifliche Maßnahme die Aufwendungen dieser Eisenbahnen durch ihre Verkehrseinnahmen aus dem Wechselverkehr mit der Deutschen Bundesbahn nicht gedeckt werden. Der Antrag dieser Eisenbahnen ist über die oberste Landesverkehrsbehörde an den Bundesminister für Verkehr zu richten.

PBefG

§ 8 Förderung der Verkehrsbedienung und Ausgleich der Verkehrsinteressen

(1) Mit dem Ziel bester Förderung des Verkehrs haben der Bundesminister für Verkehr und die Landesregierungen darauf hinzuwirken, daß die Interessen der verschiedenen Verkehrsträger im Personenverkehr ausgeglichen und ihre Leistungen und ihre Entgelte aufeinander abgestimmt werden. Eine freiwillige Zusammenarbeit der Verkehrsträger ist zu fördern.

(2) Die Genehmigungsbehörde hat im Interesse der Verkehrsnutzer für die Abstimmung oder den Verbund der Beförderungsentgelte und für die Abstimmung der Fahrpläne zwischen den Unternehmern zu sorgen.

(3) Sofern die öffentlichen Verkehrsinteressen es erfordern, hat die Genehmigungsbehörde

1. für die Einrichtung und befriedigende Bedienung,

2. für die Erweiterung und Änderung von Verkehrsverbindungen zu sorgen. Sie hat dabei auf freiwillige Zusammenarbeit oder Zusammenschlüsse der Unternehmer hinzuwirken und das Entstehen zusammenhängender Liniennetze zu fördern. Läßt dies eine befriedigende Verkehrsbedienung nicht erwarten, hat die Genehmigungsbehörde von Amtswegen zu prüfen, ob eine Verpflichtung zur Erweiterung oder Änderung des Verkehrs (§ 20 a) aufzuerlegen ist.

(4) Die Genehmigungsbehörde hat bei ihren Maßnahmen auch die Ziele der Landesplanung zu beachten.

§ 39 Beförderungsentgelte, Beförderungsbedingungen

(1) Beförderungsentgelte und deren Änderung bedürfen der Zustimmung der Genehmigungsbehörde. Mit der Zustimmung sind die Beförderungsentgelte allgemein verbindlich.

(2) Die Genehmigungsbehörde hat die Beförderungsentgelte insbesondere daraufhin zu prüfen, ob sie unter Berücksichtigung der wirtschaftlichen Lage des Unternehmers, einer ausreichenden Verzinsung und Tilgung des Anlagekapitals und der notwendigen technischen Entwicklung angemessen sind und mit den öffentlichen Verkehrsinteressen und dem Gemeinwohl in Einklang stehen.

GüKG

§ 7 Verkehrstarife (Wettbewerbsparagraph)

vgl. § 8 AEG

§ 22 Beförderungsentgelte

(1) Die Beförderungsentgelte sollen den wirtschaftlichen Verhältnissen der Unternehmer des Güterkraftverkehrsgewerbes Rechnung tragen; sie sind Mindest-/Höchstentgelte, falls in dem Tarif nichts anderes bestimmt ist. Bei Festsetzung der Beförderungsentgelte sind unbillige Benachteiligungen landwirtschaftlicher und mittelständischer Wirtschaftskreise sowie wirtschaftlich schwacher und verkehrsungünstig gelegener Gebiete zu verhindern.

Literaturverzeichnis

Bachof, Otto: Beurteilungsspielraum, Ermessen und unbestimmter Rechtsbegriff im Verwaltungsrecht, JZ 55, 97

ders. Die verwaltungsrechtliche Klage auf Vornahme einer Amtshandlung, 2.Auflage, 1968 (zit. Bachof, Klage)

ders. Teilrechtsfähige Verbände des öffentlichen Rechts, AöR 83 (1958), 208 (zit. Bachof, Teilrechtsfähige Verbände)

Badura, Peter: Das Verwaltungsmonopol, 1963 (zit. Badura, Verwaltungsmonopol)

ders. Gestaltungsfreiheit und Beurteilungsspielraum der Verwaltung, bestehend aufgrund und nach Maßgabe des Gesetzes, in: Festschrift für Otto Bachof, 1984, 169 (zit. Badura, Beurteilungsspielraum)

Bartlsperger, Richard: Die Bundesfernstraßen als Verwaltungsleistung, 1969 (zit. Bartlsperger, Bundesfernstraßen)

Battis, Ulrich: Neue Führungsstruktur der Deutschen Bundesbahn durch Dienstrechtsänderung, ZBR 1982, 37

Bauer, Michael: Verwaltungsrechtliche Probleme staatlicher Preisadministration, 1985 (zit. Bauer, Preisadministration)

Bethge, Herbert: Grundfragen innerorganisationsrechtlichen Rechtsschutzes, DVBl 1980, 309

ders. Grundrechtsträgerschaft juristischer Personen - Zur Rechtsprechung des Bundesverfassungsgerichts, AöR 104 (1979), 54 und 265 (zit. Bethge, Grundrechtsträgerschaft)

Bettermann, Karl August: Das Verwaltungsverfahren, VVDStRL 17 (1959), 118 (zit. Bettermann, Verwaltungsverfahren)

ders. Der Schutz der Grundrechte in der ordentlichen Gerichtsbarkeit, in: Die Grundrechte, Handbuch der Theorie und Praxis der Grundrechte (Hrsg.: Karl A. Bettermann / Hans C. Nipperdey / Ulrich Scheuner) Band III/2, 1959, 779 (zit. Bettermann, Grundrechte III/2)

Bidinger, Helmut: Personenbeförderungsgesetz, Kommentar, 2. Auflage 1971, Loseblatt, Stand 8/1990
(zit. Bidinger, PBefG)

Bidlingmaier, Johannes: Unternehmerziele und Unternehmerstrategien 1964
(zit. Bidlingmaier, Unternehmerziele)

Binder, Paul: Die gemeinwirtschaflichen und betriebsfremden Lasten der Betriebe des öffentlichen Personennahverkehrs, 1964
(zit. Binder, Öffentlicher Personennahverkehr)

Bleckmann, Albert: Staatsrecht II, Die Grundrechte, 3. Auflage 1989
(zit. Bleckmann, Staatsrecht II)

Bleutge, Rolf: Der Kommunalverfassungsstreit, 1970
(zit. Bleutge, Kommunalverfassungsstreit)

Blumenberg, Hildegard: Neuere Entwicklungen zu Struktur und Inhalt des Abwägungsgebots im Bauplanungsrecht, DVBl 89, 86

Böckenförde, Ernst-Wolfgang: Organ, Organisation, Juristische Person - Kritische Überlegungen zu Grundbegriffen und Konstruktionsbasis des staatlichen Organisationsrechts, in: Festschrift für Hans J. Wolff, 1973, 269
(zit. Böckenförde, Organ)

Böttger, Wilhelm / *Dittmann*, Arnim: Für Autonomie und Staatlichkeit der Deutschen Bundesbahn, ZfVerkWiss 1978, 238

Bonner Kommentar: Grundgesetz, Kommentar, Loseblatt, Stand 11/1990
(zit. Bonner Kommentar)

Brohm, Winfried: Die Dogmatik des Verwaltungsrechts vor den Gegenwartsaufgaben der Verwaltung, VVDStRL 30 (1972), 245
(zit. Brohm, Dogmatik)

ders. Die staatliche Verwaltung als eigenständige Gewalt und die Grenzen der Verwaltungsgerichtsbarkeit, DVBl 1986, 321

Bryde, Brun-Otto: Die Einheit der Verwaltung als Rechtsproblem, VVDStRL 46 (1988), 181
(zit. Bryde, Einheit der Verwaltung)

Bullinger, Martin: Ermessen und Beurteilungsspielraum - Versuche einer Therapie, NJW 74, 769

Dengler, Fritz: Die preisrechtlichen Eingriffsbefugnisse in die Tarifgestaltung kommunaler Verkehrsunternehmen und die Verantwortlichkeit für die Finanzierung ihrer Defizite, VerwArch 1982, 292 *ders.* Zur Prüfung der Verkehrstarife im Personenverkehr nach § 39 Abs.2 PBefG, DÖV 1979, 662

Dittmann, Armin: Die Bundesverwaltung: verfassungsrechtliche Grundlagen, grundgesetzliche Vorgaben und Staatspraxis ihrer Organisation, 1983
(zit. Dittmann, Bundesverwaltung)

Dörschuck, Michael: Typen- und Tarifgenehmigungen im Verwaltungsrecht, 1988
(zit. Dörschuck, Typen- und Tarifgenehmigungen)

Dogs, Ernst / *Ellwanger*, Gunther / *Platz*, Holger: Externe Kosten des Verkehrs, Die Bundesbahn 91, 39

Dolde, Klaus-Peter: Die Beteiligungsfähigkeit im Verwaltungsprozeß (§ 61 VwGO), in: System des verwaltungsgerichtlichen Rechtsschutzes, Festschrift für Christian-Friedrich Menger, 1985 (Hrsg.: Erichsen, Hans-Uwe, u.a.), S. 423
(zit. Dolde, Beteiligungsfähigkeit)

Dürig, Günter: Kommentierung des Art. 19 Abs.4 GG. Erstbearbeitung in: Maunz / Dürig / Herzog, in: Dürig, Günter, Gesammelte Schriften 1952- 1983 (Hrsg.: Walter Schmitt Gläser, Peter Häberle), 1984, 197

Emmerich, Volker: Kartellrecht, 5. Auflage, 1988

Erbguth, Wilfried: Neue Aspekte zur planerischen Abwägungsfehlerlehre, DVBl 86, 1230

Erdmenger, Jürgen: Der gemeinsame Verkehrsmarkt nimmt Gestalt an, ZfVerkwiss 1987, 5

ders. Harmonisierung der Wettbewerbsbedingungen in der EG-Verkehrspolitik, ZfVerkwiss 1988, 188

Erichsen, Hans-Uwe: Der Innenrechtsstreit, in: System des verwaltungsgerichtlichen Rechtsschutzes, Festschrift für Christian-Friedrich Menger, 1985 (Hrsg.: Erichsen, Hans-Uwe, u.a.)
(zit. Erichsen, Innenrechtsstreit)

ders. Die unbestimmten Rechtsbegriffe als Steuerungs- und Kontrollmaßgaben im Verhältnis von Gesetzgebung, Verwaltung und Rechtsprechung, DVBl 1985, 22

Ewald, Klaus: Zur Beteiligungsfähigkeit im Kommunalverfassungsstreitverfahren, DVBl 70, 237

Fabricius, Fritz: Relativität der Rechtsfähigkeit: Ein Beitrag zur Theorie und Praxis des privaten Personenrechts, 1963
(zit. Fabricius, Rechtsfähigkeit)

Fielitz, Karl Heinrich / *Meier*, Hans / *Montigel*, Eberhard / *Müller*, Leo: Personenbeförderungsrecht, Kommentar, Loseblatt, Stand 7/90
(zit. Fielitz u.a., PBefG)

Fikentscher, Wolfgang: Rechtsgutachten über Fragen des Wettbewerbs der Verkehrsträger, Heft 24 der Schriftenreihe des Bundesministers für Verkehr,
(zit. Fikentscher, Gutachten)

Finger, Hans-Joachim: Die Deutsche Bundesbahn im Spannungsfeld des Grundgesetzes, DÖV 1985, 227

ders. Gemeinwirtschaftlichkeit und Eigenwirtschaftlichkeit bei der Deutschen Bundesbahn, DÖV 1984, 712

ders. Kommentar zum AEG und BbG mit Bundesbahnvermögensgesetz und Verwaltungsordnung, 1982
(zit. Finger, BbG)

Fischer, Bianca: Absehied von der Sparsamkeit, JZ 1982, 6

Forsthoff, Ernst: Lehrbuch des Verwaltungsrechts, 1. Band: Allgemeiner Teil, 6. Auflage 1956 und 10. Auflage 1973
(zit. Forsthoff, Verwaltungsrecht)

Fromm, Günter: Anmerkung zum Beschluß des BVerfG vom 25.5.76, DVBl 77,822

ders. Bundesbahnautonomie und Grundgesetz, DVBl 1982, 288

ders. Die Entwicklung des öffentlichen Verkehrsrechts, NVwZ 1986, 890

ders. Die Entwicklung des öffentlichen Verkehrsrechts, NVwZ 1989, 16

ders. Erwiderung zu Lange,K., DVBl, 71, 780

ders. Rechtsprechung zum PBefG, BB 1987, 1338

ders. Städtische Verkehrsunternehmen, in: Handbuch der kommunalen Wirtschaft und Praxis, 2. Auflage, 5.Band, 1984

ders. / *Fromm*, Günter: Aufgaben und Organisation der Deutschen Bundesbahn in verfassungsrechtlicher Sicht, 1986
(zit. Schmidt-Aßmann / Fromm, Deutsche Bundesbahn)

Fuss, Ernst Werner: Verwaltungsrechtliche Streitigkeiten im Universitäts-Innenbereich in: Wissenschaftsrecht, Wissenschaftsverwaltung und Wissenschaftsförderung 1972, 115
(zit. Fuß, Verwaltungsrechtliche Streitigkeiten)

Giemulla, Elmar / *Schmid*, Ronald / *Lau*, Ulrich: Luftverkehrsgesetz, Loseblattkommentar, Stand Februar 1990
(zit. Giemulla u.a., LuftVG)

Goltermann, Erich: Eisenbahnverkehrsordnung, Kommentar, 3. Auflage, Stand 1984
(zit. Goltermann, EVO)

Greif, Wolfgang: Personenbeförderungsgesetz, Kommentar, 1961
(zit. Greif, PBefG)

Grupp, Klaus: Die "Grundsätze der Wirtschaftlichkeit und Sparsamkeit" im Haushaltsrecht, JZ 1982, 231

Häberle, Peter: Das öffentliches Interesse als juristisches Problem, 1968
(zit. Häberle, Öffentliches Interesse)

Hamann, Andreas / *Hamann*, Andreas jr. / *Lenz*, Helmut: Das Grundgesetz für die Bundesrepublik Deutschland vom 23 Mai 1949, 3. Auflage 1970 (zit. Hamann / Lenz, GG)

Haustein, Werner: Die Eisenbahnen im deutschen öffentlichen Recht, 1960

Haverkate, Görg: Die Einheit der Verwaltung als Rechtsproblem, VVDStRL 46 (1988), 217
(zit. Haverkate, Einheit der Verwaltung)

Hesse, Konrad: Grundzüge des Verfassungsrechts der Bundesrepublik Deutschland, 17. Auflage 1990
(zit. Hesse, Grundzüge)

Hoppe, Werner: Gerichtliche Kontrolldichte bei komplexen Verwaltungsentscheidungen, in: Festgabe aus Anlaß des 25-jährigen Bestehens des BVerwG, 1978, 295
(zit. Hoppe, Kontrolldichte)

ders. Organstreitigkeiten vor den Verwaltungs- und Sozialgerichten: Zum organisationsrechtlichen subjektiv-öffentlichen Recht innerhalb rechtsfähiger Verwaltungseinheiten, 1970
(zit. Hoppe, Organstreitigkeiten)

ders. Organstreitigkeiten und organisationsrechtliche subjektiv-öffentliche Rechte, DVBl 1970, 845,

Immenga, Ulrich: Wettbewerbsbeschränkungen auf staatlich gelenkten Märkten, 1967
(zit. Immenga, Wettbewerbsbeschränkungen)

Jarass, Hans-Dieter: Wirtschaftsverwaltungs- und Wirtschaftsverfassungsrecht, 2.Auflage 1984
(zit. Jarass, Wirtschaftsverwaltungsrecht)

Jarass, Hans-Dieter / *Pieroth*, Bodo: Grundgesetz für die Bundesrepublik Deutschland, Kommentar, 1989
(zit. Jarass, GG)

Jellinek, Walter: Gesetz, Gesetzesanwendung und Zweckmäßigkeitserwägung, 1913
(zit. Jellinek, Gesetz)

ders. Verwaltungsrecht, 3. Auflage, 1931, Neudruck 1966
(zit. Jellinek, Verwaltungsrecht)

Jesch, Dietrich: Unbestimmter Rechtsbegriff und Ermessen in rechtstheoretischer und verfassungsrechtlicher Sicht, AöR 82 (1957), 163
(zit. Jesch, Rechtsbegriff)

Kellner, Hugo: Der sogenannte Beurteilungsspielraum in der verwaltungsgerichtlichen Prozeßpraxis, NJW 66, 857

ders. Einiges zum behörlichen Ermessen, DÖV 69, 309

ders. Neue Erkenntnisse zum sogenannten Beurteilungsspielraum, DÖV 72, 801

Kisker, Gunter: Insichprozeß und Einheit der Verwaltung: Zur Frage der Zulässigkeit von Insichprozessen vor den Verwaltungsgerichten, 1968
(zit. Kisker, Insichprozeß)

ders. Organe als Inhaber subjektiver Rechte, JuS 1975, 704

ders. Sicherung von "Wirtschaftlichkeit und Sparsamkeit" durch den Rechnungshof, NJW 1983, 2167

Klein, Eckart: Die verfassungsrechtliche Problematik des ministerialfreien Raumes, 1974

Klein, Friedrich: Tragweite der Generalklausel im Art. 19 Abs.4 GG des Bonner Grundgesetzes, in VVDStRL 8 (1950), 67
(zit. Klein, Generalklausel)

Kohl, Helmut: Die Bedeutung der Eisenbahnen im vereinten Deutschland, Die Bundesbahn 90, 1157

Koller, Ingo: Transportrecht, 1990

Konow, Karl-Otto: Die Eigenwirtschaftlichkeit der Verwaltung, DÖV 1973, 78

Kopp, Ferdinand: Verwaltungsgerichtsordnung, 8. Auflage 1989
(zit. Kopp, VwGO)

ders. Verwaltungsverfahrensgesetz, 4. Auflage, 1986
(zit. Kopp, VwVfG)

Koppensteiner, Hans Georg: Zur Grundrechtsfähigkeit gemischtwirtschaftlicher Unternehmungen, NJW 1990, 3105

Krebs, Walter: Rechtsprobleme des Kommunalverfassungsstreits, VerwArch 1977, 189
(zit. Krebs, Kommunalverfassungsstreit)

Kühne, Gunter: Anmerkung zum Beschluß des BVerfG vom 16.5.89, JZ 90, 335

Lange, Klaus: Ausgleichsansprüche für die Erfüllung gemeinwirtschaftlicher Leistungen im Verkehrswesen, DVBl 1971, 775

ders. Systemgerechtigkeit, Die Verwaltung 1971, 259
(zit. Systemgerechtigkeit)

ders. Verkehr und öffentliches Recht, 1974
(zit. Lange, Verkehr)

Löwer, Wolfgang: Der Insichprozeß in der Verwaltungsgerichtsbarkeit, VerwArch 1977, 327
(zit. Löwer, Insichprozeß)

Lorenz, Dieter: Der Rechtsschutz des Bürgers und die Rechtsweggarantie, 1973
(zit. Lorenz, Rechtsweggarantie)

ders. Zur Problematik des verwaltungsgerichtlichen Insichprozesses, AöR 93 (1968), 308
(zit. Lorenz, Insichprozeß)

von Mangoldt, Hermann / *Klein*, Friedrich: Das Bonner Grundgesetz, Kommentar, 2. Auflage, 1966 (zit. GG)
(zit. von Mangoldt, GG)

Manssen, Gerrit: Stadtgestaltung durch örtliche Bauvorschriften, 1990
(zit. Manssen, Stadtgestaltung)

Maunz, Theodor / *Dürig*, Günter / *Herzog*, Roman / *Scholz*, Rupert: Grundgesetz, Kommentar, Loseblatt, Stand 11/1990
(zit. Maunz / Dürig / Herzog, GG)

Maurer, Hartmut: Allgemeines Verwaltungsrecht, 7. Auflage, 1990
(zit. Maurer, Verwaltungsrecht)

Menger, Christian-Friedrich: Der Schutz der Grundrechte in der Verwaltungsgerichtsbarkeit, in: Die Grundrechte, Handbuch der Theorie und Praxis der Grundrechte (Hrsg.: Karl A. Bettermann / Hans C. Nipperdey / Ulrich Scheuner) Band III/2, 1959, 717
(zit. Menger, Grundrechte III/2)

ders. System des verwaltungsgerichtlichen Rechtsschutzes, 1954
(zit. Menger, Rechtsschutz)

Most, Otto: Gutachten zu Begriffen der Verkehrsnovellen vom 1. August 1961, 1961
(zit. Most, Gutachten)

Müller, Jürgen: Möglichkeiten der Privatisierung im Bereich der Deutschen Bundesbahn, in: Privatisierung natürlicher Monopole im Bereich von Bahn, Post und Telekommunikation (Hrsg: Windisch, Rupert), 1987
(zit. Müller, Privatisierung)

von Münch, Ingo (Hrsg.) u.a.: Grundgesetz-Kommentar, Band 1, 3. Auflage 1985
Band 2, 2. Auflage 1983
Band 3, 2. Auflage 1983
(zit. von Münch, GG)

von Mutius, Albert: Die Beteiligten im Verwaltungsprozeß, Jura 1988, 469

Obermayer, Klaus: Kommentar zum VwVfG, 1983
(zit. Obermayer, VwVfG)

Obermayer, Klaus / *Steiner*, Udo: Die Monopole der öffentlichen Sachversicherung und das Grundrecht der Berufsfreiheit, NJW 1969, 1457

Oeftering, Heinz Maria: Aufgaben und Organisation der Deutschen Bundesbahn im Wandel, Die Verwaltung 1970, 441

Oettle, Karl: Ökonomische Probleme des öffentlichen Verkehrs, Ausgewählte Beiträge zu wirtschaftlichen Gegenwarts- und Zukunftsfragen öffentlicher Verkehrsbetriebe und Verkehrsverwaltungen, 1981
(zit. Oettle, Verkehr)

o.V. Grenzen der Preis- und Wettbewerbsfreiheit nach den Verkehrsänderungsgesetzen vom 1.8.1961, Schriftenreihe Die Bundesbahn, Folge 11, 1963
(zit. o.V., Preis und Wettbewerbsfreiheit)

Oldiges, Martin: Einheit der Verwaltung als Rechtsproblem, NVwZ 87, 737

Ossenbühl, Fritz: Ermessen, Verwaltungspolitik und unbestimmter Rechtsbegriff, DÖV 1970, 84

ders. Tendenzen und Gefahren der neueren Ermessenslehre, DÖV 1968, 618

ders. Verwaltungsvorschriften und Grundgesetz, 1968

Pätzold, Fritz: Staatliche Einheit: Rechtliche Auswirkungen für DB und DR, DB 1990, 1175

Papier, Hans-Jürgen: Zur verwaltungsgerichtlichen Kontrolldichte, DÖV 1986, 621

Püttner, Günter: Die öffentlichen Unternehmen: Ein Handbuch zu Verfassungs- und Rechtsfragen der öffentlichen Wirtschaft, 2.Auflage 1985
(zit. Püttner, Öffentliche Unternehmen)

ders. Wirtschaftsverwaltungsrecht, 1989
(zit. Püttner, Wirtschaftsverwaltungsrecht)

Redeker, Konrad: Anmerkung zum Urteil des BVerwG vom 21.1.72, DVBl 72, 895

Redeker, Konrad / *von Oertzen*, Hans-Joachim: Kommentar zur VwGO, 9. Auflage 1988
(zit. Redeker / von Oertzen, VwGO)

Richter, Klaus: Wettbewerbszwänge und Wettbewerbschancen im Gemeinschafts- und Binnenverkehr, ZfVerkWiss 1987, 27

Rottmann, Joachim: Zur Rechtslage der Deutschen Bundesbahn, Rechtsgutachten, erstattet im Auftrag der Gewerkschaft Deutscher Bundesbahnbeamten, Arbeiter und Angestellten (GDBA) 1984
(zit. Rottmann, Rechtslage)

Sailer, Christian: Gegenwartsprobleme der Verwaltungsgerichtsbarkeit, BayVBl 1980, 272

Schmelter, Hubert: Rechtsschutz gegen nicht zur Rechtssetzung gehörende Akte der Legislative, 1977
(zit. Schmelter, Rechtsschutz)

Schmidt, Walter: Abschied vom unbestimmten Rechtsbegriff, NJW 1975, 1753

Schmidt-Aßmann, Eberhard: Der Grundrechtsschutz gemischtwirtschaftlicher Unternehmen nach Art. 19 Abs.3 GG, BB 1990, Beilage 34 zu Heft 27

ders. Verfassungsrechtliche Aspekte einer Neuordnung des Schienenverkehrs, in Informationen zur Raumentwicklung 1976, 175
(zit. Schmidt-Aßmann, Informationen zur Raumentwicklung)

ders. Verwaltungsverantwortung und Verwaltungsgerichtsbarkeit, VVDStRL 34 (1975), 221 ff.

ders. / *Schmidt-Aßmann*, Eberhard: Aufgaben und Organisation der Deutschen Bundesbahn in verfassungsrechtlicher Sicht, 1986
(zit. Fromm / Schmidt-Aßmann, Deutsche Bundesbahn)

Schmidt-Bleibtreu, Bruno / *Klein*, Franz: Kommentar zum Grundgesetz für die Bundesrepublik Deutschland, 6.Auflage, 1983
(zit. Schmidt-Bleibtreu, GG)

Schneider, Dieter: Allgemeine Betriebswirtschaftslehre, 3.Auflage, 1987
(zit. Schneider, Betriebswirtschaftslehre)

Schneider, Hans: Gesetzgebung, Ein Lehrbuch, 2.Auflage, 1991
(zit. Schneider, Gesetzgebung)

Scholz, Rupert: Verwaltungsverantwortung und Verwaltungsgerichtsbarkeit, VVDStRL 34 (1975), 145 ff.
(zit. Scholz, Verwaltungsverantwortung)

Schuppert, Gunnar Folke: Die Einheit der Verwaltung als Rechtsproblem, DÖV 1987, 757

Schweitzer, Michael / *Hummer*, Waldemar: Europarecht, 3. Auflage, 1989

Schwenk, Walter: Handbuch des Luftverkehrsrechts, 1981
(zit. Schwenk, Handbuch)

Soell, Herrmann: Das Ermessen der Eingriffsverwaltung, 1973
(zit. Soell, Ermessen)

ders. Umweltschutz - ein Grundrecht, Natur und Recht (NuR) 1985, 205

ders. Rechtsfragen des Umweltschutzes, Wirtschaftsrecht (WiR) 1973, 72

Steiner, Udo: Die allgemeine Leistungsklage im Verwaltungsprozeß, JuS 84, 853

ders. Öffentliche Verwaltung durch Private, 1975
(zit. Steiner, Öffentliche Verwaltung)

ders. Öffentliche Verwaltung durch Private, DÖV 1970, 526

ders. Verkehr und Post, in: Handbuch des Staatsrechts, Band III (Das Handeln des Staates) (Hrsg: Isensee, Josef / Kirchhof, Paul) 1988, § 81
(zit. Steiner, Verkehr)

Obermayer, Klaus / *Steiner*, Udo: Die Monopole der öffentlichen Sachversicherung und das Grundrecht der Berufsfreiheit, NJW 1969, 1457

Stern, Klaus: Das Staatsrecht der Bundesrepublik Deutschland, 2 Bände, 1980
(zit. Stern, Staatsrecht)

Storsberg, Günther: Die Bedeutung der Kleinen Verkehrsreform für die Preis- und Tarifbildung im Güterverkehr, Gutachen, erstattet im Auftrag des Forschungsinstituts für Wirtschaftspolitik der Universität Mainz, 1963
(zit. Storsberg, Verkehrsreform)

ders. Die ökonomische Problematik administrierter Preise im Güterverkehr, ZfVerkWiss 1974, 125

Tettinger, Peter J.: Administrativer Prognosespielraum bei der Strompreisgenehmigung gem. § 12 a BTO Elt, Energiewirtschaftliche Tagesfragen 1983, 483

ders. Die Selbstverwaltung im Bereich der Wirtschaft - Verkehrswirtschaft, Energiewirtschaft, Banken und Versicherungen, in Festschrift für Georg Christoph von Unruh, 1983 (Hrsg. Albert von Mutius)
(zit. Tettinger, Selbstverwaltung)

ders. Rechtsanwendung und gerichtliche Kontrolldichte im Wirtschaftsverwaltungsrecht, 1980
(zit. Tettinger, Rechtsanwendung)

Thimm, Reinhard: Verkersausschuß des Bundestages: Katalysator der Verkehrspolitik, DB 1990, 1149

Tsatsos, Dimitris: Der verwaltungsrechtliche Organstreit, 1969
(zit. Tsatsos, Organstreit)

Ule, Carl Herrmann: "Rechtsweggarantie" in Evangelisches Staatslexikon, 2. Auflage, 1975

ders. Verwaltungsprozeßrecht, 9.Auflage, 1987
(zit. Ule, VwGO)

Voigt, Fritz: Verkehr, Die Theorie der Verkehrswirtschaft, Band 1, 1. Hälfte, 1973
(zit. Voigt, Verkehr)

Walcher, Frank: Das Planungs- und Steuerungssystem der staatlichen Verkehrspolitik zur Regulierung der Verkehrsmärkte, 1978
(zit. Walcher, Regulierung)

Werner, Michael: Regulierung und Deregulierung des Verkehrssektors in der wirtschaftswissenschaflichen Diskussion, ZfVerkWiss 1988. 44 und 128
(zit. Werner, Regulierung)

Wesemann, Clemens: Die neuen Verkehrsgesetze, BB 61, 958

Willeke, Rainer: Rationalisierung der Verkehrsmärkte durch Liberalisierung und Harmonisierung, ZfVerkWiss 1987, 48

Wissenschaftlicher Beirat der Gesellschaft für öffentliche Wirtschaft und Gemeinwirtschaft: Zur Situation der Deutschen Bundesbahn, 1980

Wöhe, Günter: Einführung in die allgemeine Betriebswirtschaftslehre, 17.Auflage, 1990
(zit. Wöhe, Betriebswirtschaftslehre)

Wolff, Hans J. / *Bachof*, Otto: Verwaltungsrecht
Band I, 9. Auflage 1974
Band II, 4. Auflage 1976
Band III, 4. Auflage 1978
(zit. Wolff / Bachof, Verwaltungsrecht)

Wolff, Hans J. / *Bachof*, Otto / *Stober*, Rolf: Verwaltungsrecht II, 5. Auflage 1987
(zit. Wolff / Bachof / Stober, Verwaltungsrecht)

Kolibri 360 GmbH
Ferdinand-Jühlke-Straße 7
99095 Erfurt, Deutschland
produktsicherheit@kolibri360.de

Druck:
CPI Druckdienstleistungen GmbH
im Auftrag der
Kolibri 360 GmbH
Ferdinand-Jühlke-Str. 7
99095 Erfurt